ADRを利用した 離婚協議 の実務

法制度から調停の技法・手続、事例検討まで

小泉　道子 ［編著］

入江秀晃・垣内秀介・本多康昭　［著］

民事法研究会

は　し　が　き

　ここ数年、離婚問題を扱う ADR は、大きな過渡期を迎えているように思う。そう予感させる要因はいくつかあるが、まず一番に挙げられるのが家族法改正の議論である。離婚およびこれに関連する制度に関する規定等を見直す必要があるとして、法制審議会家族法制部会が設置され、養育費や面会交流の取り決めを促進する方法が議論されたり、その中で ADR の活用が提案されたりしている。養育費不払い解消の議論も同様である。法務大臣の勉強会や法務省のタスクフォースなどで ADR の活用が養育費確保の一助となることが述べられている。かつてこれほどまでに、国の議論の中で「ADR」という文字が見られたことがあっただろうか。少なくとも、ADR を知ってまだ 10年にも満たない若輩者の筆者にとっては、驚きであった。

　そして、次に ADR 法改正である。ADR にて養育費および婚姻費用を取り決めた場合、その取り決めに対して執行力が付くというのである。これは、ADR 事業者にとっては念願の改正であり、ADR を利用する当事者にとっても大きなメリットとなる。

　最後は「コロナ禍」である。2020年4月、東京家庭裁判所の離婚調停がストップした。数か月単位で家庭裁判所が機能しなくなるのは家庭裁判所始まって以来のことである。家庭裁判所も徐々に機能を取り戻し、加えてオンライン調停を実施するなど「新生家裁」を目指しているが、その歩みは遅く、身軽にオンライン化に切り替えることができた民間の ADR 機関のニーズが高まっているといえる。

　このように、変化のときを迎えている離婚 ADR であるが、この変化は必然のようにも思われる。なぜなら、現在の民法の家族法は、明治31年に制定された民法を改正する形で昭和22年に制定されたものであり、すでに現在の社会に合わなくなっているからである。また、諸外国に比べ、子の福祉が軽視されていることも問題である。筆者は、今後、離婚する夫婦が多くの選択肢の中から協議方法を選び、納得のうえで離婚できる時代がくることを期待している。そのためには、家庭裁判所の離婚裁判や離婚調停のほかに、民間の ADR 機関も当然の選択肢として認識され、加えて、当事者が数多くの

ADR機関の中から自分たちの状況に合った機関を選べることが必要である。

　本書が目指すのは、現在すでにADR機関を運営している読者に実務に役立ててもらうこと、そして、弁護士、司法書士、行政書士といった関連職種のADRに興味がある読者がADR立上げの際にバイブルとして使ってもらうことである。そして、ADRの良さを知ってもらい、ファンになってもらうことも期待している。ADRは、紛争解決の一つの選択肢にすぎないが、とても魅力的な選択肢であることは間違いがない。本書がその魅力を伝える一助になれば幸いである。

　2024年2月

家族のためのADRセンター代表　小　泉　道　子

『ADR を利用した離婚協議の実務』

目　次

はじめに──本書の構成と読み方 ……………………………………… 1

第1章　ADR の法律と技法

第1節　ADR の法制度 ……………………………………… 4

1　ADR とは ……………………………………………………… 4
　(1)　「ADR」という言葉 ……………………………………… 4
　(2)　「紛争」とは ……………………………………………… 5
　(3)　「紛争解決」とは ………………………………………… 10
　(4)　ADR とは ………………………………………………… 14
　(5)　ADR の諸類型 …………………………………………… 16
2　ADR と法・司法 …………………………………………… 19
　(1)　法による ADR の認知・位置づけ …………………… 19
　(2)　ADR における解決内容と法 ………………………… 21
　(3)　ADR における手続と法 ……………………………… 23
　(4)　ADR と司法 …………………………………………… 25
3　日本における ADR ………………………………………… 27
　(1)　日本における ADR の歩み …………………………… 27
　(2)　日本の ADR の現状と特徴 …………………………… 31

第2節　ADR 法の概要と ADR 利用促進に 向けた取組み …………………………………… 33

1　はじめに ……………………………………………………… 33
2　ADR 法の制定経緯 ………………………………………… 34
　(1)　司法制度改革審議会意見書 …………………………… 34
　(2)　ADR 検討会における検討等 ………………………… 35

⑶　ADR 法の成立 ……………………………………………………… 37

3　ADR 法の概要 …………………………………………………………… 38

⑴　ADR 法の特徴 ……………………………………………………… 38

⑵　認証の意義およびその基準等 ………………………………… 38

⑶　認証によって付与される法的効果等 ……………………… 42

4　認証紛争解決手続の概況 …………………………………………… 44

⑴　認証紛争解決事業者の数および運営主体等 …………… 44

⑵　認証紛争解決事業者の紛争の取扱実績等 ……………… 45

5　ADR の利用促進に向けた法務省の近年の取組み …………… 47

⑴　ADR の周知・広報等の取組み ……………………………… 47

⑵　ODR 推進のための取組み …………………………………… 48

6　令和 5 年 ADR 法改正 ………………………………………………… 52

⑴　ADR 法改正の経緯 ……………………………………………… 52

⑵　令和 5 年改正法の概要 ………………………………………… 54

7　おわりに ………………………………………………………………… 57

第3節　ADR の現場からみた技法の大切さ … 59

1　調停人として必要なものは ………………………………………… 59

⑴　法的知識 ……………………………………………………………… 59

⑵　論点に気づく力 …………………………………………………… 60

⑶　子どもの心理・発達に関する知識（発達心理学）……… 62

⑷　人　格 ………………………………………………………………… 63

⑸　調停技法 ……………………………………………………………… 64

2　調停技法の大切さに気づいた理由 ……………………………… 64

⑴　筆者が調停技法に出会ったとき ……………………………… 64

⑵　調停技法習得のための実践 …………………………………… 67

3　調停技法向上のためにできること ……………………………… 70

第4節　調停技法 ················· 71

1　はじめに ······················· 71

2　対話型調停の概要──調停人としてのスタンスを中心に ·········· 72

　(1)　ボイスとチョイス ················· 72

　(2)　気持ちと事実の両面を話す──納得と公正さの両面を追求 ········· 73

　(3)　個別化の実際──当事者の語りをふくらませる聴き方とはどのよう
　　　なものか ······················· 74

　(4)　要求の妥当性を検討するのではなく、ニーズを満たす選択肢を探す ··· 76

　(5)　情報提供を行わざるを得ない状況はどのような場合か ········· 77

　(6)　同席と別席 ···················· 78

　(7)　体を張る感覚 ··················· 79

3　調停のステージ ··················· 80

　(1)　ステージモデルの外観 ·············· 80

　(2)　はじめの挨拶 ··················· 82

　(3)　相互理解の促進 ················· 86

　(4)　課題の特定 ···················· 92

　(5)　選択肢の開発 ··················· 94

　(6)　合意文書作成 ··················· 96

　(7)　調停の終結 ···················· 98

4　調停技法の各論 ··················· 98

　(1)　共同調停 ····················· 98

　(2)　当事者以外の参加者 ·············· 100

　(3)　ビジュアルツールの活用 ············ 100

　(4)　オンライン会議システムの活用 ········· 101

5　離婚当事者に向けた支援と支援リテラシー ········ 102

　(1)　支援の学習範囲 ················· 102

　(2)　支援リテラシー ················· 104

　(3)　調停トレーニングが体験型である必要性 ····· 105

　(4)　ライフスキルとしての調停技法 ·········· 105

6　現代日本社会における離婚調停 ………………………… 106

　(1)　家族モデルの刷新に向けて ……………………… 106

　(2)　親自身のケアと子の利益 ………………………… 109

7　おわりに ………………………………………………… 110

第2章　離婚問題とADR

第1節　離婚問題をADRで協議する意義 …… 112

1　協議離婚の現状 ………………………………………… 112

　(1)　家族法改正の議論 ………………………………… 112

　(2)　協議離婚に関する調査結果（令和3年度実施）……… 114

　(3)　令和3年度全国ひとり親世帯等調査 …………… 116

2　離婚問題をADRで議論する意義 ………………… 119

　(1)　選択肢の少なさが課題の現行制度 …………… 119

　(2)　離婚協議におけるADRの役割 ………………… 121

3　養育費確保におけるADRの役割 ………………… 121

　(1)　法務大臣養育費勉強会 ………………………… 122

　(2)　養育費不払い解消に向けた検討会議 ……………… 123

　(3)　成長戦略フォローアップ（2020年）…………… 123

　(4)　自治体による養育費確保事業とADR ………… 123

第2節　ADRを利用した離婚の実際 ………… 125

1　離婚ADRの手続の流れ ……………………………… 125

　(1)　ADRの説明（申立て前の情報提供）…………… 125

　(2)　申立ての手続 ……………………………………… 126

　(3)　相手方への連絡 …………………………………… 131

　(4)　相手方の回答 ……………………………………… 133

(5)　期日の決定 …………………………………………… 137

(6)　調停人の選任 ………………………………………… 138

(7)　初回調停期日 ………………………………………… 139

(8)　終結（成立・不成立）………………………………… 145

2　家庭裁判所の離婚調停と民間 ADR の離婚調停との違い……………… 146

(1)　申立ての手続 ………………………………………… 147

(2)　解決までの時間 ……………………………………… 149

(3)　費　用 ………………………………………………… 151

(4)　利便性 ………………………………………………… 153

(5)　執行力の有無 ………………………………………… 154

(6)　調停人の資格要件 …………………………………… 154

(7)　利用者像 ……………………………………………… 161

第3節　ADR を利用した話し合いの特徴 …… 165

1　同席調停か別席調停か……………………………………… 165

(1)　話しやすさ …………………………………………… 165

(2)　終結までの時間 ……………………………………… 166

(3)　真意の伝わりやすさ ………………………………… 166

(4)　齟齬や誤解の生じやすさ …………………………… 167

(5)　透明性 ………………………………………………… 168

(6)　理性度 ………………………………………………… 168

(7)　問題解決力 …………………………………………… 168

(8)　調停人に求められるスキル ………………………… 169

(9)　同席調停が望ましいと考える理由 ………………… 169

2　オンライン調停か対面調停か ……………………………… 170

(1)　相手との直面性 ……………………………………… 170

(2)　協議の場の環境 ……………………………………… 170

(3)　透明性 ………………………………………………… 171

(4)　手軽さ ………………………………………………… 171

(5) 距離感 …………………………………………………… 172

(6) 秘匿性 …………………………………………………… 173

3 対話促進型調停 …………………………………………… 173

(1) 当事者の主張をより良く聞く ……………………… 174

(2) 意見の調整の方法 …………………………………… 179

(3) 自己決定支援 ………………………………………… 180

4 多様性を重視した柔軟な対応 ………………………… 180

(1) 手続上の柔軟性 ……………………………………… 181

(2) 合意内容に関する柔軟性 ………………………… 182

第4節 ODR

第4節 ODR ……………………………………………………… 184

1 ODR とは ………………………………………………… 184

2 アメリカの ODR ………………………………………… 184

(1) EC サイトでの利用者同士のトラブル解決 ……… 184

(2) 離婚テック ……………………………………………… 185

(3) メディエーション …………………………………… 186

(4) 裁判所の ODR ………………………………………… 187

3 日本の ODR ……………………………………………… 187

(1) ICT を利用した情報提供……………………………… 188

(2) ICT を利用した ADR ………………………………… 189

(3) ICT を利用した面会交流サービス ……………… 190

(4) 法務省による実証事業「ONE」 ………………… 191

4 今後の ODR の発展 …………………………………… 192

第3章　事例を通して体験する離婚ADR

はじめに　……………………………………………………………………… 196

事例1　「夫の涙は初めてでした」……………………………………………… 197

事例2　「私に何もかも決めさせないでほしいの」…………………………… 202

事例3　「得をしたいわけじゃない、損をしたくないだけ」………………… 208

事例4　「親も同席していいですか？」………………………………………… 215

事例5　「長年の感謝は伝えたい。でも、もう気楽に生きたいんだ」……… 223

事例6　「どうやって話し合ったらいいのかわからないのです」…………… 231

事例7　「勝手に申し立てられて迷惑です」…………………………………… 238

事例8　「共同養育がしたいんです！」………………………………………… 243

事例9　「ほとんど合意しています。でも、ほんの少し調整が必要なんです」… 251

事例10　「子どものために夫婦関係を修復したいです」…………………… 256

事例11　「意思疎通ができないから第三者を入れたいんです」…………… 264

事例12　「家庭裁判所で決着を付けることにしました」…………………… 273

事例13　「子どもの声が教えてくれました」………………………………… 280

第4章　アンケート結果──ADRを利用して離婚協議を行った当事者の声──

はじめに　……………………………………………………………………… 288

Ⅰ　アンケート結果（抜粋）および考察　…………………………………… 289

　Q1　あなたは申立人ですか、それとも相手方ですか　………………… 289

　Q2　性別を教えてください　……………………………………………… 289

　Q3　ADR開始時のあなたの年代を教えてください　………………… 289

　Q4　（申立人への質問）申立て理由（離婚理由）は何ですか（複数回答可）… 290

　Q5　ADR実施前後に別居していましたか　…………………………… 291

Q 6　ADR 実施前、夫婦間の葛藤（不仲の度合い）は高かったですか ……… 291

Q 7　（申立人への質問）協議の方法として第三者を介する方法を選んだ
　　のはなぜですか（複数回答可）……………………………………… 292

Q 8　ADR のどのような点が利用の決め手となりましたか（相手方は、
　　どのような点が応諾の決め手となりましたか）（複数回答可）………… 292

Q 9　（申立人への質問）協議の方法として家庭裁判所の調停を利用しな
　　かったのはなぜですか（複数回答可）……………………………… 293

Q10　ADR の結果は成立でしたか、不成立でしたか ……………………… 293

Q11　ADR が終了してからどのくらい経過していますか …………………… 293

Q12　ADR 実施に際し、どのようなことを大切にしたいと思っていま
　　したか（複数回答可）……………………………………………… 294

Q13　ADR による話し合いの過程（プロセス）に満足していますか………… 294

Q14　ADR による話し合いの結果（離婚条件等）には満足していますか…… 295

Q15　養育費（月額）の取り決めはありましたか。その場合、月額の金
　　額はいくらでしたか（1 人につき）。一括払いや学費払いの方はそ
　　の他にご記入ください ……………………………………………… 295

Q16　養育費の支払いは現在も続いていますか ……………………………… 296

Q17　面会交流は取り決めましたか、その場合、頻度はどのくらいでし
　　たか ………………………………………………………………… 296

Q18　面会交流は現在も続いていますか ……………………………………… 297

Q19　同席（オンラインも含む）で ADR を行いましたか…………………… 297

Q20　オンライン調停を利用した理由は何ですか（複数回答可）………… 297

Q21　オンライン ADR 前に不安に感じていたことは何ですか（複数回
　　答可）………………………………………………………………… 298

Q22　実際にオンラインを利用してみて、不便や不満はありましたか。
　　また、どんな点に不便や不満を感じましたか（複数回答可）………… 298

Q23　実際にオンライン ADR を利用して、便利な点や良かった点はあ
　　りますか。どんな点が便利でよかったですか（複数回答可）………… 299

Ⅱ　アンケート結果を使った統計調査 ……………………………………… 300

　1　同席・別席の違いと満足度・成立率の関係 ………………………… 300

　　2　対面・オンラインの違いと満足度・成立率との関係 ……………………… 301

　　3　申立人と相手方のオンライン調停の不便さに関する感じ方の違い …… 302

　　4　男女の違いと満足度の関係 ……………………………………………… 302

　　5　養育費と面会交流の関係性 ……………………………………………… 303

　Ⅲ　アンケート結果を踏まえて ……………………………………………… 305

〈付録〉　パパとママの離婚講座 ………………………………………………… 306

　・編著者・著者紹介 ……………………………………………………………… 314

はじめに──本書の構成と読み方

　本書は、筆者が運営する離婚問題を扱う ADR である「家族のための ADR センター」での実践から生まれた書籍である。したがって筆者が執筆している部分は、もっぱら離婚問題を ADR で解決していくにはどうしたらよいかというテーマを扱っている。

　第1章は法制度と調停技法について、第2章は筆者が運営する ADR を利用した離婚手続について、第3章はその手続で実際によくある進み方を示した事例編、第4章は利用者によるアンケート結果の分析である。

　まず第1章の位置づけについて述べておく。離婚問題に特化していたとしても、「ADR を立ち上げてみたい」、「ADR を運営していて課題がある」という方々には、そもそも ADR とは何をめざすものなのかといった ADR についての考え方や、日本で ADR に関する法律である「裁判外紛争解決手続の利用の促進に関する法律」（以下、「ADR 法」という）ができた経緯、そして2023年の ADR 法の画期的な改正の内容といった法制度の概要を理解しておくことは、ADR の運営や事案への対応に悩んだときに、拠って立つところとなるだろう。

　また、事案への対応を蓄積し、より多くの方々の役に立つ ADR になろうとする場合、ADR による解決の基礎となる調停の技法についての知識や訓練は必須のものである。

　そこで、第1章「ADR の法律と技法」では、垣内秀介教授による第1節「ADR の法制度」および ADR 法を所管する法務省による第2節「ADR 法の概要と ADR 利用促進に向けた取組み」により法制度の理解を深め、筆者による第3節「ADR の現場からみた技法の大切さ」で実践における技法の重要性を確認したのち、入江秀晃教授による第4節「調停技法」で技法について学習するという構成になっている。

　第1章は実践で役に立つものではあるがやや難しい内容も含んでいるため、ADR の実務についてあまり経験のない方であれば、第2章や第3章の ADR の実践例を読んでいただき、ADR の実際を理解していただいたうえで、第1章を読み進めてみるという読み方もよいと思う。

　続いて、第2章「離婚問題とADR」では、ADRを利用した離婚手続について、筆者が運営する「家族のためのADRセンター」の手続を紹介しながら、受付から期日の調整、調停期日の進め方、申立人や相手方への対応、家庭裁判所の調停との違い、同席調停・別席調停の差異、オンライン調停とODR等、離婚ADRの手続の流れについて詳細に述べた。

　第3章「事例を通して体験する離婚ADR」では、事例編として、実務でよくある事例を紹介した。もちろん実際の事例そのままではなく、複数の事例をミックスして、調停のリアルを理解していただけるようにした架空の事例である。それでも、ここで取り上げた13の事例を読んでいただければ、ADRを利用するさまざまな当事者の事情や感情、調停人の対応の実際とそれによる当事者の反応等について理解していただけると思う。

　そして、最後の第4章では、令和3年〜4年にかけて実施した利用者アンケートの結果を検討している。筆者が運営するADRの利用者を対象としたアンケートであるため、一般化することはできない面はあるものの、離婚を考えている方々のADRに対するイメージや、利用しての感想をいろいろと知ることができ、今後の運営や、新たにADRを立ち上げようという方には参考になると思う。

　なお、付録として、筆者が運営するADRが実施している、いわゆる離婚前後の親支援講座である「パパとママの離婚講座」と「家族を考えるパパの集い」（現在休止中）を取り上げ、その講師やファシリテーターから講座への思いを紹介した。ADRそのものではないが、離婚を扱うADRが実効性をもつには非常に関係がある講座であり、参考にされたい。

〔編著者　小泉　道子〕

第 1 章

ADR の法律と技法

第 1 節　ADR の法制度

1　ADR とは

(1)　「ADR」という言葉

　「ADR」という単語を Google で検索すると、第一にヒットするのは「米国預託証券（American Depositary Receipt）」であり、一般には、「ADR」と聞いてまず思い浮かべるのはこれかもしれない。しかし、本書で扱う「ADR」とは、これとは異なり、「Alternative Dispute Resolution」の略である。直訳すれば、「代替的紛争解決」といった意味となるが、民事紛争の代表的な解決手段である訴訟に代替するという趣旨で、「裁判外紛争解決」あるいは「裁判外紛争処理」などと呼ばれることも多い[1]。3 でふれるように、裁判によらない紛争解決のための制度は、日本においても早くから整備されてきたが、それにもかかわらず、日本で「ADR」という略称が普及したのは、1970年代初頭からアメリカにおいて展開されたいわゆる ADR 運動[2]が日本で紹介され、司法制度改革に至る議論に影響を与えたことによる。

　上記の訳語からは、「ADR」が紛争の解決ないし処理（以下では、単に「紛争解決」と呼ぶ）に関わること、また、紛争解決に関わる過程には、裁判ないし訴訟によるものとそれ以外、すなわち裁判外の紛争解決とがあることがわかるが、「ADR」がより具体的に何を意味するのかを明らかにするためには、①紛争解決とは何を意味するのか、②紛争解決に関わる過程全般のうち、

1　訳語の選択の問題については、垣内秀介「裁判外紛争処理」大村敦志編『岩波講座　現代法の動態第 5 巻　法の変動の担い手』224頁（岩波書店、2015年）参照。
2　簡潔な紹介として、山本和彦＝山田文『ADR 仲裁法〔第 2 版〕』34〜36頁（日本評論社、2015年）参照。

「ADR」と呼ばれるのはどのようなものか、を明らかにする必要がある。

(2)　「紛争」とは

　紛争解決のあり方を考えるにあたっては、そもそも「紛争」という事象をどのように理解するかが出発点となる。「紛争」をどのように理解するかによって、その「解決」が何を意味するかも変わってくるからである。もっとも、現実には、「紛争」という用語の意味については当然の前提とされ、明示的に論じられることは必ずしも多くない。これは、「紛争」の定義を厳密に確定するまでもなく、その実質については暗黙の了解が成立しており、それを前提としてたとえば訴訟や各種のADRにおいて事件への対応にあたることで、特段の不都合が感じられていないからであろう。その意味では、定義そのものに過度にこだわることは必ずしも生産的ではないが、以下では、ADRとは何かを考えるにあたって有益と思われる限度で、若干の整理をしておくことにしたい。

　「紛争」の概念については、国際的な武力紛争なども含め、さまざまな分野で問題とされてきたが、ADRと関係が深い分野ということでいえば、民事訴訟法学や法社会学の分野での議論が挙げられる。

(ア)　民事訴訟法学における「紛争」把握の例——要求モデル

　日本の民事訴訟法学においては、戦後間もない1947年に兼子一教授が民事訴訟制度の目的に関して紛争解決説を提唱したことを重要な契機として[3]、民事訴訟と紛争解決との関わりが強く意識されてきた。もっとも、そこで「紛争」をどのように理解するかは一様ではない。一方では、紛争を「訴訟物」という形で法的に構成された権利主張をめぐる対立というように狭く理解する方向があり、最もオーソドックスな理解であるとされてきたが[4]、他方で、「社会的紛争」、「社会に存在する生の紛争」、「現実の紛争」といった形で、社会的実体としての利害対立や対立行動といったものが「紛争」として意識

3　兼子一「民事訴訟の出発点に立返つて」同『民事法研究　第1巻〔再版〕』475頁（酒井書店、1950年）以下参照。
4　上野泰男「戦後日本の民事訴訟法学説における紛争解決の観念」民事訴訟雑誌46号112頁（2000年）参照。

される場合も少なくない[5]。そして、前者においては、たとえば判決によって権利主張の当否が確定されれば紛争が「解決」されたことになるが、後者においては、それだけでただちに社会的実体としての紛争が解決されるとは限らないことになる。

　これらのうち、前者の方向は、法律上の概念としての「法律上の争訟」（裁判所法 3 条 1 項）や、「争い」（民法695条）、「民事上の争い」（民事訴訟法275条 1 項）、「民事に関する紛争」（民事調停法 1 条）、「民事上の紛争」（裁判外紛争解決手続の利用の促進に関する法律（以下、「ADR 法」という）1 条）などにつながるものでもあり、法律学的な問題関心に基づくといえる。その理解にあたって注目されるのは、やはり兼子教授の見解である。兼子教授は、紛争解決説の提唱にあたって、権利の保護や私法秩序の維持といった法的な観点よりも、個人や社会にとっての端的な必要という「前法律的な」観点を打ち出したが[6]、その紛争理解には、やはり法律学的な問題関心が色濃く反映されている。すなわち、兼子教授によれば、伝統的には、紛争を当事者間の判断または意見の現実の不一致、言い換えれば主張の対立という形で限定的に理解してきたが、債務者が債務の存在は争わないが任意には弁済しないとか、資力が不足して弁済できないといった場合にも、給付の実現そのものとの関係では当事者間に利害の対立があり、広い意味では紛争がある、とされる[7]。つまり、ここでは、「紛争」は、一方当事者の他方当事者に対する要求とその否認ないし事実上の不履行を原型として把握されているといえる。このような把握の仕方をここでは「要求モデル」と呼んでおこう。

⑷　法社会学における「紛争」把握の例──相互行為モデル

　前述のように、民事訴訟法学においても、「社会的紛争」の解決といった形で、訴訟の社会生活上の機能への関心がみられたところであるが、そうした関心は、法や法制度の社会的な機能を問題とする法社会学の問題関心に連なることとなる。法社会学の分野における議論も多様であり、その中には、民事訴訟法学と類似したアプローチもみられるが、前述の要求モデルとの対

5　上野・前掲（注 4 ）112頁参照。
6　兼子・前掲（注 3 ）477頁参照。
7　兼子・前掲（注 3 ）479頁参照。

比という点で興味深いのは、利害の対立する複数の主体の行動の様式を分析
しつつ、そのうち一定の類型のものを「紛争」と定義する試みである。たと
えば、六本佳平教授の整理によれば、行為者の欲求の対象である「利益」、
二人の行為者が両立し難い欲求をもつ状態である「対立」、対立の両当事者
が対立を認識しつつ自己の欲求の実現に向けて行う行動を起こす状態である
「争い」が順次定義されたうえで、そうした行動が相手方に対する相互の働き
きかけとして顕在化する事態として「紛争」概念が析出される[8]。そこでは、
「紛争」とは、「対立の一方当事者Aが、相手方Bに対してAの欲求実現に不
利なBの行為を妨げ、有利な行為が行われるよう、Bに対する影響力を行使
しようとし、Aのこのような行為に対してBが同様な働きかけを行う時、両
当事者のこれらの相互行為からなる社会過程」と定義されることになる[9]。

　ここでは、当事者間の利害対立に起因する相互行為として「紛争」が把握
されており、前述の要求モデルと対比する意味で、「相互行為モデル」と呼
ぶことができる。

　　(ウ)　要求モデルと相互行為モデルの比較

　以上でみてきた要求モデルと相互行為モデルを比較すると、両者の紛争に
関する見方には重要な差異がみられる。

　まず、一方当事者の他方当事者への要求に着目する要求モデルでは、当事
者は要求する者とされる者に分かれることになる。これは、一定の財なり利
益なりに関して、要求をしなければならない立場、すなわち現状の変更を求
めなければならない立場と、現にそうした利益を手にしていて、現状の維持
を望む立場という形で、両当事者が非対称的な立場にあることを前提とする
ものといえる。これに対して、相互行為モデルにおいては、必ずしもそのよ
うな前提はおかれていない。むしろ、両当事者は互いに「同様な働きかけ」
を行うのであり、両当事者の立場の対称性が前提とされる。

　また、要求モデルにおいても最終的には利益の実現が重視されるが、その

8　六本佳平『日本の法と社会』47〜48頁（有斐閣、2004年）参照。このような分析手
　法は、より古くは1970年代に公表された千葉正士『法と紛争』45頁以下（三省堂、1980年。
　初出は一部1976年）にもみられるところである。

9　六本・前掲（注8）48頁参照。

前提として一方当事者の他方当事者への要求が想定されている。これは、要求内容の言語による定式化を含意する。これに対して、相互行為モデルでは、言語による要求は紛争過程における相互行為の一態様としての位置づけにとどまり、より本質的なのは欲求の「実現」である。

　こうした差異は、紛争の要因として何に着目するかにも関わる。この点で一層原理論的といえるのは、相互行為モデルである。相互行為モデルにおいては、一方で、欲求が両立しないという状況をもたらす客観的な与件、すなわち、価値の希少性とそれによりもたらされるゼロサム的状況が出発点として措定され、他方で、主観的な与件として、そのような欲求を抱きつつ紛争行動を行う行為者の主観的な選好や意思、感情が想定されることになる。確かに、これらの与件がなければ、紛争という事態はそもそも生じないといえよう。

　これに対して、要求モデルはより複雑であり、すでに述べたように、両当事者の非対称性、言い換えれば財の現時点での分配状況という相互行為モデルにはない前提がおかれているほか、相手方当事者に対して何らかの要求を行う前提として、相手方としては要求に応ずべきであると感じる意識、言い換えれば、一種の規範意識が想定されているといえる。そのような意識は、それぞれの行為者が互いに予期されたとおりの振る舞いを行っている限りは顕在化することはないが、何らかの事情から予期された行動がとられない場合には、そうした事態に対する困惑や怒りとして現れることになる。一般に、社会生活は、ある行動や状況が一定の行動を予期させ、その行動がさらに別の行動を予期させる、というように、相互に一定の行動を予期し合い、そうした行動が積み重ねられていくことによって成り立っているが、そうした先行する状況や行為によって生じる予期ないし期待が、ここでは重要な役割を果たすこととなる[10]。

　このように、要求モデルと相互行為モデル（法学モデルと社会学モデルと呼

10　樫村志郎「トラブル・支援・相談行動」樫村志郎＝武士俣敦編『トラブル経験と相談行動』17頁（東京大学出版、2010年）は、相談行動を誘発する「トラブル」について、「人が、自分を含む一人または複数の人がそれに『対処する必要がある』という意識をもつような、日常生活上の秩序の乱れを含む状況」としていることが参考になる。

んでもよい）とでは、紛争の把握の仕方に差異があるが、この違いを例解するためには、ハーバード流交渉術などで著名な「オレンジをめぐる姉妹の争い」を考えるとよいであろう[11]。この事例は、オレンジの帰属という争点（イシュー）に関し、自己に帰属すべきだとする主張（ポジション）だけにとらわれず、なぜオレンジが欲しいのか（背後にある利害＝インタレスト）を分析することによって、たとえばケーキ作りに皮を使いたい姉と中身を食べたい妹の双方にとってウィン・ウィンの解決を見出すことができる、という印象的なものであるが、相互行為モデルは、たとえばこうした紛争を想定しているといえる。すなわち、この設例では、姉妹という家族内部の問題とすることにより、姉妹はいわばオレンジから等距離の対称的な立場にあることが前提とされ、オレンジの本来の帰属や現在の帰属といった問題は捨象されているのである。これに対して、要求モデルが想定する紛争は、この設例にはないいくつかの条件が加わることによって生じるものであり、たとえば次のような事案を想定するものである。

> 　Aは自宅の庭でオレンジの木を大事に育てていたが、あいにく多くの実は鳥や虫に食べられてしまい、残るのは一つとなっていた。ところがちょうど実が食べごろになった頃、隣家のBが勝手にその実を収穫してしまった。Aが収穫したオレンジを返すように求めたところ、Bは、Aは皮だけを使うのであろうから、実は自分が食べて、皮だけを返す、と言ってきた。

　ここで紛争の要因となるのは、単純にオレンジが欲しいという欲求の非両立というよりも、むしろ、オレンジの本来の帰属についての意識、オレンジは現在Bの下にあり、Aはその返還を要求する立場にあるという現状、Aの予期に反するBの行動に対する困惑や怒りといった事情である。法律学は、伝統的に、このような事案においてBが中身をとってAは皮をとる、という

11　フィッシャー＝ユーリー（金山宣夫＝浅井和子訳）『ハーバード流交渉術』（三笠書房、1990年）103頁参照。

解決でよいのか、そのような解決が可能だとすればそれはどのような条件の下においてか、といった問題に関心を寄せてきたといえる。「法律上の争訟」や「民事上の紛争」といった法律上の概念もまた、基本的には要求モデルに立脚しつつ、それが権利義務として構成され、主張されることを前提としたものである。

　こうした問題意識は、法の支配の実現や個人の尊厳の保障といった観点からは欠かすことのできないものであり、法律学の研究者である筆者にとっても馴染み深いものであるが、「紛争」のとらえ方としては必ずしも唯一絶対のものではない。すなわち、法律学、とりわけ民事法は、個々の法主体の権利義務に関心を集中させる点で、個人主義的な傾向が非常に強いといえるが、その反面、個々の法主体の支配領域に還元しにくい問題、言い換えれば不特定多数の利害関係人や社会全体に関わる問題を扱うことは不得手としてきた。このことは、消費者利益や環境利益といった集団的ないし集合的利益への対処の難しさを想起すれば、容易に理解されよう。法律学的な視点からは、この点は法と政治の役割分担の問題や、民事法と公法の役割分担の問題とも関わるものであるが、「環境 ADR」といった取組みもみられるように[12]、ADRの対象としての「紛争」としては、より広いとらえ方も可能である。「ADRは何に代替するのか」という問題設定との関係でいえば、要求モデルからは裁判に代替するものとしての ADR に焦点が当てられることになるが、そうではなく、行政的な利害調整や政治的な決定プロセスを代替ないし補完するものとして ADR をとらえる可能性もある、ということになる。

(3)　「紛争解決」とは

(ア)　紛争モデルとの関係

　紛争解決とは何かについても、「紛争」そのものについてと同様に、さまざまなとらえ方があり得る。ごく抽象的にいえば、紛争解決とは、差し当たり、紛争と評価される状況からそうではない状況への移行として把握するこ

12　環境 ADR をテーマとしたシンポジウムとして、髙橋裕ほか「シンポジウム　環境 ADR——その意義と可能性」仲裁と ADR13号80頁以下（2018年）があり、そこでは保育園の設置をめぐる多様な利害関係人間の調整といった問題が取り上げられている。

とができるが、どのような事態をもってそのように評価するかは、紛争その
ものをどのように把握するかによって異なることになる。

　すなわち、紛争を相互行為モデルのように理解する場合には、相互行為と
しての対決行動が終息することをもって、紛争解決と評価できることになろ
う。そこで次に問われるのは、どのようにしてそうした事態を出現させるか
であるが、行為者が対決行動をやめるという点に着目すれば、そのための条
件ないし経路としては、外部からの抑圧などによる強制や、対決行動の動機
となる利害対立の消滅といったものが考えられる。そして、後者の利害対立
の消滅については、当事者の欲求の変容と、変容した当事者の欲求と現実と
が一致する事態の成立によってもたらされると考えることができよう。

　これに対して、要求モデルからは、要求の実現や、逆にその断念をもって
紛争解決ととらえることが差し当たり可能であるが、どのようにしてこれら
が達成されるかについては、やはり、外的な強制による要求の実現ないし断
念や、当事者の認識や欲求が変容することによる任意の要求の実現や取下げ
といった経路を考えることができよう。また、当事者の認識の変容に伴い、
要求の内容が変化し、それが実現することによって紛争が解決するというこ
とも考えられる。これらは、基本的には相互行為モデルの場合と共通すると
いえるが、要求モデルにおいては、前述のように、紛争の要因として当事者
の一種の規範意識が重要視されることから、その解決を考えるにあたっても、
要求の規範的な当否という観点が関心を惹きやすいものといえよう。

　　(イ)　代表的な紛争解決手法とその意義

　いずれの紛争モデルに立脚したとしても、紛争解決をもたらすのは究極的
には外的な条件という客観的な与件と当事者の認識や欲求という主観的な与
件の変化であるといえ、それらをもたらす要因としては当事者や第三者によ
る実力行使を含むさまざまなものが考えられる。もっとも、現代の社会にお
いては、実力行使は厳しく規制されており、私人による実力行使は原則とし
て禁止されるとともに（自力救済の禁止）、たとえば強制執行の手続のように、
厳格な要件と手続の下で国家による強制力の行使が許容されるにとどまる。
このことを前提として代表的な紛争解決手法を分類すると、次の〔表１〕の
ようになる[13]。

〔表 1 〕　代表的な紛争解決手法の概観

	第三者による関与	手続利用に対する同意	結果に対する同意
相対交渉	×	○	○
広義の調停	○	○	○
仲裁	○	○	×
裁判	○	×	×

　〔表 1 〕に示すように、第一に、手続ないし過程に第三者が関与するかどうかという観点から、純然たる当事者間の相対交渉と、それ以外のものを区別することができる。第二に、中立的な第三者が関与する場合については、そこで取り決められる解決の具体的内容について当事者が最終的な決定権限を有するか、それとも、第三者による拘束力ある裁定がされるのかを区別することができる。一般に、前者は調整型手続、後者は裁断型手続と呼ばれ、広い意味における調停[14]は前者に、また、仲裁および裁判は後者に該当する。第三に、裁断型手続の中でも、手続利用について当事者双方の同意を要するかどうかによって、同意を要する仲裁と同意を要しない裁判手続とを区別できる。

　こうした分類は、今日の法秩序の下で許容される紛争解決手法の分類であり、その意味で、正当な紛争解決手法の分類ということもできる。したがって、前述のように、不法な実力行使による紛争解決といったものはここには含まれておらず、基本的には実力ではなく言語を用いた紛争解決手法を内容としているが、このことに関連して、 3 点ほど付言しておきたい[15]。

　第一に、上記のいずれの紛争解決手法においても、そこで「解決」として差し当たり想定されるのは、問題となっている紛争についてどのように対処

13　より詳細な分類としては、たとえば山本＝山田・前掲（注 2 ） 8 頁の表がある。

14　広い意味における「調停」について、調停者による解決案の提示の有無などに着目して、協議の調停と「あっせん」とに区別することもあるが、ここでは両者を含めた意味で、「調停」の語を用いている。

15　言語使用の意義に関する筆者の基本的な理解については、垣内秀介「民事訴訟法を学ぶということは、どんなことを意味するのか」南野森編『〔新版〕法学の世界』105頁以下（日本評論社、2019年）参照。

するかを言語によって特定する、ということである。言い換えれば、これらの手法は、いずれも、解決内容の決定プロセスを類型化したものということができる。解決内容は、相対交渉や広義の調停においては当事者間の合意、典型的には和解契約によって、仲裁の場合には仲裁判断、裁判の場合には判決によって、それぞれ定式化されることになる。なお、〔表1〕で挙げた四つの紛争解決手法に加えて、第三者に対する相談が紛争解決手法の一つとして挙げられることもあるが、相談を通じた第三者からの情報や助言の取得は、それ自体が解決内容の決定をもたらすものではない点で、これらの分類とは次元を異にする。むしろ、これらの紛争解決手法が発動する前段階において、あるいはこれらと並行して、紛争当事者を補助する形で利用されるものである。

　第二に、(ア)で述べたことからも明らかなように、「紛争解決」を解決内容の決定として把握することは、必ずしも自明のことではない。むしろ、紛争解決にあたり、何らかの意味で正当性を認められる決定をするということを重視する態度を前提とするものであり、このことは、紛争理解に関する前述の要求モデルの背景にある問題意識と親和的なものといえる。したがって、そもそも何かをいったん決定する、ということの意義を相対化し、当事者の心理的負担の軽減や認識の変容、当事者間の関係の変容といった当事者の主観面に関わる変化を重視するなど[16]、これとは異なる立場も存在することに留意を要する。

　第三に、解決内容の決定をもって「紛争解決」として切り出すということは、決定の段階とその履行の段階との区別を明確に意識することを意味する。言い換えれば、言語を用いて観念のレベルで決定された内容を、現実の側に打ち返すことがあらためて必要となるのである。合意なり裁定なりの成立をもって「紛争解決」と呼ぶ場合、その現実の履行があたかも捨象されたかのような印象を与えるが、実際には、言語で決定された解決内容があたかも「絵に描いた餅」のように観念のみにとどまることが、紛争解決にとって深刻な

16　調停モデルをめぐる議論において、「認識変容型」（transformative）などと呼ばれる立場は、これにあたる。たとえば、山本＝山田・前掲（注2）146頁参照。

問題となり得ることは、言うまでもない。その意味で、これらの紛争解決手法によって決定される解決内容と紛争当事者が置かれている現実の諸条件との間には、一定の緊張関係が存在する。この点は、言語を用いた紛争解決手法のいずれにも当てはまるものであるが、解決内容の決定の際にその実現可能性をどの程度重視するかは解決手法によって異なるため、そうした緊張関係の強度もまた、紛争解決手法の種類に応じて異なることとなる。一般に、合意による解決の場合には、解決内容の実現可能性に十分な注意が払われることが多いと考えられるが、仲裁判断や判決のように規範の当てはめという形で解決内容を決定する場合には、その内容の実現可能性が当然に考慮されるわけではない。言い換えれば、合意による紛争解決は現実の諸条件との関係でより妥協的なものとなる傾向があり、逆に、とりわけ判決の場合には、現実の諸条件との間の緊張関係は特に強いものとなるといえる[17]。

⑷　ADR とは

㋐　広義の ADR と狭義の ADR

⑴で述べたように、ADR とは代替的ないし裁判外の紛争解決ということであるから、⑶㋑で挙げた各紛争解決手法のうち、裁判以外のもの、すなわち、相対交渉、調停、仲裁は、いずれも広い意味における ADR にあたるものといえる。また、相談についても、⑶㋑で述べたようにこれらとは若干位置づけが異なるものの、広い意味での ADR には含まれるものと考えてよい。

　もっとも、ADR を語る際の文脈や問題関心によっては、これらのうち一部のものに限って ADR と呼ぶこともある。その際の重要な分岐点としては、紛争解決過程に中立的な第三者が介在することを重視するかどうか、という点がある。この点を重視する場合には、第三者が介在しない相対交渉は除外されることになるし、広い意味では第三者が関与する場合であっても、一方当事者に対する助言や情報提供を行うにとどまる相談サービスなどは、除外して考えることも多い。紛争解決過程に第三者が介在することは、第三者の存在を意識することが当事者の行動を変容させるという意味で、いわば紛争

17　この点については、垣内・前掲（注15）107〜108頁も参照。

解決過程の合理化の契機となり得るし[18]、当事者自身の有しない各種のリソース、たとえば第三者の専門的知識や技能[19]の活用につながるものであるから、ある紛争解決過程がどのような質の解決ないし処理をもたらすかを重視する立場からは、このような切り分けにも一定の理由がある。また、ADR において解決内容に関する当事者の自治を重視する立場からは、第三者の判断に当事者が拘束される仲裁手続を ADR からは除外して考えることもある。

(イ)　ADR 法における「裁判外紛争解決手続」

このように、ADR の概念は多義的であり、文脈や問題関心によって異なり得るが、ADR をめぐる日本の法制という観点からは、「裁判外紛争解決手続の利用の促進に関する法律」（ADR 法）が2004年に制定され、「裁判外紛争解決手続」を実定法上の概念として定義したことが重要である。

それによれば、「裁判外紛争解決手続」とは、「訴訟手続によらずに民事上の紛争の解決をしようとする紛争の当事者のため、公正な第三者が関与して、その解決を図る手続」とされる（ADR 法1条）。

この定義に従えば、ここでの「裁判外」は、「訴訟手続によらずに」という意味であり、民事調停や家事調停のような裁判所における手続であっても、訴訟手続によらない以上これに含まれるが、訴訟上の和解については、「訴訟手続によらずに」とはいえないことから、除外されることになる[20]。また、対象は「民事上の紛争」、つまり民事法上の権利義務に関する紛争とされることになる。これに対して、ここでの「解決」の内容は特定されていないが、ADR 法において裁判外紛争解決手続の下位分類として位置づけられている「民間紛争解決手続」においては、「和解の仲介」が手続の内容とされており（同法2条1号参照）、合意ないし裁定の形成をもって解決と考える一般的な理解に沿ったものといえよう。

18　なお、第三者の関与が当事者による規範的な主張を誘発する側面があることについては、たとえば山田文「ADR──裁判外の紛争処理機関」和田仁孝ほか編『交渉と紛争処理』80頁（日本評論社、2002年）参照。
19　そのほか、たとえば、紛争当事者に対して第三者が有する権威や信頼といった要素も重要な役割を果たし得る。
20　この理解については、たとえば、山本＝山田・前掲（注2）9頁参照。

　第三者の介在という点に関しては、ADR 法の定義では、特に「公正な第三者が関与して」とされている点が注目される。この点について、同法の立案担当者は、「法の支配が妥当する我が国において、裁判外紛争解決手続の存在が容認されるためには、それが不当な圧力を用いて解決を強要したり、紛争の一方の当事者に偏した取扱いをしたりするものであってはならない」と述べており[21]、同法による「促進」の対象としての適格性という規範的な側面が意識されたことが窺われる。結果として、純然たる相対交渉や、相談手続といったものは、この定義には含まれないこととなる。

　このように、ADR 法における「裁判外紛争解決手続」は、民事訴訟手続に代替するものとしての公正な第三者による仲裁や和解仲介の手続（広義の調停）を内容とするものであり、同法がその表題に掲げる「促進」や、同法に含まれる各種の規律の対象としてふさわしいものを画する概念として設定されたものであるといえる。したがって、この定義を用いる場合には、こうした規範的な側面に留意する必要があり、逆に、ADR 法の諸規律から離れて ADR 一般を論じようとする場合には、この定義に当てはまらない紛争解決過程を広く視野に入れるべき場合もあろう。

(5)　ADR の諸類型

　冒頭で述べたように、ADR の「A」は「代替的」あるいは一般的な理解によれば「裁判に代わる」という意味であり、もともと消極的な形で規定された概念であることもあって、その内実は非常に多様である。(4)(イ)でふれた ADR 法の定義のように比較的限定された用語法を前提としたとしても、そこには、第三者の介入の度合いが非常に弱い手続から、裁判手続との類似性が強い仲裁のような手続まで、さまざまな紛争解決過程が含まれる。

　基本的な分類としては、(3)(イ)でふれたように、これらのうち広義の調停と仲裁とを区別することができるが、一方当事者のみを拘束するいわゆる片面的仲裁のように、両者の性質を併せもつようなハイブリッド的な手続や、手

21　内堀宏達『ADR 法（裁判外紛争解決手続の利用の促進に関する法律）概説と Q&A』
　　別冊 NBL101号 6 頁（2005年）参照。

続主宰者が、当初は調停を試み、不調の場合には仲裁判断を行ういわゆる Med-Arb のように、両者を段階的に組み合わせる手法もみられる。また、仲裁法をはじめとする法令によって手続内容に関する規律の整備が進んでいる仲裁手続と比較すると、とりわけ広義の調停の過程については、多様性が大きいといえる。

(ア) 広義の調停の諸類型

広義の調停[22]においては、第三者は基本的に当事者間の和解合意の締結を仲介することになるが、その仲介の態様については、さらに、第三者が事案を評価し、それに基づいた調停案を提示する評価型（evaluative）、それとも、評価を極力控えて当事者間の自主的な交渉を促進することに重点をおく交渉促進型[23]（facilitative）、そもそも合意に特別の意味を与えず、当事者の認識変容を重視する認識変容型（transformative）といった分類がされる[24]。

この分類は、調整過程における比重の置き方に関わる区別であり、評価型が当事者の要求に対する外的な規範の当てはめを重視するのに対して、交渉促進型は、むしろそうした要求の背後に存在する当事者の利害関心の把握やその満足に重きを置く。また、認識変容型は、そうした利害関心を成り立たせる当事者の認識枠組みそのものを重視し、(3)でもみたように、合意の形式により解決内容を定式化することの意義を相対化するものといえる。

もっとも、現実に行われる手続がこれら三つのうちいずれかに截然と分類されるというものではなく、各類型の差異は、相対的ないし連続的なものであるし、たとえば、最終的には第三者の評価に従った和解案提示が予定される手続の中で、当事者のより深いレベルの利害の探求や認識枠組みへの働きかけが試みられたり、手続の進行や当事者のニーズの変容に応じて重点の置き方が変化することもあり得る。

---

22 英語では概ね mediation ないし conciliation の語がこれに対応するが、両者の異同については議論がある。2002年に制定された UNCITRAL 国際商事調停モデル法が当初 conciliation を用いていたところ、2018年の改定により mediation の語を用いるに至ったことにも示されるように、今日では、mediation の語のほうが一般的になっているといえよう。
23 自主交渉援助型、対話促進型などとも呼ばれる。
24 山本＝山田・前掲（注2）146頁など参照。

（イ）　手続の運営主体に着目した分類

　以上で述べたような手続の内容面に着目した分類のほか、広義の調停と仲裁の双方を通じて、手続の運営主体に着目した分類も、広く行われる。

　具体的には、まず各種の手続を、常設の機関が運営する機関型とそれ以外のアドホック型とに分類することができる。後者のアドホック仲裁ないし調停は、特に国際的なビジネス紛争の文脈では選択肢として認知されているといえるが、その性質上、まさに不定形であり、ルール化の程度も低い。これに対して、機関型の場合には、手続規則や運用状況が公表されていることも多く、より可視性が高いといえよう。

　さらに、機関型については、その運営主体により、裁判所が運営する司法型、行政機関が運営する行政型、民間の機関が運営する民間型を区別するのが一般的である。司法型の ADR としては、民事調停や家事調停のほか、広い意味では訴訟上の和解を目指した裁判官による和解勧試を含めることもできる。また、行政型としては、労働委員会、建設工事紛争審査会、公害等調整委員会、国民生活センター等による手続や、原子力損害賠償紛争解決センターの手続を挙げることができるほか、近年では、行政が民間機関に ADR の実施を委託する例も散見される。たとえば、中小企業庁が全国中小企業取引振興協会に委託する「下請かけこみ寺」、外務省が弁護士会等に委託する国際的な子の連れ去り案件に関するあっせん手続、厚生労働省が第二東京弁護士会に委託する「フリーランス・トラブル110番」などがこれにあたる。

　最後の民間型については、運営機関の人的・財政的基盤と紛争当事者との関係に着目して、業界型と独立型に区別することがある[25]。業界型は、特定の製品やサービスに関する紛争について、それを提供する事業者の団体などが運営する手続であり、紛争の一方当事者である事業者と手続運営機関との間に密接な関係がある点に特徴がある。自動車製造物責任相談センターなどの PL センターや、全国銀行協会、証券・金融商品あっせん相談センター（FINMAC）などによる金融 ADR がこれにあたる。これに対して、独立型は、紛争当事者それぞれとの関係が基本的に同等である場合を指し、その運営主

25　さらに、両者の複合的ないし中間的な形態も存在する。

体はさまざまであるが、日本海運集会所、日本商事仲裁協会といった団体（一般社団法人、NPO 法人等）が提供するもの、弁護士会、司法書士会、行政書士会といった各種の専門職団体が運営するもののほか、近年では個人が運営するもの、株式会社が事業として運営するものなども現れ、運営の形態が多様化してきている。こうした各種の民間型の ADR のうち、ADR 法に基づく法務大臣の認証を取得しているものについては、「かいけつサポート」のウェブサイト[26]で一覧できる。

2　ADR と法・司法

　理論的には、ADR がおよそ法とは接点をもたない営為として行われるという事態も考えられるが、現在の法秩序の下では、ADR について法が何ら関知しない、ということは考えられない。具体的には、ADR において何らかの解決が成立すれば、それに対して何らかの法的な効力が付与されることが通常であるし、それを超えて、ADR の利用促進や規制のためにさまざまな施策が講じられることもある[27]。

　以下では、ADR と法・司法の関係について、①法による ADR の認知・位置づけ、② ADR における解決内容と法、③ ADR における手続と法、④ ADR と司法との関係、の各観点から、簡単に整理しておきたい。

(1)　法による ADR の認知・位置づけ

(ア)　ADR における解決に対する法的効力の付与

　現在の民事法制の下では、当事者間において紛争の解決内容に関する合意が成立したり、第三者の裁定に服する旨の合意に基づいてそうした裁定がなされたりした場合には、それに対して法的な効果が付与され、拘束力が承認される。その根拠は、相対交渉や広義の調停であれば、解決内容についての当事者間の合意に求められるし、仲裁の場合であれば、第三者の裁定に服す

26　https://www.adr.go.jp/jigyousha/
27　以下で述べる ADR と法との関わりについて、垣内・前掲（注1）231頁以下では、①放置、②承認、③促進の三段階に分けて整理している。

る旨の当事者間の合意である仲裁合意に求められるから、いずれも、当事者間の合意に法的な意義を認めること、言い換えれば、私的自治の承認ないし尊重という観念を前提とする。1⑶⑷で図示した四つの紛争解決手法に関してこの点を整理すれば、〔表2〕のようになろう。

〔表2〕　解決の法的効力及びその根拠

	解決の形態	法的効力	効力の実質的根拠
相対交渉	合意（和解契約等）	合意に基づく権利義務 （民法）	私的自治の原則
広義の調停	合意（和解契約等）	合意に基づく権利義務 （民法）	私的自治の原則
仲裁	仲裁判断	確定判決と同一の効力 （仲裁47条1項）	私的自治の原則
裁判	判決	既判力、執行力等 （民事訴訟法114条等）	実体法の適正な適用と 手続保障

〔表2〕に示すように、広い意味での ADR、すなわち相対交渉、広義の調停、仲裁においては、仲裁に関しては議論があり得るものの、いずれもその法的効力の実質的根拠は、私的自治の原則に求められる。そして、いったん権利義務という形で法的効力が承認されれば、現在の法制度の下では、最終的には民事訴訟制度を経由することによってその強制的な実現を図ることができることになる。

さらに、〔表2〕のうち、広義の調停に関しては、司法型調停である民事調停等の場合には、単なる合意に基づく権利義務を超えて確定判決と同一の効力が認められるし（民事調停法16条、民事訴訟法267条等）、2023年の ADR 法等の改正により、一部の ADR 和解については、民事訴訟による権利義務の確定をあらためて経ないでも、裁判所の執行決定といった簡易な手続によって強制執行が可能とされるに至った（ADR 法27条の2以下等参照）。また、仲裁判断に関しても、裁判所の執行決定を得て強制執行をすることが認められる。こうした特別の効力の付与は、法と ADR の関わりにおける次の段階である ADR の促進を意味することとなる。

(イ)　法による ADR の促進

ADR による解決に種々のメリットがあると認識される場合には、(ア)で述べた解決の法的効力の承認にとどまらず、その利用を促進するためにより踏み込んだ施策が講じられることとなる。そうした促進策の内容としてはさまざまなものが考えられ、国が自ら司法型ないし行政型 ADR を提供したり、民間で実施される ADR に対して、単なる一般的な合意の効力を超えた種々の特別の効力を付与することなどが含まれる。現在の日本においても、各種の司法型・行政型の ADR を整備してその利用を促したり、ADR 法の制定などを通じて民間型の ADR の利用促進が図られているといえる。

なお、(ア)で述べた法的効力の付与についても当てはまるが、ADR に法が関わる場合、効力付与や促進策の適用対象の選別を伴うことになる。言い換えれば、ある手続やそこでの解決について、一定の要件を満たす場合には法的効力が承認されたり、促進策の適用対象とされることとなるが、そうした要件を満たさない場合にはこれらが拒絶される、ということである。このことは、対象となる ADR については促進を意味するが、対象とならない ADR についてはむしろ規制の側面を伴うことに留意が必要である。

(2)　ADR における解決内容と法

ADR における解決内容が民法等の実体法に従わなければならないかどうかについては、(1)(ア)で述べたように、ADR における解決の法的正当性の根拠が当事者間の合意に求められ、その合意の内容については、私的自治の範囲内で当事者の自由に委ねられているとすれば、必ずしも実体法の定めに従ったものでなくてもよいことになろう。

この点に関しては、たとえば、各種紛争解決手続において適用されるべき「紛争解決規範」を想定し、その全体像を一つの円錐になぞらえ、その最上部の切断面には裁判において機能する最も厳格な実定法規範、下方には、より拡がりをもった規範としての仲裁規範や、調停規範としての「条理」が位置するが、それらはいずれも正義・公正という指導理念の具体化である、とする見解[28]や、いわゆる「正義の総合システム」と、その中心に位置する裁判からその周辺に位置する裁判外紛争解決手続に対する規範の波及、そして

後者から前者への規範のくみ上げという形での規範の交流を想定し、「社会
における……正義の総量」の増大や「正義への普遍的アクセス」の観点から、
「正義に立脚した法的基準が各種の救済ルートを貫流する基調でなければな
らない」と説く見解[29]のように、実体法そのものではないにせよ、ADR に
おいて、実体法に準じた何らかの実体的な規範の適用を想定する見解もみら
れる[30]。

　しかし、事実の問題として、裁判における基準が相対交渉や調停における
いわゆる BATNA（Best Alternative to a Negotiated Agreement）として機能し、
合意の内容に影響を及ぼすことはあるとしても[31]、規範の問題として、調停
等においても裁判に準じた実体的規範に従った内容の解決がされるべきだ、
といえるかどうかについては、疑問があろう。むしろ、前述の私的自治の観
点からすれば、裁判手続の利用可能性が現実に確保されていることを前提と
する限り[32]、そこでの解決内容は、原則として当事者の自由に委ねられるべ
きものと考えられる[33]。もっとも、こうした原則については、実際上、以下
のようないくつかの留保を付する必要があろう。

　第一に、たとえば司法型調停のように、公権力が関与したうえで、当事者
に対して特定の具体的解決内容に向けた示唆・説得が行われるような場合に
は、そこで依拠される基準の正当性が問われる場合がある。たとえば、民事
調停手続における「条理」（民事調停法 1 条）は、このことを示すものであろ
う。

　第二に、たとえば少額事件などのように、裁判手続の利用可能性が類型的
に低いような場合には、裁判を補完するような形で機能する評価的な調整型

28　三ヶ月章「紛争解決規範の多重構造」同『民事訴訟法研究第 9 巻』275〜280頁（有斐
　　閣、1984年）参照。
29　小島武司「紛争処理制度の全体構造」新堂幸司編集代表『講座民事訴訟①』361〜362
　　頁（弘文堂、1984年）参照。
30　伊藤眞「裁判外紛争処理の特徴・機能」小島武司＝伊藤眞編『裁判外紛争処理法』8
　　〜11頁（有斐閣、1998年）も、同様の方向性を示す。
31　この点の分析として、太田勝造「社会的に望ましい紛争解決のための ADR」仲裁と
　　ADR 7 号 2 頁（2012年）参照。
32　この点は、後に述べる司法制度と ADR との関係にも関わる。
33　この点については、山田・前掲（注18）80〜82頁も参照。

手続へのニーズも大きく、そこでの解決内容についても、裁判に準じた形での実体的な正当性が要求されることがあろう。

　第三に、社会の現実的な状況として、裁判や法情報へのアクセスが一般的に不十分であると評価されるような場合には、ADR の中に法情報提供の機能が組み込まれることが期待され得る[34]。もっとも、第一、第二の場合とはやや異なり、こうした機能を組み込む方法としてはさまざまなものがあり[35]、必ずしも解決内容の法への準拠が要求されるわけではないことに留意が必要であろう。

　なお、ADR 法においては、裁判外紛争解決手続は「法による紛争の解決のための手続」であるとされているが（同法3条1項）、ここでの「法による」という文言については、実体的判断基準を実定法に限定する趣旨ではなく、公序良俗に反しないなど日本の法秩序の枠内に位置づけられる手続であることを意味するにとどまるとの説明がなされている[36]。

(3) ADR における手続と法

　ADR における手続のあり方に関しても、基本的には私的自治の考え方が妥当するものと考えられ、出発点としては、当事者間の合意に委ねられるべきことになろう。したがって、たとえば成立した和解合意に詐欺・強迫といった法的な瑕疵が生じるような手続過程は是認されない、といった限界は存在するものの、そうした限界の範囲内においては、手続のあり方は広く当事者の自律に委ねられるものといえる。

　もっとも、ここでも、手続のあり方を全面的に当事者の自律に委ねることについては、いくつかの留保を付する必要がある。

　第一に、紛争の当事者は、少なくとも二人以上存在するから、手続の進め方を当事者の自律に委ねるということは、当事者双方の間で合意が成立しな

34　こうした観点からの日本の法環境についての分析として、和田仁孝「ADR 手続における専門性と法情報」仲裁と ADR 1号9頁（2006年）以下参照。

35　和田・前掲（注34）15頁以下参照。

36　内堀宏達「裁判外紛争解決手続の利用の促進に関する法律の概要」法律のひろば58巻4号5頁（2005年）参照。

い限り、具体的な手続を進めることができないということを意味する。さらに、手続に第三者が調停者等として関与する場合には、その第三者がどのような意向を有するか、という問題をも視野に入れる必要がある。

　第二に、紛争の当事者は、紛争の解決結果については重大かつ具体的な関心を抱いているのが通常であるが、それに至る手続のあり方について具体的な関心ないしニーズを有しているとは限らない。むしろ、手続に関するニーズは、実際には、当事者において自覚的に意識されていないことが多く、かつ、意識されたとしても流動的であることが多いと考えられる[37]。さらに、手続に関するニーズがある程度存在したとしても、手続の細目についてまで当事者に具体的な意思が形成されることは、通常期待し難いであろう。

　第三に、仮に手続に関するニーズが十分に具体化されたとしても、当事者双方のニーズにずれがある場合、現に対立状況にある当事者双方が、手続的な点についてであれそうしたずれを調整して合意に至るということは、現実には困難な場合も多いであろう。しかも、こうした不一致の可能性は、手続の細部に至るまで当事者の自律に委ねようとする場合には、ますます増大し、結果として、ADR の利用可能性自体が損なわれることにすらなりかねない。

　このように、当事者間の具体的な合意のみによって手続を規律することには種々の障害が存在するものと考えられるから、現実には、調停者や調停機関などの第三者の側からこの点を補完する必要性が高い。そうした補完の方法としては、第三者の側の裁量に委ねる方法や、事前にデフォルト・ルール的な方針を設定しておくといったものが考えられる。そして、第三者のアドホックな裁量に委ねることは、柔軟性という意味では利点があるものの、当事者からみた透明性という点では、事前に一定のルールや方針が示されることが重要であり、かつ、当事者の自由な意思決定を確保するためには、そうした手続の進め方に関して、事前に十分な情報が与えられることが重要となる。こうして、現実的には、第三者の側においてある程度包括的なメニューを用意しておき、当事者としては、差し当たりその中から、自己のニーズに

---

[37]　こうした問題への対処を試みる議論として、守屋明「調停の理念と技術」仲裁とADR 3 号 1 頁以下（2008年）が提唱する第一次的調停、第二次的調停という 2 段階の調停モデルがある。

即した紛争解決手続があれば、それを選択するというのが通常想定されるプロセスといえよう[38]。

　以上でみてきたように、私的自治の原則は、ADRの理論的な基礎を提供するものではあるが、必ずしも万能なものではなく、それが十分に機能する条件が備わっているかどうかについても注意を払う必要がある。そうした観点からは、①当事者がその判断に際して十分な情報を利用できること、②当事者が十分な判断能力を有するか、あるいは適切な助言を得る機会があること、③さまざまな選択肢が現実的に利用可能なものとして存在することが、重要な意味をもつことになろう[39]。

⑷　ADRと司法

　司法とは、具体的な争訟事件について、法を適用し、宣言することによってこれを解決する国家の作用である、といった一般的な理解[40]を前提とすれば、司法とADRとは、紛争解決に関わる営為であるという点では共通し、相互に接点を有する。1⑶㈐において、紛争解決手法の一つとして裁判を挙げたのも、こうした理解を前提とする。民事の紛争を想定した場合、そうした司法の作用を直接的に担うのは、民事訴訟の手続である。

　もっとも、民事訴訟の手続は実体法の適用を中核とするのに対し、⑵で述べたように、ADRの場合には必ずしも実体法に準拠した解決が前提とされるわけではない。そうだとすると、国が、一方で法の適用を本質とする民事訴訟制度を設営しつつ、他方で、⑴㈐で述べたように、ADRについて積極的な促進策を講じるような場合、両者の関係はどのようにとらえられるのか、という疑問が生じる。

　この点に関して、2001年の司法制度改革審議会意見書では、「司法の中核たる裁判機能の充実に格別の努力を傾注すべきことに加えて、ADRが、国

38　こうした当事者側のニーズと手続提供者側の関心との相互作用については、垣内秀介「調停者の資質をめぐる議論の意義と諸相」仲裁とADR5号131〜132頁（2010年）も参照。

39　私的自治が機能する条件に関する筆者の現時点における理解については、垣内秀介「消費者紛争解決手続法の体系化・現代化」現代消費者法60号139頁（2023年）参照。

40　たとえば、樋口陽一ほか『注解法律学全集4　憲法Ⅳ〔第76条〜第103条〕』10頁〔浦部法穂〕（青林書院、2004年）参照。

民にとって裁判と並ぶ魅力的な選択肢となるよう、その拡充、活性化を図るべきである」とし、「事案の性格や当事者の事情に応じた多様な紛争解決方法を整備することは、司法を国民に近いものとし、紛争の深刻化を防止する上で大きな意義を有する」としており[41]、これを受けて制定されたADR法では、同法の究極的な目的を「国民の権利利益の適切な実現に資すること」としているが（同法1条）、ADRがどのような形で「司法を国民に近いものとし」、あるいは「国民の権利利益の適切な実現に資する」のかについては、必ずしも自明というわけではない。

(ア)　民事訴訟との比較におけるADRの利点

一般に、ADRを促進する必要性の根拠としては、民事訴訟との対比においてADRが有するさまざまな利点が強調されることが多い。前掲の司法制度改革審議会意見書においても、「利用者の自主性を活かした解決、プライバシーや営業秘密を保持した非公開での解決、簡易・迅速で廉価な解決、多様な分野の専門家の知見を活かしたきめ細かな解決、法律上の権利義務の存否にとどまらない実情に沿った解決を図ることなど、柔軟な対応も可能」であるといった利点が指摘されていたし[42]、これらに加えて、当事者間の関係修復・対立感情の緩和や、解決内容の履行確保の容易さなどが挙げられることも多い。

こうした利点を重視すれば、ADRの訴訟に対する質的優位性を強調する立場につながるところであるが、逆に、法による解決を重視する視点からは、むしろ訴訟による解決の有する価値が強調され、紛争解決制度の中心はあくまで訴訟であり、ADRはそれを補完するものにとどまるとする立場も考えられる。

もっとも、当事者の視点からみた場合には、いずれの立場も一面的なものと言わざるを得ない。ADRの利点にせよ、訴訟の利点にせよ、私的自治の原則の下では、その得失についての判断は最終的には当事者に委ねられるべきであり、当事者の意思を度外視していずれかを押し付けるというわけには

41　「司法制度改革審議会意見書」Ⅱ第1・8(1)参照。
42　「司法制度改革審議会意見書」Ⅱ第1・8(1)参照。

いかないはずだからである。したがって、個々の当事者の視点からみる限り、訴訟による解決と ADR による解決のいずれも、アプリオリに優先されるべきものとはいえないであろう。

　(ｲ)　ADR 促進の意義

　以上のように考えると、ADR 促進の意義は、紛争に直面した当事者に対し、より豊かな選択肢を提供する、という点に求められることになろう。すなわち、一方で、「合意しない自由」あるいは「妥協しない自由」を保障する仕組みとしての訴訟制度の整備とその現実的な利用可能性の保障は、訴訟によらない自己決定による解決の正当性を確保するうえで最低限必要と考えられるが[43]、他方で、訴訟制度か相対交渉しか現実的に利用可能な選択肢がない、ということであったとすれば、当事者の自由は実際にはきわめて制約されたものにとどまることになるからである。私的自治がより実質的に保障されるためには、他の選択肢が現実的に利用可能なものとして存在することが望ましく、ADR の促進の目的は、そうした選択肢を提供することにより、自己決定を実質化ないし豊穣化することにあると考えられよう[44]。

3　日本における ADR

(1)　日本における ADR の歩み

　日本における ADR の歩みを振り返ると、とりわけ法制面では2004年の ADR 法の制定および2007年のその施行が一つの重要な画期をなす。その意味で、ADR 法以前と以後を分けて考えることが有益であろう。

　(ｱ)　ADR 法以前

　ADR 法以前の ADR の歩みは、時間的には明治以来の長期にわたり、ここで詳細にふれることはできないが、今日の視点から重要と思われる点を3

---

[43]　この点については、垣内秀介「民事訴訟制度の目的と ADR」伊藤眞先生古稀祝賀『民事手続の現代的使命』147〜148頁（2015年）参照。

[44]　こうした筆者の見解については、垣内・前掲（注1）239〜240頁、同・前掲（注43）148頁参照。

点のみ指摘すれば、以下のようになろう。

　第一は、戦前以来の司法型 ADR の伝統である。民法の起草者の一人であった梅謙次郎の著名な博士論文のテーマが和解論であったことからも窺われるように、広い意味での裁判外での紛争解決についての問題関心は、まさに日本の近代法制の当初から存在したといえる。具体的な制度としては、明治前期に存在した勧解制度[45]は、明治24（1891）年の旧旧民事訴訟法の施行に伴い廃止されたものの、訴訟手続内における和解勧試の制度（現行民事訴訟法89条）が以後一定の役割を果たしてきている。また、大正11（1922）年に借地借家事件において導入された調停手続は、その後順次その適用範囲を拡大し、昭和17（1947）年の戦時民事特別法によって民事事件全般に一般化された後、第二次世界大戦後になって、家事事件については昭和22（1952）年制定の家事審判法（現在は家事事件手続法）に基づく家事調停手続、一般民事事件については昭和26（1951）年制定の民事調停法に基づく民事調停手続として確立され、現在に至っている[46]。

　第二は、第二次大戦後における行政型 ADR の展開である。すなわち、労働問題、消費者問題、公害問題といった各種の社会問題とそれに伴う紛争への対応として、1(5)(イ)で挙げたような各種の行政型 ADR が順次整備されるに至った。戦前期においては、こうした対応が司法型 ADR によって担われたのに対し、戦後は、司法 ADR は、いわば一般的な受け皿の役割を担い、個別の領域での問題処理が行政型 ADR によって担われるようになった、という現象がみられる。なお、新たな社会問題への対応という意味では、1960年代から70年代にかけて、交通事故紛争を対象とする民間型 ADR（日弁連交通事故相談センター、交通事故紛争処理センター）が整備されたことも注目さ

---

[45]　明治前期の勧解制度については、林真貴子教授の一連の研究が重要である。同『近代日本における勧解・調停──紛争解決手続の歴史と機能──』（大阪大学出版会、2022年）参照。

[46]　2022（令和 4 ）年は調停制度施行100周年にあたったことから、さまざまなイベントや書籍の刊行がみられた。たとえば、笠井正俊ほか「シンポジウム　歴史的観点から見た裁判所調停──制度百周年を機に」仲裁と ADR18号86頁（2023年）以下、公益財団法人日本調停協会連合会編『調停による円満解決──ケースで語るその魅力』（有斐閣、2022年）など参照。

れる。

　第三に、「ADR」という用語そのものの普及とも関係するが、1980年代以降、アメリカにおける ADR 運動などが紹介される中で、民間型 ADR が活発に設立されるようになった。この時期の動きを象徴するのが1990年の第二東京弁護士会仲裁センターの設立である。また、1994年には、製造物責任法が制定され、これに伴って各種の PL センターが設立された。この時期は、民事訴訟や弁護士業務の実務についても改革の熱気が高まった時期であり、1996年の現行民事訴訟法の制定はその産物であるが、その施行後間もない1999年には司法制度改革審議会が設置され、民事司法を含む司法制度全般の改革があらためて議論されるようになった。ADR 法の制定も、この司法制度改革の一環として実現したものである。

　　(イ)　ADR 法の制定・施行

　司法型、行政型 ADR は、その性質上法令の規定によって整備されているものであり、手続内容に関しては根拠法令において定められているが、民間型に関しては、長く特段の法整備はされてこなかった。そうした中、ADR 法は、ADR 全般に妥当する基本理念等を定めるとともに、民間紛争解決手続の業務についての認証制度を導入し、それに伴う法的効果の特例等を定めたものであり、とりわけ民間型の ADR が国による利用促進の対象であることを正面から明らかにするとともに（同法4条1項参照）、上記の認証制度を通じて、いかなる条件を満たす ADR が具体的な促進の対象となるのかを示した点に、重要な意義が認められる。

　ADR 法の制定・施行が日本の ADR に与えたインパクトとしては、①弁護士以外の各種士業団体によるものを中心として、多くの民間型 ADR 機関が新たに設立され、認証を取得したこと、②これに伴い、ADR の担い手の多様化がある程度進み、調停モデルなどの点でも、紛争解決のための手続ないしサービスの多様化が図られたこと、③仲裁 ADR 法学会（2004年設立）や日本 ADR 協会（2010年設立）など、ADR に関する各種の組織、団体が設立されたこと、④認証制度を所轄する官庁として、法務省が ADR 政策に継続的に関わるようになったことなどが挙げられる。また、「ADR」、「裁判外紛争解決手続」といった用語も、広く人口に膾炙したとまでは言い難いもの

の、同法の制定を一つの契機として、少なくとも法律関係者の間ではかなり浸透したように思われる。

(ウ)　ADR法制定・施行以後の動向

ADR法制定・施行以後におけるADRをめぐる注目される動きとしては、①グローバル化の進展に関わる動き、②ITの発展に関わる動き、③ADRの担い手をめぐる動き、④ADR法制をめぐる動きなどが挙げられる。

第一は、社会生活のグローバル化に伴う渉外的なトラブルの増加への対応である。渉外的な紛争は、手続の柔軟性や中立性の点でADR活用へのニーズが元来大きい分野といえるが、近年、国際家事紛争におけるADRの展開やそこでの諸外国のADR機関との連携、消費者紛争の分野における越境消費者センター（CCJ）の取組み、2019年に採択され、2020年に発効したシンガポール条約（調停による国際的な和解合意に関する国際連合条約）に象徴されるような、国際的な商事紛争の分野における調停への関心の高まりといった注目すべき動きがみられる。

第二に、ITのさらなる発展・普及も、①社会生活およびそこで生じる紛争の変化、②紛争解決のために利用できるツールの進歩・多様化という両面で、ADRに対して大きな影響を及ぼす。諸外国では、そうした背景の下に多様なODR（Online Dispute Resolution）の試みが進められており、世界的なオンライン取引プラットフォームであるeBayでは、年間6000万件に上る紛争がODRによって処理されているといわれるなど、急速な進展がみられる。日本においても、2019年以来、ODRの強化・拡充が政府の方針として位置づけられ、2022年3月には、法務省により「ODRの推進に関する基本方針～ODRを国民に身近なものとするためのアクション・プラン～」が策定され、その実施が進められている[47]。ODRの発展は、ウェブ会議の利用などによる既存のADRの機能の充実に加えて、チャットベースでの調停などの新たな紛争解決手法の開発といった形で、ADRの一層の多様化をもたらすものであり、AI等の技術のさらなる活用などを通じて、紛争解決へのアクセス

---

[47]　ODRをめぐる近時の動きの詳細については、垣内秀介「日本におけるODRの現状」ケース研究345号43頁以下（2022年）参照。

を飛躍的に高める可能性を秘めている。

　第三の ADR の担い手をめぐる動きとしては、(イ)で述べたように、ADR 法による認証制度の導入は、特に弁護士以外の各種士業団体等の ADR の分野への参入を後押しする形で ADR の担い手の多様化を促進したが、近年では、1(5)(イ)でもみたように、個人による認証取得やオンラインでの紛争解決プラットフォームを開発する株式会社の認証取得など、従来はみられなかったタイプの主体が登場していることが注目される。こうした新たなタイプの主体の特徴として、紛争解決の具体的なニーズについての一段進んだ分析検討を踏まえて ADR 業務に参入してきている点が挙げられ、この点は、従来から取り組んでいる機関に対しても刺激となる面があろう。

　第四に、法制面では、上記のシンガポール条約を契機として、2023年に ADR 法等の改正が実現し、長年の懸案であった ADR 和解への執行力付与の問題について、大きな前進がみられた。また、第二の ODR をめぐる動きとも関連して、主として対面での手続や紙ベースの書面を想定してきた従来の諸規律がオンラインでの手続の活用を阻害したり、チャットベースなどの新たな手法の活用に対する不合理な障壁となることのないよう、ADR 法やその施行規則、ガイドライン等の見直しが行われた。こうした法制面の整備は、ADR 法の制定・施行以来の大きな変革といえよう。

(2)　日本の ADR の現状と特徴

　(1)(イ)でふれたように、ADR 法の制定・施行に伴い、多くの民間型 ADR 機関が新たに設立され、認証を取得するなど、ADR の担い手やサービスの多様化が進んだ面があるが、利用件数という点では、一部の機関を除いて依然として概ね低調であり、利用が大きく伸びているというわけではない。総じて、現状においては、司法型や一部の行政型、民間型 ADR が一定の実績を上げ、重要な役割を果たしている一方で、ADR 法の制定によって期待されたより幅広い民間型 ADR の活性化については、相談対応も含めればその機能を過小評価することはできないものの、なお顕著な効果が上がっているとは言い難い状況にある。また、司法型の ADR を含め、伝統的に調整型の手続が中心であり、仲裁の利用が低調であること、近年は変化の兆しもある

ものの、基本的にはプロ・ボノ的活動が中心であり、たとえばアメリカなど
でみられるような商業ベースの ADR がみられないことも、日本の ADR の
特徴といえる。

　他方で、訴訟制度の利用状況を視野に入れた場合、少なくとも入手可能な
データから窺われる限り、量的に訴訟制度を凌駕する紛争解決手続は見当た
らない。その意味で、日本の紛争解決制度の中で最も大きなプレゼンスをも
つのは訴訟手続といえるが、それと同時に、他の先進諸国との比較において、
日本の訴訟事件数が少ないこともまた、周知の事実であろう。こうした状況
は、諸外国において、従来訴訟手続に集中してきた紛争の解決を ADR に委
ねる、という方向での促進策がしばしば論じられてきたのとは、かなり異な
る。日本においては、「訴訟から ADR へ」というよりは、むしろ、「泣き寝
入り、紛争回避から ADR へ」を語るべき状況にあるといえる。

　日本の社会の中で潜在的な紛争がどの程度存在するのかを正確に測定する
ことは困難であるが、現状においてすべての紛争が適切な形で解決されてい
ると想定することは難しいと思われる。そうだとすれば、現在は顕在化せず
に埋もれているトラブルが、ADR においてより透明な形で解決されること
への潜在的なニーズはなお大きいものと考えられ、そうしたニーズを掘り起
こしつつ、それに応えていくことが、今後一層期待されるものといえよう。

〔第1章第1節　垣内　秀介〕

第2節　ADR法の概要とADR利用促進に向けた取組み

1　はじめに

　裁判外紛争解決手続（Alternative Dispute Resolution:「ADR」）は、裁判以外の方法による紛争解決の手段、方法または手続一般を総称する広い概念であるが、裁判外紛争解決手続の利用の促進に関する法律（平成16年法律第151号。以下、「ADR法」という）では、訴訟手続によらずに民事上の紛争の解決をしようとする紛争の当事者のため、公正な第三者が関与して、その解決を図る手続をいうものとされている（同法1条参照）。

　こうした裁判外紛争解決手続には、当事者間の紛争の解決を第三者の判断に委ね、その判断に服する旨の当事者の合意に基づく手続により解決を図る仲裁や、第三者の関与の下で当事者間の合意（和解）による解決を図る調停やあっせんがある（以下、本節においては、後者の手続のみを指して「ADR」と呼称することがある）。また、ADRには、裁判所（民事調停、家事調停）や行政機関等が行うものだけでなく、民間事業者が行うものがある。

　このように、ADRにはさまざまなものがあるが、そのうち、民間事業者が行う調停、あっせん等の和解の仲介の手続（以下、「民間紛争解決手続」という）は、一般に、裁判と比較して、利用者の自主性を活かした解決が可能であること、手続が非公開であり、当事者のプライバシーや秘密の保持が可能であること、迅速で廉価な解決が期待できること、多様な分野の専門家の知見を活かしたきめ細かな解決が期待できることなどの特長を有しており、事案の性格や当事者の事情等に即した柔軟な紛争解決を図ることができるといわれている。法的紛争に遭遇した国民の権利利益の適切な実現を図るためには、裁判手続、裁判外紛争解決手続を問わず、その解決を図るのにふさわ

しい手続を容易に選択できるような環境整備をすることが重要である。

　こうした点を踏まえ、ADR 法は、民間紛争解決手続について、国民に安心して利用することのできる手続の選択の目安を提供するとともに、その利便の向上を図るため、その業務の認証制度およびさまざまな法的効果の付与等の仕組みを設けている。また、法務省では、民間紛争解決手続が、国民にとって裁判と並ぶ魅力的な選択肢となるよう、その認知度や利便性を向上させるためのさまざまな取組みを行っている。

　本節では、こうした ADR 法の制定経緯および概要や法務省の取組み等について紹介する。なお、本節における意見にわたる部分は筆者の私見である。

2　ADR 法の制定経緯

(1)　司法制度改革審議会意見書

　ADR 法は、司法制度改革の一環として制定されたものであり、司法制度改革審議会[1]の意見に遡る。同審議会が平成13年 6 月に内閣に提出した司法制度改革審議会意見書においては、民事司法制度の改革として裁判外の紛争解決手段（ADR）の拡充・活性化が掲げられ、「社会で生起する紛争には、その大小、種類などにおいて様々なものがあるが、事案の性格や当事者の事情に応じた多様な紛争解決方法を整備することは、司法を国民に近いものとし、紛争の深刻化を防止する上で大きな意義を有する」として、「司法の中核たる裁判機能の充実に格別の努力を傾注すべきことに加えて、ADR が、国民にとって裁判と並ぶ魅力的な選択肢となるよう、その拡充、活性化を図るべきである。多様な ADR について、それぞれの特長を活かしつつ、その育成・充実を図っていくため、関係機関等の連携を強化し、共通的な制度基

1　司法制度改革審議会は、「21世紀の我が国社会において司法が果たすべき役割を明らかにし、国民がより利用しやすい司法制度の実現、国民の司法制度への関与、法曹の在り方とその機能の充実強化その他の司法制度の改革と基盤の整備に関し必要な基本的施策について調査審議する」ことを目的として、平成11年 7 月、内閣の下に設置された審議会である。

盤を整備すべきである」、「総合的なADRの制度基盤を整備する見地から、ADRの利用促進、裁判手続との連携強化のための基本的な枠組みを規定する法律（いわゆる「ADR基本法など」）の制定をも視野に入れ、必要な方策を検討すべきである。その際、例えば、時効中断（又は停止）効の付与、執行力の付与、法律扶助の対象化等のための条件整備、ADRの全部又は一部について裁判手続を利用したり、あるいはその逆の移行を円滑にするための手続整備等を具体的に検討すべきである」と提言された。

⑵　ADR検討会における検討等

㋐　ADR検討会の設置

　司法制度改革推進法（平成13年法律第119号）に基づき、平成13年12月に内閣に司法制度改革推進本部が設置され、平成14年３月には、一連の司法制度の改革と基盤の整備に関し政府が講ずべき措置等を明らかにした司法制度改革推進計画が閣議決定された。

　同計画においても、民事司法制度の改革として、「国民がそのニーズに応じて多様な紛争解決手段を選択することができるようにするため、裁判外の紛争解決手段……について、その拡充・活性化を図るための措置を講ずる」ものとされ、ADRの拡充・活性化に向けて、ADRに関する関係機関等の連携強化に加え、「総合的なADRの制度基盤を整備する見地から、ADRの利用促進、裁判手続との連携強化のための基本的な枠組みを規定する法律案を提出することも含めて必要な方策を検討し、遅くとも平成16年３月までに、所要の措置を講ずる」こととされた。

　ADRの制度基盤の整備については、平成14年２月から、司法制度改革推進本部事務局に設置されたADR検討会において検討が開始された[2]。

㋑　ADR検討会における検討

　ADR検討会においては、ADRに関する法律の制定を視野に入れ、具体的課題として、①ADRに関する基本理念や国等の責務を定めること、②ADR

2　ADRに関する関係機関等の連携強化については、ADR関係省庁等連絡会議が設けられ、平成15年４月には、関係省庁等が横断的に取り組むべき課題等をとりまとめた「アクション・プラン」が策定された。

の公正性・信頼性を確保するために ADR 機関や ADR の担い手が遵守すべきルールを明らかにすること、③ ADR に関する制度上の制約を解消するための ADR の利用の促進や裁判手続との連携促進に資する法制の整備をすること、④国際的動向も踏まえながら、調停・あっせん手続に関しても、一般的な手続ルールを定める法制の整備をすること等が挙げられて検討が進められた。

　司法制度改革推進本部事務局は、平成15年7月、上記の具体的課題に対する検討結果について論点を整理した「総合的な ADR の制度基盤の整備について」をインターネット上に公表し、意見募集を実施した。この意見募集に寄せられた意見も踏まえ、ADR 検討会において、平成16年の通常国会への法案提出を目指して、意見集約のためのさらなる議論が行われた。特に、時効中断（現・時効の完成猶予）等の法的効果を付与する前提として国が ADR 提供者の適格性を事前に審査して確認する制度を設けるべきか否か等の基本的事項についての意見の開きが大きかったことから、平成16年1月には同年の通常国会への法案提出にこだわることなく、さらに検討を進めることとされた。

(ウ)　ADR 法案の骨子の了承

　その後、ADR 検討会においては、利用者に選択の目安を提供すべきという要請と、法的効果の付与のためには一定の要件の充足を確保するための方策が必要であるという要請の双方に応えることのできる仕組みとして、「任意の認証制」の導入を視野に入れた検討が精力的に進められ、平成16年6月、ADR に関する基本的な法制の立案の方針として、「裁判外の紛争解決手続の拡充・活性化を図るための諸方策（案）」がとりまとめられた。

　その概要は、国民が安心して質の高い裁判外紛争解決手続を利用できる環境の整備に関し基本となる事項を定めるとともに、民間の行う紛争解決手続の利便の向上等を図るための認証制度を創設することとし、次の①から③までの方向性を踏まえて立案作業を進めるというものであった。

①　裁判外の紛争解決手続が裁判と並ぶ紛争解決の選択肢として健全に発展する基盤を整備する際の基本的考え方や国および地方公共団体の責務を明らかにすること

② 認証の対象は民間が行う調停・あっせんの手続に係る業務とし、認証の要件は公正・適確に業務が行われることが確保されるとともに、幅広い紛争解決事業者が認証を受けられるような設定となるよう留意すること、認証に係る名称の独占に関する規定、弁護士でない者による手続の実施に関する規定を設けるほか、時効の中断、訴訟手続の中止および調停前置に関し、それぞれ民法等の特例を設けること、認証手続で成立した和解への執行力の付与については、付与した場合の弊害の発生を懸念する意見があることに十分配意し、対象となる当事者の範囲、請求権の範囲および価額等を限定することを含め、さらに幅広い意見も踏まえたうえで、結論を得ること

③ 主務大臣は基本的には法務大臣とする方向で立案作業を進めること等

その後、意見募集や関係省庁等との調整を経て、同年9月開催の第36回 ADR 検討会において、ADR 法の骨子が了承されるに至った。

なお、上記②のうち、執行力の付与については、意見募集で寄せられた意見の中でも、その弊害に対する懸念（債務名義を粗製濫造するような債務名義株式会社が出現する危険性があるなど）が完全には払拭できないなどの慎重意見がかなりの割合を占めたことなどから、認証制度をスタートする段階での導入は見送られ、将来の課題とされた。

(3) ADR 法の成立

その後、ADR 検討会で了承された骨子を基に、司法制度改革推進本部事務局において立案作業が進められ、平成16年の臨時国会に ADR 法案が提出された。同法案は、両院の法務委員会で審議され、同年11月9日に衆議院本会議において、同月19日に参議院本会議においてそれぞれ可決され成立し、同年12月1日に公布された。

3　ADR 法の概要

(1)　ADR 法の特徴

　ADR 法は、紛争の当事者がその解決を図るのにふさわしい手続を選択することを容易にし、もって国民の権利利益の適切な実現に資することを目的とするものである（同法 1 条）。

　同法は、この目的を実現するため、民間紛争解決手続の多様性・自主性を阻害しないよう配慮しつつ、その業務の適正性を確保するために必要となる一定の要件に適合するものであることを法務大臣が確認する認証制度を採用し、認証を受けた民間紛争解決手続（以下、「認証紛争解決手続」という）について、その利便性の向上を図るため、時効の完成猶予等に係る特例を定めている。

　このような仕組みにより、①国民（紛争の当事者）に紛争解決手続の選択の目安を提供し、②弁護士でない専門家を手続実施者（民間紛争解決手続において和解の仲介を実施する者）としてより一層活用できるようにし、③時効の完成猶予等の法的効果を付与し、安心して民間紛争解決手続での和解交渉に専念できる環境を整え、ADR の利用の促進を図ることとしている。

　以下、認証制度およびその法的効果を中心に ADR 法の概要について述べる。

(2)　認証の意義およびその基準等

(ア)　認証の意義等

　法務大臣による認証（ADR 法 5 条参照）とは、民間紛争解決手続の業務を行う事業者の申請に基づき、その業務の適正性を確保するために必要とされる法定の要件に適合するかどうかについて審査し、適合している場合に行われる、その旨の認定判断またはその表示である。法務大臣は、同条の認証をしたときは、認証紛争解決事業者（認証紛争解決手続の業務を行う者。以下同じ）の氏名または名称および住所を官報で公示しなければならないこととされ（同法11条 1 項）、また、認証紛争解決事業者は、認証紛争解決事業者である

旨やその業務内容等を認証紛争解決手続の業務を行う事務所において見やすいように掲示しなければならないこととされており（同条2項）、このような公示等を通じて、国民（紛争の当事者）に対して紛争解決手続の選択の目安が提供されることが期待されている。

この認証を取得するか否かは、民間紛争解決手続の業務を行う事業者の自主的判断に委ねられており、弁護士法等の他の法令に抵触しない限り、認証を取得しないで紛争解決手続の業務を行うことが妨げられるものではない。

また、認証の対象となるのは、和解可能な民事上の紛争を取り扱う民間紛争解決手続の業務であるが、業務を行う主体については、民間紛争解決手続の多様性の保持、拡大による活性化を図るため、その組織形態に制限はなく、公益法人、NPO法人、株式会社等の法人のほか、法人格を有しない団体や個人も認証を受けることができることとされている。

(イ) 認証の要件等

認証の要件は、ADR法6条に規定されており、申請に係る民間紛争解決手続の業務が同条各号に定める基準（以下、「認証基準」という）に適合していること、かつ、申請者が当該業務を行うのに必要な知識および能力並びに経理的基礎を有することである。認証基準は、事業者が紛争解決に対する国民のニーズに応じて多様な手続を提供するうえで妨げにならず、事業者の創意工夫によって特色ある手続の提供が可能となるよう、民間紛争解決手続の業務の適正性を確保する観点から必要最低限のものが法定されている。認証基準に適合するものであれば、取り扱う紛争の特質等を踏まえて、後述のウェブ会議システムやチャット機能等の情報通信技術を活用した紛争解決手続を実施することも可能である。

認証基準には、大別すると、①取り扱う紛争の範囲に関するもの（同条1号）、②和解の仲介を行う手続実施者の選任等に関するもの（同条2号～5号）、③手続の進行に関するもの（同条6号～10号・12号・13号・15号）、④秘密保持、苦情の取扱いに関するもの（同条11号・14号・16号）があり、認証紛争解決事業者は、これらの認証基準に適合した業務を実施するため、必要な人的・物的体制を構築し、手続実施規程等の内部的規律を整備することが求められる。

　①に関する認証基準は、「その専門的な知見を活用して和解の仲介を行う紛争の範囲を定めていること」（同条1号）であるが、広く紛争の当事者に利用を求め、紛争解決機能を実効的に果たすためには、自らが専門的知見を有し、そのような知見を活用して和解の仲介を行うことができる分野の紛争を明らかにする必要があることから、専門的知見を発揮することのできる紛争の範囲を画するとともに、その旨を紛争の当事者に対して具体的に情報提供する趣旨などから基準として定められている。

　②に関する認証基準に関しては、専門的知見を有する分野の個々の紛争について有効に紛争解決機能を発揮するためには、実際に和解の仲介を行う手続実施者に資質能力が備わっていることが求められることなどから、「前号の紛争の範囲に対応して、個々の民間紛争解決手続において和解の仲介を行うのにふさわしい者を手続実施者として選任することができること」（同条2号）が基準の一つとして設定されている。また、民間紛争解決手続の公正性および適正性を確保するため、手続実施者が弁護士でない場合（紛争の目的の価額が140万円以下の民間紛争解決手続において、いわゆる認定司法書士が手続実施者となる場合を除く）には、「民間紛争解決手続の実施に当たり法令の解釈適用に関し専門的知識を必要とするときに、弁護士の助言を受けることができるようにするための措置を定めていること」（同条5号）も基準として定められている。

　③に関する認証基準に関しては、利用者の予測可能性を担保して安心して手続を利用してもらうためには、手続がどのように進められるのか、また、その手続を依頼するための要件や方式はどのようなものかを明らかにすることなどが必要であることから、「民間紛争解決手続の開始から終了に至るまでの標準的な手続の進行について定めていること」（同条7号）や「紛争の当事者が申請者に対し民間紛争解決手続の実施の依頼をする場合の要件及び方式を定めていること」（同条8号）が基準として定められている。

　④に関する認証基準に関しては、民間紛争解決手続においては、当事者等の秘密が種々の場面、態様で開示されることが少なくなく、秘密に属する事項が開示されることで、紛争の実相に迫ることが可能となり、適切妥当な紛争解決に至る蓋然性も高まることとなるが、他方で、秘密が他に漏えいされ

ることとなれば、その主体が不利益を被るだけでなく、民間紛争解決手続の
信頼性が損なわれ、その利用が阻害されることともなることなどから、民間
紛争解決手続において示された秘密を適切に保持するための取扱いを定めて
おくこと（同条11号）、民間紛争解決事業者、手続実施者等について、民間
紛争解決手続の業務に関して知り得た秘密を確実に保持するための措置を定
めておくこと（同条14号）のほか、民間紛争解決手続の業務に関する苦情の
取扱いについて定めていること（同条16号）が基準として定められている。

　以上の認証基準に関する解釈運用等の詳細については、法務省大臣官房司
法法制部が作成・公表している「裁判外紛争解決手続の利用の促進に関する
法律の実施に関するガイドライン」（以下、単に「ガイドライン」という）に
記載されている[3]。

　㋒　**法務大臣による監督等**

　ADR 法は、認証紛争解決手続の業務の適正な運営を確保するため、法務
大臣による監督に関する規定を設けている。

　具体的には、認証紛争解決事業者に対し、毎事業年度の事業報告書等の法
務大臣への提出を義務づけ（同法20条）、また、法務大臣は、一定の場合に、
認証紛争解決事業者に対して報告を求め、またはその職員に認証紛争解決事
業者の事務所への立入検査等をさせることができることとしている（同法21
条１項）。

　そして、認証紛争解決手続の業務の内容やその実施方法等が認証基準に適
合しなくなった場合や、認証紛争解決事業者が ADR 法の規定に違反した場
合（たとえば、認証紛争解決事業者の義務として、認証紛争解決手続を利用し
ようとする紛争当事者に対する手続の進行等についての説明義務（同法14条）や認
証紛争解決手続の実施の経緯や結果等を記載した手続実施記録の作成・保存義務
（同法第16条）に違反した場合が考えられる）等には、法務大臣は、認証紛争解
決事業者に対して必要な措置をとるべき旨の勧告等や認証の取消しをするこ
とができるものとされている（同法22条、23条参照）。

3　ガイドラインは、かいけつサポートホームページ（〈https://www.adr.go.jp/bussiness/laws-
regulations/〉）にて公表している。

⑶　認証によって付与される法的効果等

㈎　時効の完成猶予

　民法上、債権は一定期間行使しないときは時効により消滅することとされているが（同法166条以下）、認証紛争解決手続中に時効期間の満了を理由として手続の目的となった権利が時効消滅することとなれば、民間紛争解決手続の利用を躊躇することになりかねない。

　そこで、ADR 法では、①認証紛争解決手続によっては紛争の当事者間に和解が成立する見込みがないことを理由に手続実施者が当該認証紛争解決手続を終了した場合において、②当該紛争の当事者がその旨の通知を受けた日から 1 か月以内に当該認証紛争解決手続の目的となった請求について訴えを提起したときは、時効の完成猶予に関しては、認証紛争解決手続における請求の時に訴えの提起があったものとみなされることとされている（同法25条 1 項）。すなわち、時効期間満了前に認証紛争解決手続における請求をすれば、上記の要件を満たす限り、当該請求の時に訴えの提起があったものとみなされるため、民法147条 1 項所定の間（原則として、提起した訴えに係る訴訟終了までの間）は、消滅時効は完成しないことになる。

㈏　訴訟手続の中止

　紛争の当事者が裁判による解決を図ろうとして訴えを提起した場合においても、事後の事情の変化等により民間紛争解決手続による紛争解決を希望することもあり得るが、このような場合には、訴訟手続と民間紛争解決手続を並行して行うこととなり、当事者の負担が増すことになる。

　そこで、ADR 法では、訴訟が係属している場合において、①訴訟の対象となっている紛争について当該紛争の当事者間において認証紛争解決手続が実施されているか、または当該紛争の当事者間に認証紛争解決手続によって当該紛争の解決を図る旨の合意があること、②当該紛争の当事者の共同の申立てがあることを要件として、受訴裁判所は、 4 か月以内の期間を定めて訴訟手続を中止する旨の決定をすることができることとしている（同法26条 1 項）。

㈐　調停の前置に関する特則

　地代借賃増減請求事件および人事に関する訴訟事件その他家庭に関する事件（家事事件手続法別表第1に掲げる事項についての事件を除く）について訴えを提起しようとする者は、まず調停の申立てをしなければならず、当事者が調停の申立てをすることなく訴えを提起した場合には、受訴裁判所は、原則として、その事件を調停に付さなければならないこととされている（民事調停法24条の2、家事事件手続法257条1項・2項参照）。

　当事者が、これらの事件に係る紛争について、民間紛争解決手続において解決を試みたものの、その解決に至らず、訴訟で最終的な解決を図ろうとする場合に、あらためて裁判所の調停を申し立てなければならないとすると、当事者は、合意による紛争の解決が望めないにもかかわらず、二重の労力および費用を費やすこととなるうえ、紛争の解決もその分遅延するおそれが生じる。

　そこで、ADR 法では、認証紛争解決手続の実施の依頼をし、かつ、当該依頼に基づいて実施された認証紛争解決手続によっては当事者間に和解が成立する見込みがないことを理由に当該認証紛争解決手続が終了した場合には、民事調停法24条の2および家事事件手続法257条の規定は適用しないこととされている（ADR 法27条本文）。

　　(エ)　弁護士法の特例

　弁護士または弁護士法人でない者については、報酬を得る目的で、法律事件に関する法律事務の取扱いを業とすることが禁じられている（弁護士法72条本文）。ADR 法では、民間紛争解決手続において弁護士以外の者が有するさまざまな分野における専門的知見の一層の活用を図るため、その特例として、認証紛争解決事業者（手続実施者を含む）は、紛争の当事者または紛争の当事者以外の者との契約で定めるところにより、認証紛争解決手続の業務を行うことに関し、報酬を受けることができることとされている（同法28条）。

4　認証紛争解決手続の概況

(1)　認証紛争解決事業者の数および運営主体等

　平成19年 4 月に ADR 法が施行されて15年以上が経過したが、認証紛争解決事業者の数は年々増加し、令和 5 年 6 月末日現在で168の事業者が認証を取得してその専門性を活かした ADR を実施している（令和 3 年度末までの各年度の認証件数等の推移は〈図 1 〉参照）。

　認証紛争解決事業者は、弁護士会のほか、司法書士会等の隣接法律専門職者団体が全体の 7 割以上を占めているが、特定分野の専門的知見を有する団体等もある。それぞれの認証紛争解決事業者が取り扱うこととしている紛争の範囲は、その専門性や業務内容等に応じて多様であるが、たとえば、弁護士会や司法書士会等のように民事に関する紛争全般を広く取り扱う団体もあれば、家事に関する紛争や証券・金融商品取引に関する紛争等、特定の分野の紛争の取扱いに特化している団体等もある[4]。

〈図 1 〉　認証申請件数・認証件数（認証紛争解決事業者数）の推移

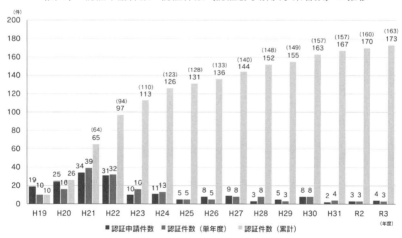

　※グラフ中の括弧内の数は、認証後の解散・廃業を除いた認証紛争解決事業者の数を示す。

4　個々の認証紛争解決事業者の運営主体や取り扱う紛争の範囲については、かいけつ

(2)　認証紛争解決事業者の紛争の取扱実績等

ADR 法が施行された平成19年度以降の認証紛争解決事業者の紛争受理件数の推移（〈図2〉）をみると、平成23年度頃までは増加傾向にあったが、その後はおおむね年間1000件程度で推移している。

認証紛争解決事業者数からすると、必ずしも紛争受理件数が多いとはいえない状況にあり、また、令和3年度でいえば、年間の紛争受理件数が5件以下の認証紛争決事業者が約8割にも上っており、認証紛争解決手続の利用が特定の認証紛争解決事業者に集中している傾向にある。

他方で、終了事由をみると、不応諾（他方の当事者に当該手続によって紛争を解決する意思がなく、手続の進行がされなかったもの）を除いて、手続が開始された案件については、約5割の案件で和解が成立し（〈図3〉）、また、6割以上の案件が6か月未満で手続を終了しており（〈図4〉）、認証紛争解決手続は、有効にその機能を果たしているといえる。

それにもかかわらず、上記のとおり認証紛争解決手続が十分に利用されているとはいい難い状況にある要因については、さまざま考えられるところで

〈図2〉　認証紛争解決事業者の取扱実績

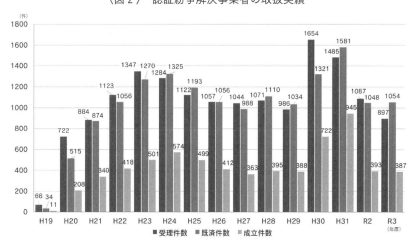

サポートホームページ（〈https://www.adr.go.jp/jigyousha/〉）に掲載している。

〈図 3〉「終了事由」の割合

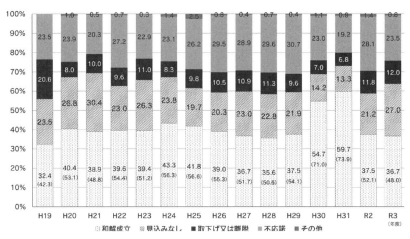

※グラフ中の括弧内の数は、不応諾を除いた場合の和解成立率を示す。

〈図 4〉「所要期間」の割合

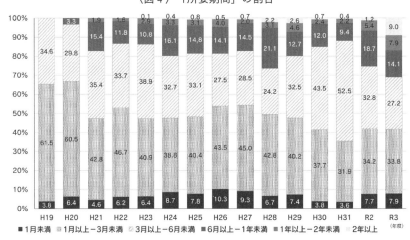

あるが、認証紛争解決手続それ自体やその有用性が十分に国民に認知されて
いないことが大きいと考えられる。法務省が令和 4 年10月に実施した「裁判
外紛争解決手続に関する認知度状況等調査」（全国18歳以上79歳以下の者で、
地域、年齢、性別に偏りがないよう無作為に抽出した対象者に対してインターネッ
トによるアンケート調査を実施したもの。有効回収数3478人）の結果をみても、

ADR の名称または手続を知っていると回答した者の割合は合計で31.3％にとどまり、その中でも認証紛争解決手続を知っていると回答した者は16.3％にとどまる。

　こうした現状も踏まえ、法務省では、ADR に関する周知・広報等に積極的に取り組んでいるところである（取組内容は次の5で紹介する）。

5　ADR の利用促進に向けた法務省の近年の取組み

（1）　ADR の周知・広報等の取組み

　ADR の一層の利用促進を図るためには、その認知度の向上を図ることが重要であることから、法務省では、認証紛争解決手続が国民にとって覚えやすく、親しみやすいものとなるよう、「かいけつサポート」という愛称を定めたうえ、周知・広報等のさまざまな取組みを行っている。以下、近年の主な取組みを紹介する。

㈎　国民一般への周知広報

　認証紛争解決手続のメリット、解決事例等の掲載に加え、紛争の内容、地域等から認証紛争解決事業者を検索する機能を備えた「かいけつサポート」ホームページを令和5年11月にリニューアルし[5]、さらに主要な検索サイトのトップページ等に「かいけつサポート」のバナー広告を一定期間掲載するなどしている。

　また、ADR のメリットや認証紛争解決事業者の一覧等を掲載した「かいけつサポート」パンフレット等を作成し、地方公共団体、法テラス、消費生活センター等の相談機関等に配布している。

　さらに、令和4年度からは、ADR 法の公布日にちなんで、12月1日を「ADR の日」、同日から同月7日までを「ADR 週間」と定めたうえで、「ADR 週間」に関係団体等と連携して SNS を利用した情報発信等の集中的・一体

5　〈https://www.adr.go.jp/〉

的な広報を行うとともに、「ADRの日」に周知広報等をテーマとするオンライン・フォーラムを実施している。

そのほか、政府広報ラジオ番組に法務省職員が出演して認証紛争解決手続を紹介するなどの広報も実施している。

(イ)　相談機関との連携

こうした国民一般に向けた周知広報に加えて、地方公共団体の相談窓口や法テラス等の相談機関との連携を図り、解決の選択肢としてADRを適切に案内してもらうなど、ADRへの導線を確保することも重要である。実際に、認証紛争解決事業者の中には、相談機関と連携した周知広報の取組みの結果、取扱件数が増加した例も報告されている。

法務省では、こうした観点から、地域の相談機関と認証紛争解決事業者との間の情報交換の場を設けたり、相談機関等向けの説明会を実施したりするなどしている（令和4年度の「ADRの日」に実施したオンライン・フォーラムでは、相談機関との連携のあり方についてもパネルディスカッションのテーマに取り上げ、パネリストである一般財団法人日本ADR協会の理事から、相談機関とADR事業者とがオンライン上で情報交換を行う「相談機関とのオンラインマッチング」の取組みが紹介された。また、令和5年度は、相談機関との連携をテーマとしたオンライン・フォーラムを開催するなどした）。

(2)　ODR推進のための取組み

(ア)　ODRの意義

ADRをオンライン上で実施するODR[6]（Online Dispute Resolution）は、ADRにウェブ会議システムやチャット機能といった情報通信技術を活用することによって、時間や場所の制約なく、非対面で、多様なコミュニケー

6　「ODR」は多義的であり、①紛争発生後に当事者が解決手段の検討・情報収集をする段階「検討フェーズ」、②当事者が相談機関に相談する段階「相談フェーズ」、③当事者同士が紛争解決に向けて任意に交渉する段階「交渉フェーズ」、④中立公正な調停人の関与の下で紛争解決を図るADR段階「ADRフェーズ」の4つのフェーズを一体的にオンラインで提供するものを「ODR」と位置づける場合もある（「ODR活性化検討会」（事務局：内閣官房日本経済再生総合事務局（現・新しい資本主義実現本部事務局））が令和2年3月に公表した「ODR活性化に向けた取りまとめ」参照）。

ション手段をもって手続を実施することを可能とするものであり、紛争解決に要する当事者の経済的、時間的なコストや対面・移動に伴う心理的負担も大幅に軽減されるなどのメリットを有する。

　手続の柔軟性、簡易・迅速性、非公開性、紛争内容に応じた専門家の活用等といった ADR の特長に加え、上記のようなメリットを有する ODR は、コスト、当事者間の距離、身体的な障がい等のさまざまな事情から納得のいく解決を諦めざるを得ずに潜在化していた紛争にも法による解決の場を提供するなど、公正かつ適正な紛争解決の可能性を大幅に広げることが期待される。

(イ)　ODR の推進に関する基本方針の策定

　法務省では、ODR を推進[7]するため、令和２年10月に大臣官房司法法制部に設置した ODR 検討会における議論を踏まえ[8]、令和４年３月に「ODR の推進に関する基本方針〜 ODR を国民に身近なものとするためのアクション・プラン〜」（以下、「アクション・プラン」という）[9]を策定した。

　アクション・プランでは、今後１〜２年の間に達すべき短期目標を「民間事業者の ODR への参入を支援しながら、まずは、一人でも多くの国民に、ODR を知ってもらい、使ってもらい、その利便性等を実感してもらうことにより、ODR の推進基盤を整える」こと、今後５年程度の間に達すべき中期目標を「機能、デザイン等の面で世界最高品質の ODR を社会実装し、スマホ等の身近なデバイスが１台あれば、いつでもどこでもだれでも紛争解決のための効果的な支援を受けることができる社会を実現する」こととそれぞれ設定したうえで、これらの目標を達するための推進策を掲げている。アク

7　ODR の活性化に関する推進策や環境整備のあり方等については、内閣官房に設置された「ODR 活性化検討会」において検討がなされ、「ODR 活性化に向けた取りまとめ」に示されている（〈https://www.kantei.go.jp/jp/singi/keizaisaisei/odrkasseika/index.html〉）。

8　ODR 検討会では、ODR を推進するための関係規律の見直しについての議論も行われ、これを踏まえ、認証紛争解決手続における期日をウェブ会議で実施するために必要な手続等についてガイドラインの改正等を行っている（なお、ADR 法11条２項（業務内容等の事務所での掲示）については、令和５年の ADR 法改正によりインターネットの利用その他の方法による公表も可能とする改正が行われた）。

9　アクション・プランは、法務省のウェブサイト（〈https://www.moj.go.jp/housei/adr/housei10_00187.html〉）に掲載されているので、適宜参照されたい。

ション・プランに掲げられた推進策の概要は〈図5〉のとおりであり、その具体的な方策は多岐にわたるため、ここでは主な具体策の方向性について紹介する。

〈図5〉　ODR の推進目標と推進策

短期目標（今後1～2年以内） 推進基盤の整備	中期目標（今後5年以内） 世界最高品質の ODR を社会実装	スマートフォンが1台あれば、いつでもどこでもだれでも紛争解決のための効果的な支援を受けられる社会を実現
（当面の取組） ◇国民への ODR ／ ADR の浸透 ・ODR ／ ADR 週間等の設定 ・検索サイトの充実 ・模擬 ODR 動画の作成 ・認知度調査の実施 ◇ODR へのアクセス・質の向上 ・オンラインフォーラムの開催 　→相談機関と ODR 機関の連携促進 ◇ODR 事業への参入支援 ・技術支援（情報提供、研修支援） ・事業者による ODR 提供への働きかけ ・認証手続の迅速化	（当面の取組） ◇相談～調停をワンストップ化する 　環境整備 ・データフォーマットの在り方を検討 ◇トップレベルの ODR が提供され 　る環境整備 ・ODR の実証実験の支援 ・グローバルネットワークへの参画 ◇AI 技術の活用に向けた基盤整備 ・活用に寄与するデータベースの 　検証 ・AI 技術の活用と倫理等に関する 　課題の検討	

　まず、短期目標である ODR の推進基盤を確立するためには、潜在的な利用者でもある国民一般に向けた周知・広報を引き続き実施し、国民の生活にADR や ODR を浸透させていくことが必要になる。そのためには、国民に広く周知・広報を実施することは重要であるが、前記のとおり、それだけではなく、ADR・ODR への導線を確保することが効果的である。このような相談と ADR・ODR との連携の促進には、適切なアプリケーションやプラットフォームを利用するなど情報通信技術を活用することが有用であると考えられ[10]、ODR 事業への参入支援としても、このような観点から必要な技術・

10　「ODR 活性化に向けた取りまとめ」（前掲〈注6〉参照）においても、相談フェーズや ADR フェーズの問題点として、「相談機関や ADR 機関等との連携や次のフェーズへの移行には守秘の問題を含め様々な問題があるため、複数の機関を利用する場合、当事者にとって、フェーズが変わるたびに、同一内容の説明や主張をしたり、書類の提出を行ったりする必要が生じることなどの負担感なども指摘できる」とされ、「各フェーズ間での情報連携やその他 API 連携を可能にすること……を考えていく必要があろう」と

デザイン、ノウハウ等を検討してスタートアップ企業を含む事業者に対して情報提供を行うことが考えられる。情報提供にあたっては、海外事例の調査研究や AI 技術の活用を見据えた検討が不可欠であり、中期目標達成のための取組みも並行して実施する必要がある。

　次に、中期目標である世界最高品質の ODR の社会実装のための環境を整備するためには、まずは、民間事業者と連携した実証実験を実施するなどして、既存の ADR に情報通信技術を活用して利便性を高める ODR の社会実装を進める必要がある。そのうえで、将来的には、相談・交渉・ADR において、たとえば、個別事案の分析、診断、妥当な解決案の提示を行うなどの専門家の判断を支援する AI ツールが開発・実用化されることが期待される。もっとも、このようなツールの開発には、その前提として、AI の学習に要するデータの整備が不可欠であり、近い将来の実用化を見据えてどのようなデータを集積することが有効であるかを検証することなどが必要となる。そのためには実用化されるツールの姿を見据え、並行して AI ツールの活用方法についても検討する必要がある。

　⑵　推進策を実施するための取組み

　法務省では、アクション・プランに掲げられた推進目標、推進策を技術環境の変化や進捗に応じて定期的に効果検証を行うなどして ODR 推進の取組みを継続的に実行していくため、令和 4 年 8 月に研究者、法律実務家等の有識者から構成される ODR 推進会議を設置した。また、同会議の第 1 回会議において、各推進策等を具体的に実施していくため、ADR・ODR の国民への浸透に向けた周知・広報をテーマとするワーキング・グループ（短期目標を達するための推進策に対応。以下、「周知・広報 WG」という）、ODR の実証実験において顕在化するであろう課題等や AI 技術の ODR への活用可能性等を検証することなどをテーマとするワーキング・グループ（中期目標を達するための推進策に対応。以下、「実装・AI 検討 WG」という）がそれぞれ設置された。

　法務省では、ODR 推進会議および各ワーキング・グループにおける議論

されていた。

等を踏まえ、アクション・プランに掲げられた推進策を実施するための取組みを順次進めている。周知・広報 WG の関連では、令和4年度は、ADR・ODR の認知度調査、前記の「ADR 週間（ADR の日）」の設定等を新たな取組みとして実施した。令和5年度は、令和4年度に実施した認知度調査の結果等を踏まえつつ、ADR への導線の確保を含む効果的な周知・広報のあり方等について議論し、具体的な取組に反映させることが予定されている。また、実装・AI 検討 WG の関連では、令和5年度に法務省が実施する ODR の実証実験に向けて、ODR 実装上の課題等について検討・整理した。令和5年度は、主に AI の活用可能性等についての議論を行っている。ODR の実証実験は、相談から ADR までをワンストップで実施することを試みるもので、具体的には、一つのアプリケーション上で主にチャット機能を用いて相談や ODR を実施し、その効果、課題、あいろ等を分析して、社会実装等のあり方等について調査研究を行うものである。この実証実験は、令和5年9月から令和6年2月まで実施し、令和5年度中にその結果を公表することを予定している。

6　令和5年 ADR 法改正

(1)　ADR 法改正の経緯

前記2のとおり、認証紛争解決手続で成立した和解への執行力の付与については、ADR 法制定時に将来の課題とされ、また、平成25年2月に法務省に設置された「ADR 法に関する検討会」（ADR 法附則2条のいわゆる見直し条項を受けて設置されたもの）でも議論されたが、執行力の存在により利用者を萎縮させるおそれがあるなどの消極意見も踏まえ、引き続き将来の課題とされていた[11]。

その後、一般財団法人日本 ADR 協会から平成30年4月に提出された「ADR

11　詳細は、「ADR 法に関する検討会報告書」（平成26年3月17日）を参照されたい（〈https://www.moj.go.jp/housei/adr/housei09_00036.html〉）。

法制の改善に関する提言」において、ADR により成立した和解合意について、認証 ADR 機関の選択により、裁判所の執行決定による執行力の付与を可能とすべきである旨の提言がされるなど、あらためて ADR により成立した和解合意に執行力を付与する機運が高まり、政府においても、「成長戦略フォローアップ2020」（令和 2 年 7 月17日閣議決定）において「オンラインでの紛争解決（ODR）の推進に向けて、民間の裁判外紛争解決手続（ADR）に関する紛争解決手続における和解合意への執行力の付与……等の認証制度の見直しの要否を含めた検討……を2020年度中に進める」との方針が定められた。また、海外に目を向けても、平成30年12月に国際連合総会において、国際商事調停により成立した和解合意に執行力を付与するなどの共通の枠組みを定める「調停による国際的な和解合意に関する国際連合条約」が採択され、令和 2 年 9 月には同条約が発効した。

　こうした国内外の動向を踏まえ、令和 2 年 9 月に法務省の法制審議会に仲裁法制部会が設置され、同部会では、仲裁法の見直しとともに、調停において成立した和解合意に執行力を付与し得る制度の創設についても調査審議の対象とされた。同部会の調査審議の中では、国際性を有する和解合意に限定せず、国内の事案も対象とするか否かについて検討がなされ、国際性を有しない和解合意であっても、たとえば認証紛争解決手続において成立した和解合意も対象とすべきであるとの考え方についても議論が進められた。また、これと並行して、令和 2 年10月に法務省に設置された ODR 推進検討会（事務局・大臣官房司法法制部）においても、ADR において成立した和解合意に執行力を付与することの是非についての議論が行われ、令和 3 年 3 月、そのとりまとめがされ公表された[12]（仲裁法制部会においては、ODR 推進検討会での議論の取りまとめも踏まえて調査審議が行われた）。

　その後の令和 4 年 2 月、仲裁法制部会において、認証紛争解決手続において成立した和解に執行力を付与し得る制度の創設を含む「調停による和解合意に執行力を付与し得る制度の創設等に関する要綱案」がとりまとめられ、法制審議会の総会において、同要綱案のとおりの要綱が全会一致で採択され、

12　〈https://www.moj.go.jp/housei/adr/housei09_00108.html〉

法務大臣に答申された。法務省は、この答申を踏まえ、必要な法改正に向けた準備を進め、令和 5 年の通常国会に裁判外紛争解決手続の利用の促進に関する法律の一部を改正する法律案が提出された。同法案は、両院の法務委員会で審議され、同年 4 月 6 日に衆議院本会議において、同月21日に参議院本会議においてそれぞれ可決され、同法は、同月28日、令和 5 年法律第17号として公布された（以下、同法を「令和 5 年改正法」といい、同法による改正後のADR 法を「新 ADR 法」という）。

(2)　令和 5 年改正法の概要

(ア)　強制執行を可能とする制度の概要

認証紛争解決手続において紛争の当事者間に成立した和解であって、当該和解に基づき民事執行をすることができる旨の合意がされたもの（以下、「特定和解」という）について、当事者は、裁判所の執行決定を受けることにより、特定和解に基づいて民事執行の申立てをすることができることとなる。以下、主な内容を紹介する。

まず、新たな制度の対象となるのは特定和解であり、認証紛争解決手続において成立したものであることに加え、当事者が当該和解に基づき民事執行をすることができる旨の合意が必要となる。また、一定の類型の紛争に係る特定和解はこの制度の対象とはならないことに留意が必要である。適用の対象とならない紛争類型は、①消費者契約に関する紛争[13]、②個別労働関係紛争[14]、③人事・家庭に関する紛争であるが、③のうち、養育費等に係る金銭債権（民事執行法151条の 2 第 1 項各号に掲げる義務に係る金銭債権）は適用の対象となる（新 ADR 法27条の 3 ）。人事・家庭に関する紛争は、身分関係の形成または変更にかかわる紛争類型であり、当事者間の合意を根拠に一律に強制執行を可能とすべきではないと考えられることから、原則として対象から除外されている。養育費等に係る金銭債権については、子の福祉の観点等

13　消費者契約法 2 条 1 項に規定する消費者と同条 2 項に規定する事業者との間で締結される契約に関する紛争。

14　労働条件その他労働関係に関する事項についての個々の労働者と事業主との間の紛争（個別労働関係紛争の解決の促進に関する法律 1 条）。

から、その履行の確保が喫緊の課題となっていること、家庭に関する紛争ではあるものの、身分関係を形成し、または変更するものではないこと、民事執行法においても、強制執行を容易にする観点から、さまざまな民事執行の特例が設けられていること[15]等を踏まえ、例外的に適用の対象とされたものである。

　次に、特定和解に基づく民事執行の申立てをするためには、当事者において裁判所の執行決定を得る必要がある。当事者が裁判所に対して執行決定の申立てをする際には、①当事者が作成した特定和解の内容が記載された書面、②認証紛争解決事業者または手続実施者が作成した特定和解が認証紛争解決手続において成立したものであることを証明する書面を提出する必要がある（新ADR法27条の2第2項）。執行決定の申立てがあった場合、裁判所は、執行拒否事由があると認める場合に限り申立てを却下することができることとされている（新ADR法27条の2第11項）。執行拒否事由は、次のとおりである。

①　特定和解が、無効、取消しその他の事由により効力を有しないこと（新ADR法27条の2第11項1号）

②　特定和解に基づく債務の内容を特定することができないこと（同項2号）

③　特定和解に基づく債務の全部が履行その他の事由により消滅したこと（同項3号）

④　認証紛争解決事業者または手続実施者がこの法律（ADR法）もしくはこの法律に基づく法務省令の規定または認証紛争解決手続を実施する契約において定められた手続の準則（公の秩序に関しないものに限る）に違反した場合であって、その違反する事実が重大であり、かつ、当該特定和解の成立に影響を及ぼすものであること（同項4号）

⑤　手続実施者が、当事者に対し、自己の公正性または独立性に疑いを生じさせるおそれのある事実を開示しなかった場合であって、当該事実が重大であり、かつ当該特定和解の成立に影響を及ぼすものであること

15　たとえば、扶養義務等に係る定期金債権を請求する場合の債権執行等の特例（民事執行法151条の2）、扶養義務等に係る金銭債権についての強制執行の特例（同法167条の15、167条の16）、債務者の給与債権に係る情報の取得（同法206条1項）

（同項5号）

⑥　特定和解の対象である事項が、和解の対象とすることができない紛争に関するものであること（同項6号）

⑦　特定和解に基づく民事執行が、公の秩序または善良の風俗に反すること（同項第7号）

　なお、このように、新ADR法では、和解合意の当事者が当該和解合意に基づいて民事執行をすることができる旨の合意をすることが要件とされていること、潜在的に当事者間の力の不均衡等が想定される類型の紛争は適用除外とされていること、特定和解に基づく強制執行が公序良俗に反するなどの場合には裁判所は執行決定の申立てを却下することができること等とされている。これにより、債務名義をみだりに作成するような団体が出現するなどの制度の濫用のおそれ、強制執行の可能性を認めることにより債務者を萎縮させかえって和解が成立しにくくなるおそれなどのADR法制定時等における指摘に対する制度的な手当てもなされているといえる。

(イ)　認証紛争解決手続の業務内容等の掲示方法の見直し

　認証紛争解決事業者に義務づけられている利用者等に対する情報提供について、現行の事務所での掲示による方法によるほか、インターネットの利用その他の方法により公表する方法によることもできることとされた（新ADR法11条2項）。これは、情報通信技術の著しい進展により、ODRを実施する事業者が多数現れるなどしていることや法的紛争に遭遇した場合にインターネットを活用して紛争解決に係る情報を収集することがごく一般的に行われるようになっている現状を踏まえると、インターネット上で公表する方法で情報提供を行うことにも合理性があり、また、利用者等に対する情報提供の一層の適正化を図る観点からも望ましいと考えられたことによるものである。

(ウ)　令和5年改正法の施行を見据えた法務省の取組み等

　令和5年改正法は、令和6年4月1日に施行される。なお、掲示方法の見直し（上記(イ)）に関する規定は、令和5年7月28日に施行された。

　令和5年改正法により認証紛争解決手続で成立した和解に基づく強制執行を可能とする制度が創設されたことによって、認証紛争解決手続において、紛争の実情に即したより迅速、適正かつ実効的な解決が図られ、裁判外紛争

解決手続の利用がより一層促進されることが期待される。

　もっとも、そのためには、同法施行後も認証紛争解決手続の業務が適正に運営されることが大前提となる。たとえば、利用者が、強制執行が可能であることを期待して認証紛争解決手続を利用し、同手続で特定和解を成立させたにもかかわらず、手続に法令違反があるなどの理由（前記のとおり、執行拒否事由の中には、特定和解における債務の特定や認証紛争解決手続の法令違反等に関するものも含まれている）により、裁判所による執行決定が得られず強制執行ができないといった事態が多発するようなことがあっては、認証紛争解決事業者、ひいては認証制度への信頼を失うことになりかねない。法務省としては、認証紛争解決業務が同法施行後も適正に運営されるよう、同法の施行に向けて、ガイドライン等の見直し[16]を行ったほか、国民一般や認証紛争解決事業者等への十分な制度の周知や手続実施者となり得る者への研修の充実の支援強化等の取組みを実施していくこととしている。

7　おわりに

　ADR法が施行されて15年以上が経過したが、その間、関係機関、関係団体等の関係者の努力により、認証紛争解決事業者の数も増加し、それぞれの事業者が多様な分野でその専門性を活かしながら適正に紛争解決手続業務を行っており、国民の利用状況は未だ十分であるとはいえないものの、認証紛争解決手続は国民に定着しつつあるといえよう。そうしたこともあって、ADR法制定時から課題とされていたADRで成立した和解への執行力付与の制度化が実現したものであり、この新たな制度の創設はADR利用促進の一つの大きな契機となるものと期待される。

　新たな制度下で認証紛争解決手続の業務がより一層適正に運営されるために必要な環境を整備していく中で、ADRが国民にとって裁判と並ぶ魅力的な選択肢となるためには、ADRが十分に国民に認知されるとともに、ODR

16　ガイドライン等の改正内容については、かいけつサポートホームページ（〈https://www.adr.go.jp/bussiness/laws-regulations/〉）に掲載している。

の普及・推進により利便性を一層向上させることが極めて重要である。これらのいずれかが欠けてもADRの拡充・活性化を図ることは困難であろう。トラブルに遭遇という非日常になったときのセーフティーネットの選択肢の一つとして、ADR・ODRを意識し、備えるという意識の醸成を図ると同時に、紛争当事者の手続きが、ストレスフリーになったと実感できる制度インフラの構築が求められる。こうした観点から、これまで紹介したような取組等を積極的に進めていく必要があるが、そのためには、認証紛争解決事業者はもちろんのこと、関係機関、関係団体等の協力・連携が不可欠である。

　潜在的な紛争を含む紛争に遭遇した当事者が多様な紛争解決手段の中からそのニーズに即した手段を選択し、適正迅速に紛争が解決される社会の実現に向けて、ADR・ODRの潜在的利用者を含む利用者、事業者、関係者のニーズを発掘し、そのニーズに対応した課題解決に向けたコンテンツ（内容）を充実させ、関係機関、関係団体等の協力を得て、連携、ネットワークを強固なものにしていくことで、ADRのさらなる拡充・活性化に全力を尽くしていきたい。

〔第1章第2節　本多　康昭〕

第3節　ADRの現場からみた技法の大切さ

1　調停人として必要なものは

　離婚ADRを行う調停人として、どのような知識や資質が必要であろうか。筆者は、以下の5点であると考える。

・離婚等に関する法律知識

・論点（争点）に気づく力

・子どもの心理・発達に関する知識（発達心理学）

・人　格

・調停技法

---

(1)　法的知識

　ADRは、家庭裁判所の離婚調停のように担当の裁判官がいるわけではないため、調停人が確かな法律の知識を持って、当事者の質問に答えたり、調停を進行する必要がある。諸外国の離婚を扱うADR機関の中には、法律に関する事項は事前に情報を提供するのみで、調停人は法的な事項を扱わないという機関もあるように聞く。しかし、現在、日本の離婚ADRの現場で感じることは、調停人には、法律の知識が絶対的に必要だということである。

　この点については、当事者が何を求めてADRを利用しているか、という点と関連している。ADRを利用する当事者の多くは、「1円でも多く獲得したい」、「相手を打ちのめしたい」と思っているのではなく、「得をしたいわけではなく、損をしたくないだけ」、「法的に妥当であれば受け入れる。その

基準を示してほしい」と考えている。実際の調停の中でも、「一般的にはどうなのですか」、「法律上は、どう考えるのですか」といった質問を受けることが多い。そのため、調停人には当事者が判断するための法的基準を示す役割がある。

　もちろん、明確に示せる場合と、いくつかの選択肢を示すくらいしかできない場合など、さまざまである。たとえば、養育費の適切な金額については、双方の収入さえ把握できれば、算定表を確認のうえ、「最終的に合意できず、家庭裁判所の審判に進むことになれば、○万円前後で決定される可能性が高い」といった明確な基準を伝えることができる。一方、「何年別居すれば、離婚裁判が認められますか」という質問には、「○年です」と明確に答えることはできず、「同居期間の長さやお子さんの有無や年齢等、さまざまな事情を考慮したうえで裁判官が決定するので、明確な年数は言えないが、2年〜5年程度で認められることが多いようです」と答えることになる。

(2)　論点に気づく力

　そして次にこの法律の知識とセットで必要になるのが論点や争点に気づく力である。上述のように、当事者から尋ねられたり、課題が明白な場合、法律を知っていることで正しい回答をすることができる。

　しかし、話し合っておくべき事項が隠れている場合、これに気づく必要がある。たとえば、預貯金の財産分与の協議の際、当事者が別居時残高のみで話を進めようとしているとしたら、一言「婚姻前の預貯金はどうしますか？」と問う必要がある。自分でいろいろと調べている当事者も多く、婚姻前の預貯金については特有財産として財産分与の対象にならないと理解している当事者も多い。そのため、婚姻期間が長く、婚姻時の残高までさかのぼることができないとか、婚姻当時は双方ともにわずかな預貯金しかなかったとか、何らかの理由で婚姻前の預貯金については考えないことをすでに合意している場合もある。ただ、知らないがゆえに話題にしていないだけかもしれず、一言触れておく必要がある。

　これは初級編の気づきであるが、中級編・上級編もある。たとえば、当事者が「うつ病で休職中のため、来月から給与が3分の2程度になる。当面、

復職も見込めず、現在の給与の3分の2を収入として養育費を算定してほしい」と主張したとする。この場合、調停人が気づくべきことは、当事者が言っていることは、給与から傷病手当金への切替えのことかもしれず、また、その場合、算定表に当てはめるとしても、職業費がかかっていないことを勘案する必要がある、ということだ。もちろん、この「気づき」を口に出して協議の場に上げるかどうかは別問題だ。他方当事者は、一時的な減給で養育費を決めたくないと主張するかもしれないし、事情はよくわかるので、算定表を利用せずとも、〇万円でどうか、といった議論に発展するかもしれない。しかし、大切なことは、論点に気づいていることと、必要に応じて情報提供する準備ができていることだ。

　また、離婚後の紛争を最小限に抑えるための気づきの視点も大切である。たとえば、夫婦の共有財産である不動産を離婚後に売却し、その売却益を2分の1ずつ取得するような離婚条件で合意した当事者がいたとする。しかし、売却は少なくとも離婚の数か月後だ。この間、誰が不動産のローンや維持費を払っていくかについて議論ができていないともめることがある。また、売却益を分与するにあたり、購入時に頭金として特有財産を拠出していないかどうかを尋ねるのも気づく力の一つである。この問いがなかったことで、後々、当事者がもめる可能性があるからである。

　こうした「気づく力」を調停人に求めるか否かは、ADRによる調停にどこまでを求めるのか、という点にも関係してくる。ADRにおいては、法的な助言すら必要がないと考える立場からすると、こうした気づきはさらに必要ではないと考えるかもしれない。しかし、筆者は、「当事者が何を求めているのか」に極力沿う形で進行するのがADRのあるべき姿だと思っている（当事者が求めるものを提供できない場合は、明確にそう伝えるべきであるとも考えているが）。

　筆者が運営する「家族のためのADRセンター」（以下、「当センター」という）を利用する当事者は、「自分では気づけない専門家ならではの視点」を求めているし、「法律を知らないことで自分が損をしないこと」を求めている。その一方で、当事者は合理的な解決や早期の解決も求めている。そのため、どこまでも事細かく指摘して争点をすべて洗い出して議論すればよいという

ものではなく、「当事者が求めるレベル」を把握したうえで、必要な気づき
を当事者に提供することが求められる。このような「気づく力」をトレーニ
ングで養うことは難しいようにも思えるが、時間的・精神的余裕を持って進
行することや、進行の途中で「気づき忘れていることはないか」と振り返る
習慣をつくることで、場数を踏んでいるうちに身に付いていくことが多いよ
うに思う。

(3)　子どもの心理・発達に関する知識（発達心理学）

　次に、子どもの心理・発達に関する知識（発達心理学）であるが、これは、
当事者間に子どもがいる場合の協議の際に必要となる知識である。

　たとえば、面会交流について話し合っている場面で、共同養育を望む当事
者らが小学 1 年生の子どもに対して、「完全に半分ずつ監護しましょう。奇
数月は私が月〜水、あなたが木〜日、偶数月はその反対にしましょう」とい
う内容で合意しようしていたとする。そんな場合、調停人は、「お子さんに
とって、そんなに頻繁に行き来するのは大変ではないでしょうか。それでな
くても、小学 1 年生は、学校で新しいことや緊張の連続です。家でゆっくり
心身を休めるためにも、平日は一方の家で過ごすような監護の方法を選択肢
に入れてみられてはいかがでしょうか」と指摘できなくてはいけない。

　もしくは、当事者の自らの気づきを促すという点においては、「お子さん
がかなり頻繁に行き来することになりますので、まずはうまくいくかどうか、
次回期日までの間にやってみましょうか」等と促し、次回期日を少し先に設
定するという方法もある。

　以前、家庭裁判所調査官として調停に出席していた際、こういった知識が
皆無と思われる代理人に遭遇したことがある。別居親の代理人が 2 歳の子ど
もとの面会交流として、「ファミレスで 2 〜 3 時間会わせてほしい」と主張
しているのを聞いたことがある。まさにこれは「大人目線」の提案であり、
2 歳の子どもが何をすれば楽しいか、という視点や知識が欠けている。そも
そも、2 歳の子どもが 2 時間もファミレスでおとなしくしているのは難しい
のである。

　また、時には、親の離婚や別居をどう子どもに説明するかが問題になるこ

ともある。一方の当事者は、「子どもを傷つけたくないから、離婚ではなく
単身赴任だと説明したい」と主張し、他方当事者は、「子どもには正直に伝
えたい」と主張していたとする。こういった問題に絶対的な答えはなく、双
方の話し合いをサポートするしかないのだが、子どもにも意思表明権や知る
権利があることや、隠していたことが後になって発覚したときの子どもの気
持ちを考える必要があることなど、協議の「ヒント」を投じる必要がある。

　こういった子どもの発達段階や子の福祉に関する知識を獲得することは大
変なことのように思われるかもしれないが、意外とそうではない。なぜなら、
発達心理学の全体を理解する必要があるのではなく、離婚前後の子どもにか
かわる知識だけでいいのである。たとえば、先ほどのファミレスの例にして
も、2歳の子どもがどのような性質を持っているか、少し勉強すれば簡単に
わかる。また、親の離婚を子どもに説明する際、どのような内容をどのよう
なタイミングで説明すべきかといったことも、何冊か専門書を読めば簡単に
身に付く内容である。大切なのは、発達心理学の専門家になることではなく、
関心を持って学ぶ姿勢を持つことである。

⑷　人　格

　そして「人格」も必要になる。具体的には、謙虚であることや穏やかであ
ること等である。いくら調停技法を身に付けていても、「調停人のほうが当
事者より偉い」と思っている人は、座る姿勢や口調など、必ず態度に出てし
まう。

　また、「穏やか」な雰囲気が出せるかどうかも実は大きい。当事者は少な
からず緊張した状態で参加する。加えて、相手方の中には「話し合いに引っ
張り出された」というような態度で、不遜な受け答えをする当事者もいる。
そういった固く張り詰めた雰囲気やどんよりした嫌な雰囲気を「前向きで穏
やか」な雰囲気に変えていくためには調停人自身の醸し出す雰囲気が重要で
ある。同じ言葉であっても、どんな口調でどんな表情で話すかによって受け
る印象は異なるのである。ただ、この人格については、何も聖人君主を求め
ているわけではなく、ADRの調停人をやってみようかという人であれば、
基本的に備わっていることが多いように思う。

(5)　調停技法

　そして最後に、肝心要の調停技法である。調停技法は、すべてのケースで必要になるスキルであり、かつ、簡単ではないけれど、学習すればするほど身になるスキルであると考えている。調停技法の内容については、本章次節および筆者の実践に係る第2章・第3章で詳細に述べるとして、なぜ筆者が調停技法が重要だと考えるに至ったか、以下で説明したい。

2　調停技法の大切さに気づいた理由

(1)　筆者が調停技法に出会ったとき

　筆者は、恥ずかしながら、実は「調停技法」という言葉すら知らずにADRを始めた。それでも、最初は、前職の家庭裁判所調査官時代の経験や知識で何とかなることも多かった。しかし、まずやってきたのは自分自身の壁である。案件数が増えるにつれ、紛争性の高いケースや複雑なケースが出てきたのである。

　前職では、家庭裁判所に申し立てるような比較的紛争性の高い案件で、かつ子どもの福祉が問題になっているような複雑なケースを担当することも多かった。特に難しいケースについては、事例検討を行うこともあった。しかし、事例検討で何をしていたかというと、当事者理解やケース全体の理解、そして「ここでこういう問いかけができればよかったのでは」といった具体的な面接技法についてなどである。こういった事例検討のベースにあるのは臨床心理学であり、調停技法とは似て非なるものである。そのため、ADRの調停人として難しいケースを担当したとき、「何だかうまく進行できない」と感じることがあった。

　そして、当センターに登録してくれる調停人が増えるにつれ、悩みは大きくなった。筆者はセンター長という立場でもあるため、他の調停人の調停を見る機会も多かったが、「ここではこう質問したほうがいいのではないか」とか「そこで口を挟んでしまうと当事者が話せなくなる」とか「私ならこう

言う」などと、ついつい口を挟みたくなってしまうのである。もちろん、調停中に口を挟むことはしないが、終了後、担当の調停人と「さっきの進行はどうだったか」、「この場面ではこういう進行もあり得たか」、「この情報は伝えたほうがよかったのでは」などとやりとりを繰り返していた。そして、以下のようなことをあれやこれやと悩むのである。

筆者の悩み・・・

❓筆者が感じたことや気づいたことを調停人に伝えてはいるものの、筆者が考えていることが正しいとは限らず、それを伝えるのは単なる自己満足にすぎないのではないか。

❓そもそも何が正しいなんていう答えはなく、調停人の個性といえるのではないか。

❓そうはいっても調停人によって当事者が得られる結論が変わってしまうのはよくないのではないか。

❓調停の進行について一定のルールを決めることで、調停の質はある程度担保されるのではないか。

そのようなもやもやの中で、調停の進行上のルールが増えていった。たとえば以下のようなルールである。

① 調停の冒頭では、双方からこの場で話し合いたいことを聞く
　　口火を切った申立人の話し合いたい内容を前提として進めてしまいがちになるが、相手方がこの場で話し合いたいと思っている事項についてもしっかり聞くことが必要である。

② 協議の方法から当事者の意見を尊重する
　　たとえば、養育費について協議する際、まずは取り決めの方法から当事者に尋ねる。家庭裁判所の手続に慣れていると、ついつい当事者

双方から収入を聞き、算定表に当てはめるとこから始めたくなるが、そもそも取り決めにあたり、算定表を使うのか、双方の希望額から議論するのかといったところから双方に尋ねる必要がある。

③　当事者よりも話しすぎない

　　法律の話になると調停人が協議をリードしてしまい、調停人が説明するのを当事者が聞いているという時間が長くなってしまうことがある。また、調停人が沈黙に耐えられず、同じようなことを繰り返し話していることもある。これでは当事者主体の協議とはいえないため、調停人は話しすぎないよう注意が必要である。

④　調停人からの積極的な情報提供

　　当事者が財産分与の協議の際、退職金も対象になることに気づいていなかったとする。これを指摘することは、分与してもらう側の利益になる発言になるとも思われ、公平中立な立場である調停人としては難しいところである。しかし、法的知識が十分でない当事者に対し、一律に「こういう財産は対象になる」という助言をすることは、どちらか一方の味方をすることではなく、調停人として必要な情報提供である。こういった情報提供については、財産分与に限らず、多くの場面で問題となり、中立の立場の調停人がどこまで行うのかという点は大きなテーマの一つである。

⑤　養育費の取り決めがある当事者に対しては、公正証書の作成を促す

　　現時点では、ADR によって作成した合意書は執行力がない（執行力が認められた令和5年改正については、本章第2節6を参照）。そのため、継続給付である養育費や慰謝料・財産分与の分割払いがある当事者に対しては、必ず強制執行認諾条項付きの公正証書の作成を勧めている。これは、権利者側に加担した発言とも思われるかもしれないが、作成するか否かを完全に当事者の判断に任せるのではなく、双方が納得のうえで合意した内容をより確実に履行してもらうための情報提供が必要と考えているからである。

　筆者は、こうしたルールを決めていくことで、誰が調停人であっても、あ

る一定の質が保たれ、調停人によって結果が変わってしまうということがないようにしたかったのである。しかし、こうしたルールはつくり出すときりがない。さらには、こうしたルールは、調停の中で必要なスキルとしてまとめられることと、個別のルールとして蓄積していくべきものと峻別できるのではないかと思い始めた。筆者の頭の中を図に表すと以下のような図となる。

　たとえば、先に挙げた①、②および③については、「当事者双方の話をしっかり聞く」という基本的スキルでまとめられそうであるが、④および⑤は共通のルールとして積み上げていくべきものと分類できる。このようなことを考えていたときに出会ったのが調停技法である。本章第４節の執筆者である入江秀晃氏（九州大学教授）の論考を読み、「求めていたものがここにあった！」と感じたのである。

⑵　調停技法習得のための実践

　次に、そうした調停技法をどのように習得していったかという実践について書きたい。筆者が調停技法習得のために必要だと感じているのは、以下のステップである。

ステップ１　調停技法を知る
ステップ２　調停技法を練習する
ステップ３　調停技法を実践する

　ステップ１の「知る」については、参考資料を読むことで知識を得ることができるかもしれないが、技法の練習は専門家を頼るしかない。そこで、調

停技法の第一人者である入江教授に5回シリーズの研修を組んでいただき、なるべく多くの調停人に参加を呼びかけた。入江教授の研修メニューはよく考えられたうえでつくり込まれていて、いくつかの基本的調停技法を取り上げ、まずは説明し、そしてグループに分かれて技法を練習という流れであった。

　ここでは、学んだことを即練習するため、何を注意しながら会話を進行するのかが明白である。そのため、多くの調停人が知識として学んだ調停技法を活かして練習をすることができた。たとえば、パラフレージングという技法がある。この技法は、当事者が語ったことを受け止め、調停人の言葉で「あなたが話したことはこういうことですね」と言い換える技法である。これによって、当事者は、自分の話が伝わっていることを理解し、また、自分が大切に扱われていると実感できるのである。加えて、他方当事者が考えを整理する時間にもなり、よく使われる技法である。この技法はとてもわかりやすく、ロールプレイでの練習においても、多くの調停人がうまくパラフレージングを取り入れたやりとりをしていた。

　しかし、結果として、調停技法の習得はそう簡単でないことを痛感することになった。と言うのも、上述のとおり、筆者はセンター長として多くの調停を見聞きする機会があるが、その際、研修にて学んだことが活かされていない場面に出会うことも多かった。つまり、ステップ2とステップ3の間に大きな溝があるのである。もちろん、これは筆者自身にも当てはまる課題であり、なぜこの溝を埋めることが難しいのか考えてみた。その結果、思い当たったのは、「気持ちの余裕の問題」である。実際の調停となると、多くの問題を同時に考えながら進行することが多い。当センターの調停は、同席調停も多く、両者を前にしながら、双方の態度を観察し、言い分を書き留め、時に自身も情報提供したり、先の進行方針を考えたりしながら進めるのである。その際、一度習っただけの技法を適材適所で使えるかというと、意外と難しいのである。

　また、調停技法の習得が難しい理由の一つに、「習慣が邪魔する」という問題がある。調停は、質の問題を別にすれば、調停技法を学ばずとも、究極のところ「話す」「聞く」といったコミュニケーションができれば可能なの

である。そのため、調停技法を学んだ後、それを実践するためには、これまでの調停スタイルをアンインストールする必要があるが、これが簡単ではない。ある意味、コミュニケーションの方法は、これまでの人生の中で長い時間をかけて培ってきたスタイルであり、そう簡単には変わらない。これまで、相手の話を聞いたら、即座に反応して自分の意見を述べていたような人にとっては、パラフレージングは違和感があり、難しいのである。しかし、当たり前であるが、調停技法は一朝一夕にして成らず、である。習得のためには技法を学び、それを実践するという繰り返しをするしかないのである。

　また PCAGIP（Person Centered Approach Group Incident Process）という技法を使った事例検討も行った。前半の研修では、技法を学び、それを実践に活かす流れであったが、事例検討はその逆であり、実際に困難を抱えた調停で、どのような技法を使えば解決できるか、という視点を持った研修である。実際に現場で起きている問題は、何か一つの技法を使えば解決するというような問題ではない。しかし、基礎的な調停技法を学んだ後に、実際の困難ケースで事例検討をすることによって、調停人としての対応の幅や引き出しを増やすきっかけになったと感じている。

　加えて、当センターの調停は現在は9割以上がオンライン調停であることもあり、実際の調停の様子を録画し、それを入江教授に見ていただいたうえで調停人にアドバイスをしてもらうという方法をとったこともあった。この際、入江教授は動画を見て気づいたことを「メモ」にして渡してくれるのだが、このメモがすばらしかった。筆者も同様にその動画を見ているわけだが、うまく言葉にできなかった違和感が見事に言語化され、担当調停人が受け入れやすいような言葉で解説されていた。また、専門家ならではの巨視的な視点も勉強になった。

　さらに言うと、入江教授が離婚に関する法律や実情に詳しいことも大きな助けとなった。いくら調停技法の専門家だったとしても、実際に現場で起こっている問題に関する知識がなければ、アドバイスがちぐはぐだったり、「そうは言っても、実際の調停ではそのスキルは使えない」ということになってしまいかねないからである。筆者は、この「入江メモ」の大ファンである。

3　調停技法向上のためにできること

　こういった一連の調停技法研修を通じて感じることは、「技法習得は一朝一夕にしてならず」ということである。知識を得ること、その知識を練習すること、そして実践に活かすこと、これを繰り返すことで、ようやく自分の身に付くのである。

　この点、学習した技法を実践するかどうかは調停人の個人の努力によるところが大きいが、運営側ができる努力もあると考えている。たとえば、学習した内容について、「今日は○○の点について意識して調停を進めてみてはどうでしょうか」と声掛けすることもできる。また、学習したことをアウトプットできているか、専門家にスーパーバイズを依頼することも考えられる。調停技法はADRによる調停の肝心要であるだけでなく、技法を所属の調停人全員で学ぶことで、何を大切に進めていくのかという共通認識や共通言語のようなものができ上がる。より良い調停組織であるためには、調停人同士が対等な立場で事例検討や意見交換を行える環境が望ましく、調停技法研修はその土台づくりも担っていると感じた。そのため、すべてのADR機関において継続的に調停技法研修を行うことを強くお勧めしたいし、もちろん当センターもそうありたい。

〔第1章第3節　小泉　道子〕

第4節　調停技法

1　はじめに

　離婚調停のための調停の進め方、効果的に話し合いを進めるための技法について述べる。

　離婚にあたって、夫婦間では散々話し合って、これ以上は無理だからと調停手続に進んでいる。あるいは、何も話し合えなくなって、調停手続に進んでいる。話し合えなくなったから次に進んできたつもりなのに、なぜ調停手続で、再び話し合いをせよと求められなければならないのか。話し合いに応じたとして、はたして、話し合いが前に進むことがあるのか。

　調停技法に関して、上記のような疑問をお持ちの方も多いだろう。話し合いというよりも、結局は調停人が簡易的な裁判官となって白黒決めるしかないと考える方もいるかもしれない。

　しかし、話し合いが行き詰まっているのは、話し合い方が上手でなかったからかもしれない。実際、多くのケースで、きちんと話し合えば調整できることは多い。

　問題はどのようにすれば「きちんと話し合えるか」である。つまり、調停人として、当事者にどのような働きかけをするのが望ましいか。そもそも、調停人として、どのような心構えで調停人という立ち位置にいればよいのか。本節（以下、「本稿」という）では、こうした諸々の問題を一つひとつ取り上げていく。

2　対話型調停の概要──調停人として のスタンスを中心に

(1)　ボイスとチョイス

かつて、「よく聴き、よく考え、よく説く」べしと考える調停観が有力であった。手続の主体を調停人に置き、当事者を単なる客体、情報源ととらえるこのような見方については、かねてより批判もあったが、現在でも実際上有力な調停観である。

本稿で提案する方法はこれとは異なる。ひと言で言えば、当事者にしっかり語ってもらい（ボイスを持ってもらい）、当事者に選んでもらう（チョイスを持ってもらう）、という当事者主体の紛争解決手続の進め方である。妥当な結論を当事者が決めていけるように、話し合い方に介入し、話し合い方に構造を与える方法である。

本稿で説明される内容は、私なりの理解に基づいてはいるが、対話型調停、対話促進型調停、自主交渉援助型調停などと呼ばれる現代型調停のスタイルになる。これは、英語では、ファシリティティブ・メディエーション（facilitative mediation）と呼ばれる。

話し合いがうまく進まないのは、話し合いがうまく構造化されていないからだ。話し合いが噛み合わず、お互いに自分の言い分が理解されていないというフラストレーションがたまり、結果として相手への攻撃性が増すという破壊的サイクル・悪循環に陥っている場合が多い。このような悪循環を断ち切れば、かなりの割合で当事者主体の紛争解決ができる。これが、対話型調停の基本的考え方である。

対話型調停では、話し合いの交通整理を行い、最初は抽象的に互いに解決に向けて努力するといった点から始めて、最終的に具体的な要求事項に決着を与えていくという戦略をとる。技法としては、後に述べるように、ステージ管理（調停の話し合いの各段階での目標と適切なふるまいを考えながら進めていく方法）が中心に置かれる。ステージ管理を効果的に進めるために傾聴技術が用いられる。傾聴技術は、当事者主体の解決という理念とも整合性を持

つ。その他、いくつかの要素技術が複合的に組み合わさって、全体として整合性のある技法体系として、調停モデルが複数提案されている。本稿では、私による対話型調停モデルの説明を行いたい。

(2) 気持ちと事実の両面を話す──納得と公正さの両面を追求

沈没船ジョークという民族の性質を扱ったものに、アメリカ人には「飛び込めばヒーローになれる」、イタリア人には「飛び込めばモテる」、日本人には「皆さん飛び込んでいますよ」と言えばよいというものがある。ならば、「みなさんこういう内容で合意されていますよ」と、平均値・標準値を示すだけで調停人はよいのだという考え方もあるかもしれない。今でも、ある程度は有効な部分もあるだろう。しかし、それで済むなら調停技法は要らない。実際、この種の説得手法は、かつてほど有効でなくなっていると思われる。

また、前述したように、対話型調停では、要件事実的な思考方法はとらない。つまり、事実関係を聞き取り、裁判結果を予想し、その予想をもとに当事者を説得するというやり方をとらない。

ではどうするか。当事者の語りの中から解決につながる手がかりを見つけ、一件一件の事件に最も望ましい解決内容を、当事者と調停人が一緒に個別的に考えていく。シンプルに言えば、これが対話型調停である。

当事者のストーリーは、感情的な部分、事実関係、また、価値観を反映した内容が渾然一体として形づくられているのが一般的である。裁判では、こうした中から客観的に検証可能な事実関係のみを抽出していくが、調停においては、こうした事実関係のみの抽出作業を先行させる必然性はない。むしろそのような客観事実のみに調停人が注目してしまうとその姿勢が当事者間の対立を深めてしまう。

対話型調停においては、当事者のそれぞれのストーリーを本人によって語られること、互いに聴き合うことを重視する。これがボイスを持つということである。

ただし、感情面調整のみを目的にしているわけでもない。言い換えれば、ガス抜きをして丸め込むという不公正に堕落してはいけない。調停において、エンパワーメントが重視される意味は、調停人が、当該当事者の置かれてい

る権力関係に敏感になって、抑圧の加担に陥らないよう、むしろ抑圧を解消
しながら問題解決できる道筋を探そうとする目標に結びついている。公正さ
という目標は手放すべきではない。

　調停は端的に言えば、気持ちと事実の両方を話してもらい、納得と公正さ
の両面を追求する手続である。対話型調停では、調停を調停らしく行うこと
を目指す。

⑶　個別化の実際──当事者の語りをふくらませる聴き方とは どのようなものか

　対話型調停では、手続の個別化を目指す。当事者の語りをふくらませる関
わりを行う。

　具体的にはどのような意味か。たとえば、「離婚を前提とする話し合いで
あるか否か」を調停の最初期に確認したくなる場合がある。前提条件を間違
えると話し合いが非効率になるからだ。しかし、対話型調停の発想では、「離
婚を前提とする話し合いでよいですか」といった問いかけを冒頭に行うこと
は乱暴であると考える。たとえば、申立人が離婚を固く決心していたとして
も、相手方がそうであるとは限らない。申立人は離婚を前提とした話を望ん
でいるとしても、相手方に、イエスかノーかを最初に決断を迫るのは性急す
ぎる。

　ではどうするか。たとえば、「いま、○○さん（申立人）のお話を伺いま
したが、××さん（相手方）のお考えをお聴かせいただいてもよいですか」
といった形で問いかけるのがよいだろう。あるいは、「今、○○さん（申立人）
のお話も聞かれたと思いますが、××さんが今日ここに来る前に考えておら
れたこと、現在の状況をどのように見ておられるかをお話しいただけますか」
といった聴き方もある。「○○さん（申立人）は、離婚を望まれているよう
ですが、その点も踏まえて、××さん（相手方）のお考えもお聴かせください」
でもよいだろう。つまり、相手方当事者自身が文脈を選択できる形での問い
かけを行いたい。結果として、離婚に対する具体的な態度表明はなされるだ
ろう。つまり、離婚を望んでいる、受け入れる意思がある、条件付きで受け
入れる意思がある、離婚を望まない、などのニュアンスを含んだ返答が聞け

るはずだ。適切な質問をしていくとは、このような意味である。

　これは、調停手続の冒頭近くのタイミングにおける調停人の介入行動についての具体的な一例である。漠然と「調停人の判断のための聞き取り」を開始してはならないのである。実際のところ、裁判所にしても民間の ADR 機関にしても、離婚を前提とする話し合いは多く、元の鞘に戻るという場合は稀であるが、だからといってそうだと決めつけるべきではない。当然、調停を終えた後も、別居しながら婚姻状態が続くというケースもある。それぞれから十分にストーリーを聞き取ることなく、安易に方向を決めつけてはいけない。確率的には低いとしても、さまざまな出口につながる可能性を、調停人が先回りして刈り込む必要はない。

　また、当事者のこだわりについても、なるべく丁寧に扱おうとする。特に面会交流について、単に頻度を抽象的に決めるというよりは、非監護親・監護親がそれぞれこだわっているポイントについて詳しく話し合えるように支援するとよい。「課題の特定」という調停のステージ（後述する）では、話し合うべきテーマを列挙し、場合によってはホワイトボードなどのビジュアルツールに示しながら話し合うと便利である。この課題には、当事者がこだわっているポイントを含めてもよいし、むしろ含めるべきである。たとえば、当事者間のコミュニケーションのとり方について、一方当事者に懸念があるなら、まずは中立的な表現で論点化を行い、その懸念を解消できるような選択肢を探っていくという方向で考える。外部のリソースについても、調停人がよく知らないという理由だけでその活用を前提とする解決案を排除すべきではない。また、標準的な解決例に紹介されていないという理由だけで、両当事者が望む選択肢について検討しないというやり方をとるべきではない。たとえば、面会交流支援団体のサービスなど使うべきでないといった一方的な決めつけは論外とも言えるが、現実の面会交流支援団体はコスト面以外にもさまざまな課題を抱える。その地域で使える面会交流支援団体のサービス実態についても調停人が把握していることは望ましいが、仮に十分に知らないことがあったとしても、漠然と選択肢から排除したり、逆に面会交流支援団体に後は丸投げしたりといった姿勢をとるべきではない。きちんと一緒に悩むべきなのである。当事者と一緒に考える姿勢を維持するのだ。当事者に

頼りないと感じられるかもしれないが、調停は調停人のエゴを満たすために
やっているわけではない。知らないことも出てくるだろうが、適切に正直に
関わるしかない。

⑷　要求の妥当性を検討するのではなく、ニーズを満たす選択肢を探す

　対話型調停では、調停が互譲の手続であるとは考えない。つまり、お互い
に要求を妥協し合う姿勢が必要だという態度を持つ調停観はとらない。確か
に現実的には、あるいは、最終的には、要求を切り下げて合意が成立する場
合が多い。たとえば、月10万円の養育費を要求する監護親と、月 5 万円の提
示をしている非監護親の金額を、どこか中間地点で合意させようと働きかけ
るのことが調停人の中心的な役割と考えている人は多いに違いない。

　しかし、対話型調停において、調停活動の中心は、こうした要求を互いに
切り下げさせるという点にあるのではなく、両当事者それぞれがどのような
ニーズ（needs）や利害（interests）を持っているのかを探り、それぞれのニー
ズや利害を満たせるような選択肢を見つけようとする点にあると考える。確
かにこれは理念形という側面があるが、実践的にも、安易に金額交渉のみに
割り切らせないように工夫して、当事者の語りを促す。一方当事者にとって
は払う金額は少ないに越したことがない、他方当事者にとっては受けとる金
額は多いに越したことがないのだから、いずれにせよゼロサムの交渉に帰着
すると安易に考えるべきではない。たとえば、養育費は子どもの健全な成育
のために支払われるべきものであるとすると、その意味づけによって、払っ
てよい金額も変わりうる。毎月の養育費の負担増は渋っていても、大学の学
費を全額持つことは約束できるといった場合はある。また、同じ銀行振込に
しても、監護親名義でなく、子ども名義の口座に振り込むといった実務上の
ノウハウがあるが、これも当事者にとっての意味づけに配慮した解決の一例
であろう。他にもさまざまな課題（イシュー issue）・論点が出てくる。そこ
には、当事者間のコミュニケーションの方法なども含まれる。双方にとって
のストレスのある事項について、双方ともにストレスを減少させるような解
決策を考えることも可能になる。調停人自身のゼロサム的交渉観によって、

話し合いを方向づけてはならない。そのための適切な話し合いの進行モデルが、後述する対話型調停のステージ管理の考え方になる。

(5) 情報提供を行わざるを得ない状況はどのような場合か

対話型の調停人は、ファシリテータとしての役割を持ち、原則としては、当事者に何かを教えるとか、情報提供する役割を負っていない。しかし、調停機関の運営の文脈上、一定の情報提供をせざるを得ない場合はあるだろう。

その場合にも、調停人による情報提供には中立性の要請や調停人自身の能力から限界があることについては説明をしておく必要がある。そのうえで、紛争解決基準として一般的な考え方にはこのようなものがあると、なるべくフラットな形で説明するのが望ましい。しかし、調停人としては、フラットな一般知識を伝えているつもりでも、支払義務者側から見れば、一方的に支払額を調停人によってふくらませられているように見えることもある。客観情報だから何の躊躇もなく伝達しても構わないと考えるだけでなく、双方がそうした情報提供に何を感じているかを共感しようとする姿勢も求められるだろう。同じ情報提供をするにしても、ひと言配慮があると受ける印象が異なってくる。たとえば、財産分与の対象資産に関する当事者の誤解を指摘する場合にも、頭ごなしに結論を伝えるというよりも、なぜそう考えたのかを確認したうえで、本人のメンツにも配慮しつつ一般的な実務の方法を伝えるべきだろう。これは調停技法の問題であるとともに、調停機関のシステムデザインの問題でもある。

したがって、こうした情報提供に関わるポリシーについては、手続申込み時に一通り説明しておくというやり方が望ましいだろう。今後は、典型論点について、オンデマンド型での説明動画を閲覧できるなど、調停期日外での情報提供を充実させられるとよい。調停人の役割はシンプルになり、より効果的に関わりやすくなると考えられる。

支払義務などの論点のほかに、子ども関連の話題でも、調停人による教示が必要な場合がある。たとえば、面会交流の調整を子ども本人に行わせるような状況を両当事者ともに問題視していないケースがそれにあたる。一般的に望ましくない解決内容について、ネガティブチェック的な役割を果たすこ

とは望ましいと言えるだろう。

(6)　同席と別席

　本稿では、同席を重視するが、別席を排除しないスタンスでスタイルを扱う。

　同席手続には、透明性・直接性の観点で優れている。特に、面会交流のような両当事者間の関係が続く課題がある場合に、調停人が間に入ってさえ話し合いが成り立たないようでは、その後の実施が期待しづらい。同席手続が効果的に行われるためには、調停人が調停トレーニングに参加し、自信を持って場をコントロールできる能力を備える必要がある。この能力は、別席手続でも有効に働く。

　同席のメリットは、たとえば、謝罪を例にとるとわかりやすい。調停人が仲介して、「○○さんが謝っておられますよ」と聞くのと、本人が直接話しているのを聞くのとでは、意味が全く変わってくるということは了解できるだろう。また、あまり語られづらい同席のメリットには、「相手への失望を明確化する」というものもある。たとえば、自分と調停人の面前でも平然と嘘をついて恥じるところもない姿を見て、このような相手と争っていた自分を発見し、人生の次のフェーズに進む決心が固まるといったこともある。調停人としては、同席で仲直りさせようとする必要はなく、基本的にはビジネスライクなコミュニケーションを可能とさせる水準を目指せばよい。

　別席は、調停人のスキルがなくとも一応は進行できるというメリットがあるだけではなく、当事者にとっても、相手がいるという緊張を強いられずに落ち着いて話ができることや、調停人と心理的距離が近い状態で話ができるメリットもある。相手には言いたくないが調停人には明かしてもよいという話はさまざまな局面で生じうるからである。典型的には、金銭面の調整を行う際に、相手がいる前では一度数字を出してしまうと撤回しづらいが、調停人とだけならば、撤回しやすいため比較的正直に具体的な数字を話しやすいという事情もある。また、不貞、暴力、精神疾患などの病歴、実家の家族内の問題、その他、相手当事者には絶対話したくないが、調停人の耳には入れておきたいという情報も存在する。あるいは、離婚後の生活不安について、

同席では話しづらくとも、別席の場面であれば、半ば人生相談的な近い距離感で一緒に考えやすいという面もある。

　このように、原則は同席手続であるとしても、部分的に別席手続を活用することはむしろ望ましい場合がある。また、当事者によっては、原則別席で手続を進行させたほうが、話が進む場合もあろう。無理をしすぎずに、両当事者の声と、調停人自身の判断で選んでいけばよい。

　なお、別席と同席を組み合わせる場合に、別席で調停人が聞いた情報を同席に戻ったときに調停人が相手当事者に伝えてよいかという問題がある。海外の調停モデルでは、明示的な許可なく、調停人から相手当事者に情報を明らかにしてしまうのは不適切とされる場合も出てきた。調停人が自由自在に情報を操作して合意に導くべきとは考えられなくなってきている。

　別席でも、当事者主体の紛争解決手続となるように、単に相手の非を言い募るような時間にするのではなく、当事者本人と子どものこれからの生活をどうしようとしているのか、その新しい出発を具体的に考えていくプロセスにしていきたい。

（7）　体を張る感覚

　ここまで説明してきても、離婚調停のように当事者が感情的になりやすい話し合いを、同席するなんて考えられないとおっしゃる方もいるかもしれない。

　この後に詳しく述べるような調停技法を適切に活用すれば、話し合いが完全にカオスに陥るリスクはかなり低下させられる。たとえば、はじめの挨拶のステージで、相手の話は最後まで聴き合うという約束をして、具体的な話し合いの中身に入るようにすれば、混乱を避けやすい。仮に混乱したとしても、はじめの挨拶の内容を再確認し、双方の言い分を一つひとつ整理していけばよい。過度に同席対話型の手続を怖がる必要はない。

　しかし、同時に、対話型調停人は、基本的に体を張って、話し合いの場づくりをする役割を持つ点を忘れてはならない。当事者が感情的にならないようにテクニックを駆使して操作するということではない。そうではなく、たとえ当事者が感情的になったとしてもその場をホールドする覚悟を持ってそ

の場に臨むのが調停人の役割だと私は思っている。この体を張って全身で当事者に対峙する感覚は、別席の手続でも本当のところは必要である（逆に言えば、体を張ったとしても話し合いを支えられないという感覚になるのであれば、むしろ話し合いを終了させるなどの判断も致し方ない）。

　調停人は当事者の感情を鎮める役割を持っているというものではない。調停人は調停人自身の感情をモニターし、話し合いの参加者のグループダイナミックス全体をメタに観察し続ける役割を持っている。技法を学ぶ目的には、技法の持つ意味を論理的に説明できるようになること、必要な場面で技法を活用できることとともに、最終的に自分が体を張って、その場をホールドする覚悟を持ち、その役割を取れるように鍛えることが含まれている。

　やや大げさな言い方になってしまったかもしれないが、このようなことは、たとえば重要な会議を主宰する人は日常的に行っているものである。読者ご自身にとって、本気にならざるを得ない場というものは人生の中にあるはずだから、それを一つの基準にして考えていただけるとよい。当事者はそのような本気さを持ってこの場に来ている。要するに、最終的には、調停人は自分自身まるごとでぶつかっていく覚悟が必要である。調停技法は、小手先で当事者をかわすための技法ではなく、正面から向き合っていく、あるいは、ぶつかっていくための技法である。

3　調停のステージ

(1)　ステージモデルの外観

　調停のステージモデルとは、はじめの挨拶（オープニングステートメント）から始まって、合意文書作成、終結に至る一連のプロセスを、それぞれの段階に分け、段階ごとに目標設定を行い、効果的な調停人のふるまいを考えていくとよいとする考え方である。それぞれのステージでどんな活動をするのかを説明する前に、大まかに全体像を説明する。

　ステージをいくつに分割するかについては、調停モデルによって異なるが、話し合いの土俵を整え、時間をゆっくりかけて相互理解を深め、その中から

当事者とともに解決案を練り上げていくという基本的な考え方は現代型調停の各モデルで共通しているように思われる。本稿では、対話型調停のステージとして、①はじめの挨拶、②相互理解促進、③課題の特定、④選択肢の開発、⑤合意、⑥終結と分ける。

　誤解を受けやすいが、すべての話し合いを無駄なく、滞りなく進めるための枠組みというわけではない。たとえて言えば、地図とコンパスを持って航海に出ようというという呼びかけであり、むしろ困難に乗り上げそうになったときにも、リカバリーを容易にするフレームワークとして理解すべきものである。したがって、一つのステージを終えたら、次のステージに進み、後戻りしてはならないといったことは考えない。ステージを巻き戻すのは調停人の重要な役割である。むしろ、調停人が両当事者の話し合いに介入するにあたって、より自由にふるまえるように考えるための補助線とでもいうべき内容になっている。

　〈図１〉に示したのは、縦軸は抽象↔具体の観点、横軸は調停人主導↔当事者主導の観点での、各ステージで行いたい活動のレベルである。もちろんこれは一種の概念図であり、厳密に数値化されたものではない。しかし、こうした関係性を頭に入れておくと、混乱したときに、話し合いの状況を俯瞰して、適切なふるまいを選び取れるようになる。

〈図１〉　調停人関与の全体像

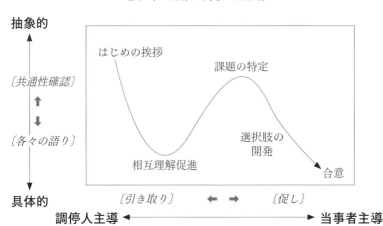

　対話型調停における目標は、具体的な課題解決の話し合いを、当事者主体で行う点にある。したがって、図で言えば、右下の領域が該当する。しかし、紛争を抱えている当事者間でいきなり直接、主体的に具体的な話し合いをしようとすれば、たちまちデッドロックに陥るであろう。だからこそ調停手続が選ばれているのである。

　このように考えて、はじめの挨拶は、調停人が主導的に開始し、話題のレベルも抽象度が高いものに留める。「今日ここで約 2 時間、互いに納得できる解決を見つめるために、急がずに話し合いを行いましょう」とか、「互いに相手の話は最後まで聴き合うようにして、順々に話を進めていきましょう」といった抽象レベルの高い話題を振って、まず、話し合い方を合意していくのである。はじめの挨拶の次は、非常に具体的な当事者の語りを聴いた後、少し抽象度を上げて課題の特定を行う。最終的には具体的な次元での問題解決を当事者主導で話し合う状況に移行できるように支援する。以下、それぞれの調停のステージにおける技法の具体的中身について解説する。

⑵　はじめの挨拶

㋐　はじめの挨拶の目的は、当事者にとっての安心と期待、および話し合い方の合意

　調停手続の、はじめの挨拶は、現在ではある程度はどこでも行われていると思われるが、その意味づけについては、必ずしも十分に検討されていないように思える。後からクレームを言われないための予防線として、いろいろお断りを入れておこうというはじめの挨拶さえあるのではないか。

　挨拶という言葉は、禅に由来し、互いに相手の悟りの程度を推し量る（押し量る）意味であったらしい。「押す」という働きかけをすることで、その反応を引き出して観察するのが挨拶である。調停におけるはじめの挨拶は、まさにこれで、当事者の反応を見るために調停人が能動的に行う。

　調停手続の開始時には、当事者は不安を持っているのが普通である。ここにいてよいのだという安心感を持ってもらえるように、部屋に迎え入れ、言葉がけする。社会心理学で、ギブの懸念[1]の第一として知られる受容懸念とは、ここにいてよいという感覚であり、それがなければ話し合おうという気

にはなれないものである。両当事者に対してこの受容懸念を払拭しようという営みが、はじめの挨拶の目的の第一である。

第二の目的は、当事者の手続への期待の醸成である。安心感を期待感につなげることと言い換えてもよい。話し合っても意味があるだろうか、傷つくだけではないのか、損させられるのではないか、後悔しないか、当事者にはさまざまな思いがうずまいているであろう。しかし同時に、せっかくの機会だから話し合ってみようという小さな期待を持っているからこそ調停の場に来ているのだろう。調停人が適切な自信を持って手続を主宰している姿を見せることで、期待感を少しプラスにできる。

第三の目的は、話し合い方について合意することである。調停は秘密の手続であり、安心して参加できるものである。調停の中で話し合われたことを、インターネット等で公開しないといった点を確認することも含まれる。また、同席手続の場合に、相手当事者が話している際には、話し終わるまで待つ、途中で口を挟まないといった話し合い方そのものを合意することも行っておきたい。後述するように、はじめの挨拶で触れておいたほうが望ましいと考えられる項目はさまざまに存在するが、「互いに相手の話を（最後まで）聞き合う」という話し合い方の約束は特に含めることが勧められる。

(イ)　申立人と相手方の温度差

はじめの挨拶のステージで対処を考えておきたい事項に、申立人と相手方の手続に対する温度差の問題がある。

一般に申立人は解決意欲が高く、相手方は解決意欲が低い場合が多い。もちろんケースバイケースではあるが、この差異に意識的になっておくことが望ましい。

比喩的に申立人は近づいてきがち、相手方は遠ざかりがちと言ったりもする。つまり、申立人は、調停人を味方に引き込んで自分の言い分を通そうとしがちであり、相手方はともすれば手続からの離脱を考えがちになる。調停人は中立の位置どりをしているつもりでも、気がつくとかなり偏った場所に

1　山口真人「自主交渉援助型調停と人間関係トレーニング」JCA ジャーナル54巻3号
　　8〜15頁（2007年）。

立っているという事態を招きがちなのは、当事者がこうした動きをする傾向
があるからだ。当事者に対して先入観を持って決めつけることは不適切だが、
さまざまな可能性や一般的な傾向についてはあらかじめ検討しておくことが
望ましい。調停のはじめの挨拶は、両当事者を平等に見て、平等に話しかけ
るなど、身体的に中立性を表現する機会なのである。

　申立人と相手方の差は、意欲だけに留まらず、知識面にも及ぶ。特に、相
手方は、調停機関、調停手続、調停人といったものに対する知識が乏しい場
合が少なくない。紛争の相手である申立人と話し合うために呼び出されたか
らここに来ているだけで、積極的に調停のシステムについて学ぼうという動
機を持たないことはむしろ普通であるからだ（当然例外も存在する。離婚調停
経験のある相手方もいる）。その点では、調停の進め方を丁寧に説明するのは、
相手方への配慮という意味合いがあると言える。戸惑うことが多くなりがち
な相手方にも、この手続では被告人意識を持たなくてもよいのだと安心して
もらえるように働きかけるのがよい。

㈦　はじめの挨拶で扱う項目のサンプル

　以降に、はじめの挨拶で扱える事項のサンプルを示す。これらすべてに触
れると、優に10分は超えてしまう。期日前に確認するなどして短縮すること
もできるのであらかじめ検討しておきたい。ただし、短かったとしても、前
述した三つの目的についてはクリアしたいし、相手方への配慮のためにも、
調停手続その他システム面についての不安や懸念を当事者が少しでも持てば、
どのような質問も丁寧に答えてもらえるという雰囲気を持たせることは大切
である。

　同席手続の場合、呼び方を確認しておくことも、現実的な話しやすさに影
響する。妻のことを「おい」としか呼んでいない夫もいるかもしれない。旧
姓で話しかけてほしいと思っている妻もいるかもしれない。呼ばれたい呼び
方を確認してもらえれば、話し合いのしづらさを減少させられる。

　今日は 2 時間、○○時までといった枠組みを確認することで、当事者がそ
の枠の中での話し合いを意識しやすくなる。手続へのオーナーシップの感覚
を持ってもらうためにも、「アウェイな感覚」ができるだけ減るように配慮
して声かけをしたい。

　調停の経験を聞くことで、当事者が手続にどのような期待をしているかを知ることにつなげられる。同席・別席は典型だろう。前回の調停と異なる方式で進めたいと考えていれば、それを話題に出せばよい。たとえば、別席だけで手続が完了した経験を持つ当事者に対して、「今回はむしろ同席中心の進め方を提案したいと考えています。なぜなら……」と、説明すれば納得される可能性はある。

〔表〕　はじめの挨拶の項目例

　はじめの挨拶でどのようなことを伝えるかは、その当事者の関係や事案の内容によって左右されますので、必ずしも一定のマニュアルが存在するわけではありません。下記項目は一例です。

・歓迎の意思表示

　　（「ようこそお越しいただきまして、ありがとうございました」など。）

・これからここで話し合うこと

・場所の指定

　　（机やイスの向き・距離などを確認する。）

・タイムフレームの確認

　　（「今日は2時間予定されています」など）

・当事者のいまここの気持ち

　　（ここまで迷わずに来られたか、調停手続の経験、など）

・呼び名の確認

　　（「わたしのことは△△さんとお呼びください」「それぞれをお呼びする際には○○さんと××さんでよろしかったでしょうか」など。場合によっては当事者間での呼び名の確認まで。）

・役割の確認

　　（調停人が話し合いの支援者であること、当事者が話し合いの主体であること。）

・秘密保持の確認

　　（調停人が外でここでの話をすることがない等）

・交互に話をすることの確認

　　（互いによく聴く、メモを取るのも一案等）

・互いに敬意を示すこと

・離脱が自由であること

・別席手続（コーカス）の説明

・質問を受ける

　　（「何かご質問はありますでしょうか」「疑問はいつでも仰ってください」
　　など。）

※オンライン手続の場合

・通信環境確認。中断のおそれないか。トラブル時の代替連絡手段。

・部屋に他の人はいないか。録音録画禁止。（調停の秘密保持）

(3)　相互理解の促進

(ア)　牛のように聴く（Listen like a cow）

　傾聴の基本的スタンスは、「牛のように聴く」ことである（〈図 2〉）。この
説明は、Timoty Hedeen 教授（ケネソー州立大学）に教わった。

　後述する開かれた質問や言い換え（パラフレーズ）のような具体的な技法
も重要だが、あまりに技巧的に関わることは感心しない。むしろ、えらぶら
ず、わかった気にならずに、純粋な好奇心を向けて、牛のように聴くことで
ある。ついでに言えば、眉間にしわを寄せる牛がいないことも思い出して、
あまり深刻になりすぎないトーンで聴くこと、沈黙を苦にしないで聴くこと
も大切である。

　沈黙をおそれる調停人もいるが、当事者が考え、決断するためにはむしろ
沈黙が必要な場面がある。いかに沈黙を埋めるかばかり考えるより、意味の

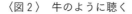

〈図 2〉　牛のように聴く

えらぶらない

眉間にしわを寄せない

沈黙を苦にしない

わかった気にならない

ある沈黙ならばしっかりと一緒に沈黙を過ごせる態度が必要である。

㈤　気持ちと事実をセットで聴く

調停では、気持ちと事実をセットで聴くように心がけるとよい。法律実務
関係者はとかく事実のみに限定したがるが、両当事者の意思決定支援におい
ては、そのような限定はかえってじゃまになる。離婚の話し合いの場合、子
どもの利益を考える必要や公序良俗の範囲内といった限定はつくが、基本的
に当事者は好き嫌いで結論を決めてよい。当事者自身のストーリーを語って
もらうように援助する姿勢で聴いていく。

感情について、共感を示すことを恐れすぎる必要はない。一方当事者に共
感を示すと、他方当事者から不公平な調停人であるとみなされるおそれは確
かにある。しかし、むしろ双方をひいきする（Partial to all）[2]の精神で、双
方に共感を向けるようにバランスをとっていけばよいと考えるのである。こ
こでいう共感（empathy）とは、感情が理解できると示すことを意味しており、
「私も同じだ」といった同調・同情（sympathy）とは異なる。

㈥　開かれた質問

開かれた質問（Open-ended question）は、閉じた質問（Closed question）の
逆の概念であり、はい・いいえ以外の回答を求めるような問いをいう。

対話型調停において、適切な形で開かれた質問を行い、当事者が自分のス
トーリーをしっかり語ったという意識を持ってもらえるように配慮する。

先にも触れたが「離婚を前提に話してよいですか」は、閉じた質問であり、
調停の最初期にこのような乱暴な問いをぶつけるべきではない。

開かれた質問の目的としては、ニーズを把握すること、要求を明確化する
こと、事実認識を共有することがある。特に重要なのが事実認識であるが、
なるべく具体的なできごと、状況の描写という形で話をしてもらえるように
するとよい。たとえば、「この人はだらしない」と言っているのを聴けば、

2　Partial to all は、"The mediators handbook" に出てくる表現である。Impartiality を
強調して、双方から距離を取る冷たい中立性ではなく、両当事者およびその子により
そっていくような動的な中立性こそが調停人の目指すべき位置取りである。Beer, Jen-
nifer E., & Packard, Caroline C. (2012) "The Mediator's Handbook" New Society Publish-
ers.

具体的に困った経験や、今後のことでどのような事態を心配しているのかを聴いていく。状況を目に浮かべることができるかを考えて質問していくとよい。

㈎　言い換え

言い換え（Paraphrase）とは、話し手が言った言葉を聴き手が意味を変えずに別の言葉で示して確認することをいう。

事実関係の言い換えであれば、単に「……とおっしゃっているのですね」と、繰り返しやそれに近い形で確認してよい。カウンセラーのふるまいと確かに共通するが、もっと素朴に言い分を確認していくというスタンスで私は構わないと考えている。聴き手側は、くどくなるのでわざわざ言い換えをするまでもないと考えがちだが、実際にやってみると、話し手側がくどく感じることは少なく、むしろよく聴いてもらっているという感想につながる場合が多い。聴き手側の理解を明確にする効果があるのはもちろんのこと、調停人も相手当事者も含めて思考するための時間的スペースができる点も大きい。

話し手が迷いを見せているように感じられる場合にも、矛盾をとがめるとか、決断を迫るという聴き方ではなく、「○○したいという気持ちもあれば、××の点で心配で踏み切れないという気持ちもあるのですね」と一旦受け止める形で、言い換えをすることができる。最終的にはどちらかに決めなければならないことは本人自身が知っている。

気持ちの言い換え（感情の反映）は、話し手の感情的なニュアンスや評価的なメッセージが含まれている場合に、その言い分を繰り返すのではなく、話し手の感情に着目して別の言葉で言い換える。たとえば、「夫は大事な会合に遅刻して無責任だ」と妻が言っているとすれば、夫さんは無責任な人なんですねと言い換えるのではなく、まず何があったかを尋ね、「××さん（妻）が……のことでがっかりされたんですね」といった形で、話し手自身の感情を言い換えていくという技法である。

これは、感情はIメッセージ[3]で伝えるとよいという話と同じである。

3　Iメッセージとは、私（I）を主語にして気持ちや感情を伝える方法である。あなた（You）を主語にして相手を責めるよりも望ましいと考えられている。たとえば、「あなたは遅刻してだらしない」よりも「遅刻されて、私のことを軽んじられている気がして

相手を責めるのではなく、私がこういう気持ちを抱いたという言い方であれば、言われたほうが受け止めやすいからだ。

　気持ちの言い換えは、感情を適切に受け止めているという言語的メッセージなので、怒りが収まる効果が期待できる。しかし、他人の感情を操作しようとしていると受けとられるリスクもあり、濫用は避けたい。感情を鎮めようとするよりは、素朴にさまざまな気持ちを受け止めようとしていくという姿勢を維持継続したい。

　　㋒　「その点どうですか調停」は避ける

　「その点どうですか調停」は、私の造語だが、一方当事者の言い分に調停人が乗っかる形で司会を進めるやり方をいう。私はこのやり方は原則避けるべきと考えている。

　たとえば、冒頭のはじめの挨拶が終わった後は、申立人に「望んでおられること、その背景事情、ご心配などをお伺いしてよいですか」といったかなり広い問いかけで始める。そして、この後、申立人からの具体的な問いかけがあった場合が問題になる。私の考えでは、相手方への問いかけは以下のようなものがふさわしい。「○○さん（申立人）から……について考えを聞きたいといったお話もございました。その点も含めていただいても結構ですが、むしろまずは、××さん（相手方）が今日出席するにあたって考えてきたことの概要をかいつまんで教えていただけませんか」。つまり、申立人の質問に答えさせるよりも先に、相手方自身のストーリーをいかに引き出すかを考えるべきである。

　「その点どうですか調停」を避ける必要は、冒頭の場面だけでなく、その後も続く。先に述べた「言い換え」スキルを適切に活用して、相互交流促進のステージではまずは、双方がそれぞれ言いたいことを言ってもらい、調停人としては当事者ニーズの把握に努める。解決のための話し合いは、課題の特定、選択肢の開発のステージで行う。「その点どうですか」は、調停人の集中力が低下してきた際に言いたくなる。「その点どうですか」と問う前に、次の話者が前に言っていた話題に触れるのもよいだろう。次の話者にとって

────────────

悲しかった」のほうが気持ちが伝わりやすい。

は話しやすくなる。たとえば、申立人が「自動車の鍵を早く返してほしい」と言っていても、調停人がその直後に「鍵をすぐに返すつもりはありますか」などと相手方に問いただす必要はない。「○○さん（申立人）は、自動車のことが気になっておられることがわかりました。××さん（相手方）は、先ほど……が気になっているとおっしゃっていましたね」といった形で、結論を急がせず、互いの言い分をテーブルの上に並べていく。

　㋕　事実の共通認識をふくらませ、相違部分への相互理解をふくらませる

　弁護士調停人の場合は特に顕著だが、要件事実的な考え方が強くなると、どうしても、裁定のために必要な事実を聞き取るという姿勢が強くなりがちになる。少なくとも話し合いの前半において、そのような自らの判断のために必要な事実関係を聞き取りたいという調停人の感情を抑えて、当事者の認識をなるべくそのまま出してもらうように働きかけるべきである。

　両当事者から一通り話が聞けた後も、すぐに調停人の関心で聞き取っていくモードには入らない。基本的に、両当事者の言い分から認識に共通部分を見つけて、そこを当事者と確認しつつふくらませていくようなイメージで関わる。両者の認識をすべてにおいて一致させようとする必要はない。事実関係についての言い分で争いがない部分については淡々と共通認識として積み上げていくような関わりを持てばよい。特に、相手当事者の努力を認めているところ、感謝しているところなどもスルーせずに丁寧に拾っていくと、共通認識が拡がっていく。

　そのうえで、認識が違っているところは、違っているという確認に留め、どちらが正しいかという話には持っていかず、まずはそれぞれの言い分の確認を拡げていく。たとえば、子どもの教育が大切という意見は双方で一致しているが、この塾に通わせることについての見方は異なっているというとき、共通部分と相違部分の双方についての相互理解を確認するという姿勢を持つとよい。

　㋖　ニーズを聴く

　相互理解促進段階では、上記の事実認識とともに、双方のニーズを聴き取る点に注力する。ニーズ（needs）とは、当事者が要求（position）している

背景となるより基本的な事情ないし理由のことをいう。利害（interests）とは基本的に同様の概念と考えてよいが、経済的な尺度に還元しうるニュアンスがある利害に比べて、ニーズという言葉にはより心理的なものや社会関係的なものなど計量化しづらい事項を含んだ、人間として基本的に必要とされる事項を意味しているニュアンスがある。

平たい言葉で言えば、こだわりや心配事をできるだけきちんと受け止めていくのである。

言い換えれば、金銭面だけの問題としてだけで状況をとらえるべきではない。たとえば、実親からのプレッシャーを受けていて実家の中でのメンツを保ちたいという期待があるとか、会社への影響を心配しているといった帰属意識に関わるニーズなどは、当事者にとってしばしば大きな意味を持っている。追い立てられるような気持ちでいたくないといった安全に関わる心理的ニーズも重要だ。あるいは、自分のことは自分で決めたいというニーズ、アイデンティティを含む価値を大切にしたいというニーズもある。こうしたニーズをきちんと受け止めることで、次の具体的な課題解決の段階につなげていくことができる。

(ク)　謝罪の拾い方

相互理解促進の場面では、謝罪の表現が出てきたときの取扱いにも注意を払いたい。

当事者の語りの中でしばしば見られるのは、「○○については申し訳なかった気持ちもあるが、××については相手の落ち度だと思う」といった形式である。話し手側は、誠実さのアピールと要求とを混ぜた形で表現しているつもりであるが、聴き手側にとっては、全く謝られたという気持ちが持てない。

調停人はこのようなときにそれぞれを分けて確認することができる。一つのやり方だが、まず、「××に関して、期待と違ってがっかりした、もう少し違うやり方があったとお考えでしょうか」といった形で、話し手の失望その他の否定的感情を一旦受け止める。そのうえで、「さきほど、○○について申し訳なかったとおっしゃいましたね」と言った形で謝罪を切り分ける。場合によっては、それは何に対する謝罪なのかを聴くのもよいだろう。謝罪

を確認する際は、謝罪をしている側だけでなく、謝罪を受けている側の表情も確認する。

　謝罪に関しては、特に同席での手続である場合に意味が大きくなる。別席で謝罪の話題が出た場合にも、調停人が伝えるのでなく、同席に戻って、本人自身が伝えるほうが望ましい。

　ただし、謝罪に関して、あまりナイーブに許し合えるとか、わかり合えるといった状況を期待しないほうがよい。当事者間に釈然としない感情がでる場合や、結局この人はこの程度の認識だったのだと、かえって失望が拡がることさえある。勇気を持って踏み込む必要はあるが、調停人の描くゴールに誘導させようと力んではならない。

⑷　課題の特定

(ア)　議事次第のようなもの

　課題（イシュー）は、両当事者が解決すべきあるいは話し合うべきテーマである。複数の（たとえば、5つや7つなど）の形でリストアップするイメージで考える議事次第のようなものだと認識すればよい。

　権利義務の確定を行うための争点整理とは異なる。争点整理では、主張の違いをリストアップしていくが、課題の特定は、むしろ双方が話し合いたい議事リストと考える。

　話し合うべき課題を見渡せるようになると、一般には、当事者に安心感が拡がる。際限なく対立が拡がり、深まりそうなところに目途が立つような感覚が持てるからだ。

　解決を急ぐよりも、包括的な課題リストをつくることを先行させようとするのが定石である。

　調停人がすべての課題を正しく表現しなければならないわけでもない。タタキ台としてホワイトボードなどのビジュアルツールに、仮のリストを挙げてみて、他に追加すべき課題がないか、言葉遣いを修正したほうが良いかなど、当事者に確認しながら、当事者と一緒につくっていく意識で整理する。

(イ)　こだわりの課題化

　離婚調停の場合、財産分与、養育費、面会交流の頻度など一般的に解決が

必要なテーマは含んで話し合われる必要がある。加えて、双方、あるいは、どちらかがこだわっているポイントを話し合うべき課題として加える。

　要求している表現の抽象度を上げて、要求を受けている側にも受け入れられる表現で課題を表現するイメージを持てるとよいだろう。たとえば、「夫からの LINE メッセージを見るとうんざりする」という話であれば、「コミュニケーション方法（含：LINE）」程度に表現を変えて、話し合うべき課題として含めるとよい。

(ウ)　分配型交渉の課題と統合型交渉の課題

　財産分与や養育費などお金に関わる事項は、分配型交渉の対象となる。しかし、それでも、額面以外の要素や意味づけを話し合いに取り込む余地はある。

　調停人としての基本的な考え方は、解決が必要な分配型交渉の課題（金銭など）は当然含めるべきであるが、話し合いの方向を統合型交渉の要素を増やすための工夫として、さまざまな課題・テーマを含めるようにする。

　たとえば、定石としては、話し合い方を話し合うという趣旨で、コミュニケーション方法を課題に含めるとよいと考えられている。コミュニケーション方法でギクシャクしていると、両者ともにストレスがたまりやすくなるし、せっかく決まったことも履行されづらくなる。

　課題の特定の際に、ありがちな失敗としては、抽象度が高すぎる表現をしてしまうことである。たとえば、「子どもの利益のために両者ができること」といった課題設定では、何を話し合ってよいのかがわからない。塾や習い事を新しく開始したり辞めたりした場合の情報共有とか、面会交流時のプレゼントの内容といった具合に、中立的な表現であっても、具体性のある課題設定でなければ話し合いづらい。

(エ)　過去の事実

　対話型調停では、将来の約束をつくっていくことが基本ではあるが、過去の事実について話し合ってはならないわけではない。

　これからの約束をつくっていくためにも、過去の経験をそれぞれがどう認識しているかを話し合い、注意点を共有できれば、良い合意形成につながる可能性が増える。

　ただし、調停人が一方当事者を罰する役割は持っていない。また、不貞の事実認定のように、当事者が期待したとしても応えられないものもある。このような場合には、調停人の役割を再度確認する必要が出てくる。

　「……したかどうかの事実」や「……についての責任」といった形で課題設定するより、「……の経緯」といった事実認識について課題化に留めるほうが話しやすい。

(5)　選択肢の開発

(ア)　一般的には解決しやすい課題、緊急の課題から扱う

　課題の特定が終われば、それぞれの課題に対して解決案となる選択肢を検討していく。一般的には、解決しやすそうな課題や緊急の課題から扱っていくとよい。すでに態度表明されている部分などで、明らかに合意できる課題についてまとめてしまうことができれば、当事者への勇気づけにもなる。たとえば、手続的合意と呼ばれるような内容は解決しやすい場合が多い。具体的には、互いの実家に対する連絡についてといった課題なら合意をつくりやすい場合も多いだろう。合意ができたら、ホワイトボードなどのビジュアルツールに色付きマーカーで印を入れたりして、成功体験をつくっていく。

　逆に、難しそうな課題を先に扱って、すぐに合意できないという確認をしてから、別の課題に移るというやり方も取り得る。

(イ)　ブレインストーミング手法の活用

　選択肢の開発のステージでは、ブレインストーミング手法を使うことが勧められる。この最も基本的な考え方は、選択肢を拡げる時間と、選択肢の実現可能性を吟味する時間を分ける点にある。アイデアを提案した途端に相手当事者からダメ出しされると提案する気持ちがしぼんでしまう。選択肢を拡げるほうがエネルギーも時間も必要になる。10分程度でも、具体的な課題に絞ってアイデアを考えると、それなりの可能性が実感できる場合がある。

　チェックは後からやることにして、選択肢をなるべく増やす時間を持ちませんかと双方に呼びかけてブレインストーミング手法を活用できるとよい。

(ウ)　調停におけるブレインストーミングの留意点

　一般論としてブレインストーミングは有効な手法とは言えるが、調停にお

けるブレインストーミングには限界もある。ビジネスにおけるブレインス
トーミングでは、突拍子もない状況も考えましょうという呼びかけがなされ
るが、調停では、敵意や悪意ある発言を誘発する危険性もある。また、義務
者と権利者の立場が分かれている際のブレインストーミングは、義務者側に
はつらい時間になる。あまり無理せず、課題毎の具体的な解決案検証を丁寧
に行う程度に考えればよい。「何でも言ってください」ではなく、「さまざま
な可能性を拡げましょう」くらいでよい。

　㈍　**調停人からの示唆──落とし所は落とし穴**

　選択肢の開発のステージでも、当事者の意見の中から合意をつくっていく
のが基本である。ただし、調停人からの示唆を全くしてはいけないとまでは
私は考えない。直接的に、調停人が考え出した解決案を受け入れるように説
得するということは行わないが、いくつかのレベルでの示唆は必要だろう。
まず、一般的に話し合っておくべき課題が残っている場合に、○○について
どのように考えますかと、問いかける形での示唆は必要である。選択肢の追
加のような示唆も控え目に行うならよいだろう。自分のアイデアに執着しな
いで、当事者が自由に賢明な選択肢がとれるように支援しているという関わ
りが基本スタンスである。

　当事者から調停人の考えを質問される場面もあるだろう。この点、自分自
身の見方を当事者に明かす場面があってもよいと私は考えている。その際の
条件としては、①タイミングが熟しているかを検討する（当事者間での対話
が十分でない段階では、当事者間の対話を先行させるべき）、②自分自身の見方
に過ぎず、参考にしていただくことはよいが、採否は両当事者に委ねるとい
う点を強調する、③当事者の双方に確認する（調停人が心証を開示するのは、
双方の当事者が共に調停人の見方を知りたがっている場合に限定する）、の3点
がある。

　調停技法として覚えておいたほうが良い言葉に、「落とし所は落とし穴」
がある。調停人として、このあたりが落とし所だと見通しがつく場合が出て
くるが、これがしばしば落とし穴になるという自戒を持っておいたほうがよ
い。調停人の思い描いた落とし所に誘導することが調停技法なのではない。
落とし所が見えてもそれは単なる一つの可能性として保留し、未知の場所を

当事者と一緒に探検する姿勢を保とう。

⑹　合意文書作成

㋐　話し合いは続いている

合意文章作成は、先に挙げた〈図 1 〉では、当事者主導で具体的な次元の調整を行う位置に置いている。しかし、弁護士調停人が起案して、当事者は承諾するだけに近い現実も多いだろう。それはそれで仕方がない面もあるが、合意文書作成ステージにおいても話し合いは続いているという側面も重要である。

具体的には、合意文書の文言に当事者意識を持てるように、話し合いで使われた言葉をそのまま文書化するとか、言い換える場合にも言い換えの必要性を簡単にでも説明するなどの配慮が望ましい。起案した後、一行ずつ声に出して読み上げるといったことも、単純ではあるが効果的である。

また、このタイミングで別席を活用して、何か気がかりな点がないかをそれぞれに確認する方法も有効である。

㋑　安定的な法律文書であること

他方で、安定した法律文書としての完成度を上げる工夫は行いたい。法律実務家によく活用されている文例集を参照することも有効である。

たとえば、「だれが、だれに、なにを、いつまでに、どこで、どうする」といった情報が、条文毎に明確になっているかをチェックすることは求められる。

当事者以外に影響が及ぶ合意、長期にわたる合意、複数の義務者で共同して責任を果たす合意などは、特にチェックが必要となる。

㋒　任意条項の活用

強制執行になじまない任意条項についても、当事者がその効果を含めて認識しているなら、積極的にそれを含めていくことには肯定的な意味がある。当事者にとっての意味づけを信頼し、書式集にない条項案でも積極的につくってよい。

㋓　見直しの仕方も決めておく

離婚調停の場合、子どもの成長、両当事者が仕事を変えること、再婚など、

さまざまな変化が起きうる。ありとあらゆる場合に備えるという合意文書は難しいが、予想される範囲内でシミュレーションを行うことには価値がある。

　また、見直しが必要になったときに、再度の調停利用を含めて、どのような形態での合意形成が望ましいかを話し合っておくことも有効なやり方である。

㋑　執行力を得ておくこと

特に養育費や財産分与の分割支払いのような長期に及ぶ履行を前提にする場合には、執行力を得た合意にする意味は大きい。

併せて、執行力がある公正証書などの方式を使ったとしても、強制執行が自動的になされるわけではない点について当事者が理解しているかを確認しておきたい。

㋕　面会交流の履行継続

養育費以上に履行を継続させることが難しい場合が多いのが面会交流である。監護親（多くは母親）にとって、面会交流をする意義について腹落ちができないところに一つの課題がある。この点については、調停期日内での話し合い以前に、親教育として情報を得られるように工夫することが必要であろう。子の利益のため面会交流が必要という教示の前に、悩んで傷ついている当事者自身のケアがなければ、受け入れづらい。親教育以前の親本人サポートのワンクッションを持てると、面会交流実施にもつながるようにも思える。

　調停人としては、可能な限り、具体的なやり方について調整しておくことが望ましい。面会交流支援団体の活用は一案である。面会交流支援団体にも多様性が出ており、運営上の考え方や費用もさまざまである。たとえば、家庭裁判所調査官や裁判官のOBなどの専門家が中心に集まった団体と、離婚経験当事者がいわばピアサポート的な発想で立ち上げて活動している団体では、組織の肌合いも異なる。前者は経験豊富さや安定感がある一方で官僚的な話し方の癖が抜けていない担当者に出会う確率が増えるし、後者は年齢の若いスタッフが多くフレンドリーという長所がある一方で組織的安定性を感じづらい場合もある。調停人としても関心を持っておきたい。

㋖　履行確率を上げる工夫

履行確率を上げるためには、内心の心配・懸念をできるだけ払拭することが大切である。

また、ちょっとしたつまずきを防ぐため、次のアクションを具体的に確認することも大切である。たとえば、不動産登記上の名義を書き換えるために司法書士に依頼する予定であれば、誰に頼むのかを確認しておくといったように、予定される行為を手続レベルに落とし込んで考えていき、そのうえで引っかかっていることをすべて取り除いていくのである。

(7)　調停の終結

調停を終える際は、両当事者の努力をねぎらい、感謝を伝え、新しい門出を見送るようなつもりで終えるとよい。

合意できなかった場合には、期待に添えなかったかもしれないことを詫び、しかし、意味のある話し合いができたことに感謝を伝える。

再度の利用を歓迎することを伝えるのもよい。

4　調停技法の各論

(1)　共同調停

民間の手続でも複数の調停人によって、共同調停の形式がとられる場合がある。

共同調停のメリットとしては、複数の目があるので安定感につながる、多角的な見方ができる（男女、弁護士とカウンセラー、面会交流支援者など）、役割分担ができる（司会、メモ取り、板書など）、ふりかえりもやりやすい、といったものがある。デメリットとしては、コストがかかる、スケジュール調整がより難しくなる、調停人間でぎくしゃくする場合がある、当事者との距離が拡がるといったものがある。私の考えでは、一般にはメリットがあるので、共同調停スタイルの活用は民間においても多く活用されてよいのではないかと考えている。

共同調停の進め方については、さまざまな準備が可能であり、検討を深め

ておきたい。たとえば、互いにどのように呼び合うかであるが、「先生」は避けて、「さん」付けで呼び合うことにしたいといったことは事前に調整しておきたい。

　一般的には主副を決めるほうがやりやすいだろう。理想的には、同じ調停モデルの研修に参加経験を持つなど、調停人間で共通言語を持っていると打合せを持ちやすい。事前にどちらがどのような役割を持つかについて、話し合っておくとよい。また、話し合いが始まって比較的早い段階で、主調停人が副調停人に「今の時点で聞いておきたいことはありますか」、「お気づきの点はありますか」など声かけをして、少し声を出せる場面をつくることがあると、副調停人が最後まで発言しなかったという事態を避けられる。他には、調停人間での協議を持つ必要を感じたときにどうするかといった点についても事前に話し合っておくとよい。当事者との話し合いを中断して調停人間で協議することがあってもよいが、その点も含めて調停人間で事前に確認しておくとよい。

　共同調停での実施上の心がけとしては、なんとなく気がかりな点があるにもかかわらず、相調停人も言わないので流してしまうという事態が起きやすいので、多少のぎくしゃくは許容するつもりで、踏み込む勇気を持って手続に臨む点が肝要である。年齢差や経験差がある場合にも、それらにかかわらず発言できるように、事前に短い時間でも話し合っておくとよい。

〈図３〉　共同調停の進め方　チェックリスト

・主副について話し合っておく　主副が途中で入れ替わってもよい
・主調停人は、副調停人に早めに発言のタイミングをつくる
　（例：「今の時点で聴いておきたいことはありますか？」）
・はじめの挨拶での発言の分担
・書記の分担
・互いの呼び方
・調停人間での協議の持ち方
・踏み込む勇気を持つこと

⑵　当事者以外の参加者

　私の知る限り、今までのところ日本では、議論されている場合が多くない
が、民間の手続の大きなメリットになり得る点としては、当事者以外の参加
者を柔軟に認めるというものがある。裁判所の手続は保守的にならざるを得
ないので当事者以外の参加者は極力排除されている。当面この点に関する運
用は変わりそうにない。

　特に子どもの祖父母世代（当事者の親世代）の参加意欲やニーズが高い場
合がある。したがって、民間の手続で当事者以外の参加者を柔軟に認めるこ
とは手続の魅力を高める手段になり得る。たとえば、実質的に子どもを養育
している祖母が直接話し合いに参加することで、子どものニーズが明らかに
なる場合もあるからだ。ただし、当然ながら、話し合いにより時間がかかる
とか、まとまりづらくなるといったマイナス面が発生する。したがって、子
どもの祖父母世代の話し合いに参加を認める場合には、参加場面を限定する
など慎重に進める必要がある。

　なお、祖父母の面会交流は権利として認められないという判決が出たが、
民間の調停では扱いうる。きちんと約束事を守ってもらえるなら、祖父母に
面会交流を持ってもらってもよいと考える監護親はいる。

　また、これも議論があるところであるが、子ども自身が調停手続に参加す
るという実践も海外ではある[4]。比較的年齢が高い子どもなどの場合に、
ニーズを受け止め実践していく可能性はあるだろう。

⑶　ビジュアルツールの活用

　ホワイトボードやイーゼルパッドなどのビジュアルツールを話し合いにお
いて活用するのも有効である。

　調停人のスタイルに応じて活用していけばよいが、基本的には、ある程度

---

[4]　長谷部由起子「第 3 章　当事者の声、子どもの声を聴く　Ⅱ　家事調停における未
成年の子の地位―― Child-inclusive mediation の可能性」稲田龍樹編『東アジア家族法
における当事者間の合意を考える―歴史的背景から子の最善の利益をめざす家事調停ま
で』170〜187頁（勁草書房、2017年）。

両当事者から言い分が出揃ってきたときに情報を整理するツールとして活用することが勧められる。

　傾聴のツールとして、時系列で事実関係を整理する、空間について図解する、登場人物の関係図を描くといったやり方がある。

　課題の特定のステージで、課題リストを列挙して共有することも考えたい。

　選択肢の開発のステージでは、一つの課題に対する選択肢をブレインストーミングする際にビジュアルツールを用いることができる。

　ビジュアルツール活用の大きなメリットは、当事者の視点がそちらに向く点にある。しばしば、話し合いの空気がガラッと変わる。調停人に何とかしてほしいとか、相手が悪いという視点から、視線の先にある問題を具体的に解決しさえすればよいと、当事者の意識が変わる場合もある。

　使い方の注意点としては、争点整理にしないことがある。対立点が強調されれば、自身が正しく、相手が間違っているというモードの話し合いに枠付けされてしまう。言い分の違いを視覚化するのではなく、上記に挙げたような、両当事者で共有できる認識を視覚化していくスタンスで活用するとよい。

　ファシリテーショングラフィックのような専門的な技術もあるが、まずは、箇条書きでよいので、話し合っている最中に勇気を持って言葉を書き出してみるとよい。漢字が書けないときは、カタカナで書いてもよい。あまり神経質にならずに、よりよい解決のためならば自分は体を張っていくという姿を見せていくつもりで関わるのがよいだろう。

⑷　オンライン会議システムの活用

　Zoom などのオンライン会議システムを使った調停を効果的に進める方法は現在世界中で実践と研究がされている領域である。

　ツールへの慣れは当事者によって差が大きいので、事前に接続テストを行うなどの配慮があるとよい。

　回線が不安定になることもあるので、落ち着いて再度の接続を試みてほしいといった一般的な事項のほかに、携帯電話などの別の連絡手段を持っておくことも安心感につながる。

　オンラインの場合で特に自宅からの接続では、個室からの接続がされてい

ない可能性がある。すでに別居して実家に戻っているが、実は実家でも居場所が与えられていないといった話はしばしばあるからだ。このような環境面についての配慮は、オンラインにおいてはより慎重になされるべきである。

　オンラインは、当事者にとって自宅という安全な場所からの参加を可能にするため、当事者にとってはよりリラックスしての参加が可能になる。自分の安全圏から出ないために話し合いにおいても相手に譲るという行為につながりづらいといった傾向はあり得る。画面をオンにしたがらなかったり、わざと画面を暗くしたり、都合が悪くなると接続を切ることさえできる。単にそこまで気が回っていなかったり、技術的な問題がでたりしている状況との区別がつきづらい。

　オンラインの場合の同席調停は、物理的空間を別にするために、よりやりやすい。しかし、調停人にとっての能力は一般の調停人と同様かそれ以上に必要とされる。特に、非言語の情報の読み取りがより難しくなるので、言葉による働きかけの重要性が増える。傾聴技法として紹介したものの価値は高いと言える。

　オンライン手続を嫌う実務家は少なくない。しかし、実務を重ねている調停人には、オンラインでも実質的に調停はできるし、当事者にもたらすメリットは相当大きいものになっていると述べるものも多い。私はオンライン手続を避けては通れないと考えている。

5　離婚当事者に向けた支援と支援リテラシー

(1)　支援の学習範囲

　これまで、調停技法のさまざまな局面における技法について述べてきたが、少々抽象度を上げて、そもそも当事者の自己決定支援を行うとはどういうことかをあらためて考えてみたい。

　〈図 4 〉は、支援の学習範囲を図解したものである。狭義の法学は主に規範と手続を学習範囲の対象にした内容になっている。適切な支援を行うため

には、狭義の法学は当然重要である。支援者が積極的に法に関わる情報提供をするかどうかという問題と、支援の内容が公正であることを目指しているという問題は別である。少なくとも後者の意味において、支援は公正な中で行われるべきである。

　社会資源には、行政のさまざまな機能を含む。離婚に関連するならば、生活保護、児童相談所、母子生活支援施設などが典型である。また、社会資源には、行政機関だけではなく、面会交流支援団体などを含めた民間の各種機関のサービスも対象に含む。これまではこうした社会資源に関する学習さえ、調停人としては不十分な嫌いがあったように思われるが、支援者が社会資源についての知識を広く深く持っていることは、当事者の助けになる。

　〈図4〉の左にある自己理解は、支援者が支援者自身を理解している必要があるという趣旨である。自分はどのような経験を持ち、どのような価値観を持ち、どのような事態ではどのような感情を持ちやすいかといった自己洞察を深めていることが、当事者とのやりとりを行う臨床現場で役立つ。たとえば、当事者の一方に反感を覚えたとして、それを自覚できればその反感も込みで話し合いの手続を進められる。反感を感じてしまった側にも、しっかりと事情を話してもらおうと意識すれば、より中立に見えるふるまいにつなげることができる。

　臨床理解においては、当事者のニーズ、感情などにどう働きかけるべきか、その場その場でさまざまなデータをキャッチし、勇気を持ってアクションを

〈図4〉　支援の学習範囲

取る必要がある。感受性、観察眼などの受けとる力と、判断力、勇気といった属性が必要になる。

　つまり〈図4〉で示したように、客観的世界に対する学習と、自己理解・臨床理解という主観的世界に対する学習と、どちらにもしっかりと取り組む必要がある。

⑵　支援リテラシー

　上記で述べてきた学習を深めることで、支援現場で必要な、当事者と一緒に考え、プロセスを持ちこたえる力をつけることができる。このプロセスを持ちこたえる力こそが、調停人にとって必要な中核能力・コンピタンスである。

　つまり、短絡して安易に答えに飛びつきたくなるような衝動を抑えて、状況を俯瞰し、満たすべきニーズ・解消すべき懸念を顕在化させ、（両）当事者にとって賢明な解決は何かを考えるプロセスとして、場を持ちこたえるということが、調停人の活動の中心と言える。たとえば、短絡的・一方的に相手を責めるような発言があったとしても、そのとおりだとすべてを認める必要もなければ、責めている側を単に否定する必要もない。その言い分を一旦は受け止めて、そういう発言をしたくなった気持ちがあったことを認めるのである。おそらく、言われた側にも、言い分もあれば、さまざまな気持ちも

〈図5〉　支援リテラシー

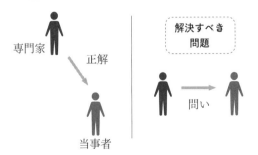

あろう。それもまた認める。

　つまりさまざまな言い分を話し合いの遡上に乗せて、相互理解を促進し、その上で解決の選択肢を探っていくというように、事態をプロセス化していく。この能力こそ調停技法の中心と言える。たとえば、すでに紹介した「言い換え」などの傾聴ワークで、自分の意見を言わずに相手の話を聴く実習を経験し、日常的に私たちが相手の話の腰を折っている場合があまりにも多いことに気づく人が多い。効果的な支援のためには、情報を伝えるよりもむしろ、効果的な問いを投げかけられる能力こそが核になる能力である。この点に自覚的に取り組む意思を持つことが、支援リテラシーの獲得に必要と言える。

(3)　調停トレーニングが体験型である必要性

　調停トレーニングは、調停の各ステージにおける活動メニュー・要素技術を練習しつつ、グループ討議をしたり、調停ロールプレイを行ったり、さらには事例検討会を行ったりといった体験型で学ぶことが重要であると考えられている。

　私たちはコミュニケーションに関する癖を長年にわたって形成してきており、座学で概説を聞いただけでは、コミュニケーション上の行動パターンは変容しない。具体的な状況の中に放り込まれて、自分自身がどのように思考し、自分自身の感情がどのように動くかという観察を踏まえ、体験の中から、自分自身にとって必要な学習対象を見つけ取っていかなければ身に付かないからである。当事者の話をよく聴くべきだということは誰しも知っている。しかし、私たちは、しばしばそれができなくなる。しかも、ちょっと意識するだけで改善する領域は意外なほど広いのである。

　私たちは、傾聴できるかどうかは性格や人柄の問題だと思いたがる傾向があるが、本当は、技術とトレーニングの問題である。意思は必要ではあるが、練習によって十分改善できる。

(4)　ライフスキルとしての調停技法

　事態を短絡的にとらえず、プロセス化して、プロセスを持ちこたえる。こ

うした能力は、調停人に限らず、さまざまな局面で役立つ能力である。調停手続の関連で言えば、申立ての受付をしたり相手方との事務連絡をしたりするケースマネージャーにも必要な能力である。

実は当事者や代理人として交渉する際にもこの能力は役に立つ。自身の利益・ニーズも守りつつ、相手の利益・ニーズを満たすために、交渉をプロセス化するとか、交渉プロセスをメタ認知して持ちこたえる力を持てれば、協調的な交渉の枠組みに組み替えることができるからである。

さらに言えば、そこでいう交渉はビジネス上のものだけでなく、地域社会での生活や、家庭生活における話し合いにも拡げられる。相手に敬意を示し、相手のニーズにも配慮して、自分と相手の両方を大切にする技法であるからだ。そのような観点で、調停技法はライフスキルとも言われる。

要するに、家族のなかのことであれ、仕事のことであれ、人生の中では危機的な状況を経験しないものはいないが、そのような場合にも、プロセスを持ちこたえる能力は役に立つ。常に勝利を収めるということまではできなくとも、墓穴を掘る悪手を最小限に留める効果がある。

先に述べたように、調停技法は、当事者の感情を操作したり、調停人の思い描く落としどころに誘導したりするテクニックではなく、それぞれの当事者の人生の大事な局面に際してそれぞれの当事者・関係者に敬意を示し、まるごとの自分として向き合っていく技法である。冷静な観察とともに、熱い心をもった生身の人間同士でぶつかっていく構えを学ぶのである。誠実さと迫力は、調停だけでなく他の場面でも役に立つ。

6 現代日本社会における離婚調停

(1) 家族モデルの刷新に向けて

さて、これまで、調停技法の概説を離婚の状況に即して説明してきたが、現代日本社会における離婚調停について、私が感じているところを少しばかり示しておきたい。

昭和の日本における離婚は、恥ずべきこと、失敗などと見なす見方が強く

あったように思われる。江戸時代や明治初期には、世界的に見てむしろ離婚
が非常に容易な社会であったという議論もあり、否定的離婚観が歴史的にど
のように構成されたかという問い自身が興味深いものであるが、それはとも
かくとして、令和の現在でも昭和の離婚観が完全に払拭されたとは言えない。
具体的には、夫婦を営むとは、互いに辛抱してイエのために働くべきであり、
未来のイエの担い手として子どもを立派に育て上げなければならないという
一種の信仰に近い観念がある。こうした観念は、場合によっては、かなり強
い影響で当事者や当事者の周りの人物を縛っている。そして、離婚は、辛抱
ができなかった者がなすもので、社会的な制裁を受けても仕方がない者たち
であり、きちんとした家族が受けられる便益を社会から提供されないのは当
然、自業自得だという見方がある。このような思い込みは、以前よりは薄れ
たとはいえ、調停などの現場の意外なところから顔を出す。こうした古い家
族観は、20代〜40代の現役世代の中にもすり込まれたものとして残存してい
る場合があり、そのことが当事者自身を苦しめている側面もあるように思え
る。

　確かに夫婦が互いに助け合うことは美しいし、また、長期的な視点に立っ
て、互いに助け合うという利他的な規範、あるいは社会に貢献できる子ども
を育てる責任感それ自身は、「良いこと」と言ってよい。しかし、そうした
美点とともに、育児を全面的に母親に背負わせるとか、金銭を稼ぐ機能を父
親が果たせなければ人格さえも認めないといったアナクロニズムも混在して
いる。さらに言えば、団塊世代等のシニア層は、経済的・社会的にも成功し
てきた体験を持つ者も多く、現役世代や子ども世代をふがいなく見ている傾
向がある。現役世代の中にも、一部、シニア層と同様の価値観が内面化され
ている。したがって、伝統的なものの見方の中から未来に残すべき必要な要
素を取り出し、不要なものは捨てていく作業が我々に課されていると考えら
れる。離婚調停で私たちが行っている作業は、むしろこのようなことなので
はないか。

　当事者に対して、「辛抱の足りない人たち」「わがままな人たち」といった
断罪的な視線を向けていれば、いくら表面的に傾聴スキルを駆使していたと
しても、単に慇懃無礼なやり方にしかならない。もちろん当事者の他罰的な

言動であったり、投げやりな態度であったりというように、救済してあげたいと思いづらいふるまいはありうる。しかし、少し我が身を振り返ってみれば、特に追い詰められた状況においては、周囲に対して猜疑心を募らせたり、つい攻撃的になってしまったりということは、誰しもが思いあたるのではないか。困った人（支援者を困らせる人）は、困っている人（支援を必要とする人）である。支援する側にも限度はあり、どこかで線引きは必要であろうが、基本的には、同じ社会で苦しむ仲間という視線を向けたい。あるべき家族モデルそのものも歴史の中で変更に迫られつつある。現在の日本社会の中で、さまざまな巡り合わせを経て、離婚という人生の節目をつくることを選択した当事者に対して、応援の気持ちを持って関わろうとすることが、調停人としての基本姿勢になる。そのような軸を持つことは、当事者のためのみならず、調停人自身が、自分が何のために何をやっているかに立ち返るための指針になるとも思える。

　家族モデルの刷新の中で、特に重要と思われるものが、子育ての社会化である。つまり、核家族の中で母親が孤立してワンオペで子育てしなければならないという状況を標準とするのでなく、子どもを取り巻くさまざまな大人が関わっていけるような社会を基本的なイメージとしていく必要があろう。たとえば、全国における子ども食堂の取組みも、子育ての社会化に関する具体的な実践例とみることもできる。あるいは、ステップファミリー研究の文脈での、野沢慎司らによるネットワーク型家族という考え方も子育ての社会化の例と言える[5]。子育てを背負い込む核家族をスクラップアンドビルドしていくという従来型の家族観ではなく、再婚後も非監護の実親とも交流できる姿が普通であるという感覚が拡がることが望ましいだろう。孤立した核家族単独で子育てを背負い込んでというより、多様な価値観の多様な家族が隣り合い、ゆるやかにつながりあい、助け合い、社会が子どもを育んでいくようなビジョンのつくり直しの過程に我々は生きていると認識するのがよいのではないか。

5　野沢慎司＝菊地真理『ステップファミリー：子どもから見た離婚・再婚』（KADO-KAWA、2021年）。

(2)　親自身のケアと子の利益

　2011年の民法766条改正によって、子の利益に関して条文にも書き込まれ、それを一つの指針として離婚調停を進めるということに、より確かな基盤が得られた。もはや、子の利益の実現という考え方には、誰も正面からは反対しない。

　しかし、その前提として、当事者自身（親自身）がケアを受ける必要があり、本人によるセルフケアを意識できるような余白をつくることが必要であるように私には思えるが、この点は十分なコンセンサスに至っていないように思われる。

　先に触れたように、規範的な家族モデルの変容という社会的現象もあり、当事者にとっての親世代（子の祖父母世代）とは感覚の共有がしづらくなっている。会社が家族を含めて丸抱えするような時代でもなくなって久しい。結果的に、離婚に直面する当事者は、かなりの割合で深い孤立を味わっている。

　勇気を出して離婚のために必要な一歩を踏み出そうとしている当事者に対して、あなたの要求は通らないよと頭ごなしに接していくのではなく、ケアを必要としている人と見たい。「傷ついているのは当然、まずは自分自身をケアすることを優先させてください、その後のことは一緒にゆっくり考えていきましょう」というスタンスが必要であるように思える。もちろん現実的には、当事者の要求のすべてが通るわけではないが、予防線を張るような視線を最初から向けるのではなく、さまざまな要望や、怒りや不安なども、とりあえずは受け止め、一緒に考えていこうという視線を向けるのが基本であると、私は考える。親自身が自身のケアができるようになれば、子どものことも考えたくなるのが自然だと思えるからである。

　もちろん現実には、いくら支援的に関わっても、むしろその攻撃性を強めるタイプや、子どもの利益を真剣に考えようとしているようには見えないタイプもいるだろう。支援者としてやるべきことをやっても、思わしい帰結にならない場合もある。しかし、その場合にも、支援者がやるべきことをやらないでいい理由にはならない。むしろ、支援技法と支援理論が支援者にアカ

ウンタビリティーを与え支援者を守ってくれる。

　こうした受容的な関わりは、①調停人自身が自己受容できていること、②自身の心身の状態が整って自己基盤があること、③現場を適切にキャッチできる観察力・感受性、④適切な支援理論と支援技法の理解、によって実現できる。簡単ではないが、適切なトレーニングによって磨くことはできるはずだ。特に、ロールプレイや事例検討会などの体験型の研修が有効であるはずだ。

7　おわりに

　離婚調停のための技法について、私見も交えつつ、対話型調停モデルを紹介してきた。さまざまな場面で、どのような考え方に基づいて、どのようなふるまいを選択すべきと考えるのかについて説明してきた。

　私は、調停トレーニングを進めるにあたって、テクニックをたくさん覚えるというより、参加者が考えること、感じることを大切に考えている。本稿においても、なぜそれを考える必要があるのかという疑問を大切にして、記述を進めたつもりである。考えておくべきポイントが多く具体化されているというのは、実践場面で役に立つと確信しているからである。正解が与えられていなかったとしても、一度しっかりと考えたことがあるという経験が、手続指揮の安定感につながる。

　こんなに多くのことを考えて調停などできないという感想を持たれた方もいるかもしれない。しかし、説明してきたように、当事者の声（ボイス）と選択肢（チョイス）を大切にして、当事者と一緒に次の一歩、最終的な出口を探していこうというシンプルな考え方が貫かれている技法である。あまり多くのことを一度に覚えようと力む必要はない。難しい現場を体験したらその都度考えていけばよい。基本をはずさなければ、新たなアイデアを試してもよい。自身の調停モデルが育っていくはずである。

〔第1章第4節　入江　秀晃〕

第 2 章

離婚問題と ADR

第 1 節　離婚問題を ADR で協議する意義

　日本の離婚制度にはさまざまな課題があり、そういった課題解決に向けて ADR が果たす役割は大きいと考えている。しかし、ADR の認知度は未だ低く、役割を果たし切れていない側面もある。そのような現状の中、昨今、養育費確保の議論が高まっており、その議論の中で、ADR が有効なツールとして検討されている。本節では、離婚制度の課題を明らかにした後、その課題解決に ADR がどのような役割を果たせるのかを述べ、また、昨今の養育費確保の議論における ADR の現在地も紹介する。

1　協議離婚の現状

　日本は、協議離婚が認められる国であり、例年の人口動態調査によると、協議離婚の離婚全体に占める割合は 9 割弱に上る。しかし、「協議」離婚とはいうものの、一体、どれくらいの夫婦が必要な「協議」と「取り決め」を経て離婚に至っているであろうか。実のところ協議離婚は離婚全体の 9 割を占める巨大なブラックボックスのようなものであり、これまで協議離婚の実態が明らかにされてこなかった。この背景には、国や自治体が「離婚は家庭内の問題であり、公は立ち入るべからず」という意識があったのではないかと推察される。しかし、ここ数年、その傾向が大きく変化している。

(1)　家族法改正の議論

　そもそも、日本の家族法は歴史が古い。1898 年に公布・施行された民法は、戦前につくられた法律なのである。戦前の家族法の特徴は、いわゆる「家制度」であり、戸主が絶対的な権力をもつ家父長制であった。その後、1947 年に核家族を念頭に置いた改正が行われたが、その後は大規模な改正が行われ

ないままであった。しかし、家族の多様性や男女平等の考え方が広がり、法律と社会の間の溝が大きくなってきたため、2010年代後半から、非嫡出子の相続分も嫡出子と同様とする相続法改正が行われたり、特別養子縁組・無戸籍者・嫡出推定・女性の再婚禁止期間の廃止など、さまざまな事項で法改正が進んできた。

　上述のような改正が進んできたものの、婚姻・離婚関係の法律では、未だ現代社会の実態と合っていない状況が続いており、2019年、そういった状況を議論するため家族法研究会[1]が立ち上げられた。同研究会では、父母の離婚後の子の養育のあり方を中心として議論がなされたが、養育費および面会交流の取決め率の低さが問題視され、協議離婚の要件の加重（離婚前後の親支援講座の受講の義務づけ等）やADR機関を利用した養育計画作成も提案された。また、2021年より、法制審議会家族法制部会[2]にて、離婚に関する法律の大幅な改正について議論が進められており、共同親権の導入や養育費・面会交流の取決め率向上等について議論がなされている[3]。

　こうした議論は、現行の家族法が社会の実態と合っていないという視点から生まれたものであるが、同時に、諸外国の制度と大きく違う点においても、改正の余地が議論されている。すなわち、離婚に関する日本の法律は、離婚後は単独親権になることや、協議離婚が認められているなど、諸外国に比べて特異な点が多い。そして、この特異性は、養育費の受取率が低かったり、子どもが離れて暮らす親と会えなかったりという社会問題の一因となっている。こういった問題の解決は必要ではあるが、だからといって、一足飛びにさまざまな背景が異なる諸外国の制度を真似ればいいというわけではないため、まずは現状を把握するという目的で、ここ数年、法務省を中心としてさまざまな調査が進められてきた。

　まさに、先ほど述べた「離婚は家庭内の問題であり、公は立ち入るべからず」と言っていられなくなったのではないだろうか。以下では、法務省が実

1　公益社団法人商事法務研究会〈https://www.shojihomu.or.jp/list/kazokuho〉。
2　法務省〈https://www.moj.go.jp/shingi1/housei02_003007〉。
3　2024年2月15日の法制審議会総会で共同親権の規定を設ける等の家族法制の見直しに関する要綱が採択され、同年の国会に関係する改正法案が上程される見込みである。

施した協議離婚に関する調査結果と厚生労働省が実施したひとり親世帯等への調査結果を紹介する。

(2)　協議離婚に関する調査結果（令和 3 年度実施）[4]

　この調査は、協議離婚を経験した30代および40代の男女、合計1000名に対し、ウェブアンケート調査を行ったものである。調査期間は令和 3 年 3 月 8 日から同月10日までである。この調査の中では、協議離婚当事者に対し、離婚時の状況や協議の状況、子への説明の有無や内容など、多岐にわたって質問している。

　その中でも、別居に関する二つの質問に注目して考えてみたい（〔表 1 〕[5]）。なぜなら、現実の離婚の場面では、離婚の前に別居をしている夫婦も多いうえに、別居ともなれば、生活上の変化も大きく、離婚そのものより別居開始

〔表 1 〕　協議離婚に関する調査結果(1)

Q17.　別居をする前に、離婚した相手と話し合いをしましたか。	
・別居前に話し合いをした	66.3%
・別居前に話し合いをしていない	33.7%

Q19.　別居した相手と話し合わなかった理由はなぜですか。一番近いものを教えてください。	
・DV や子どもへの虐待等の問題があり話をする余裕がなかったから	4.1%
・話をすることが危険だったから	4.1%
・話をすることがいやだったから	37.9%
・別居時に取り決めるべきことについて知識がなかったから	4.1%
・相手が応じなかったから	13.1%
・突然出て行った／追い出されたから	33.8%
・その他	2.8%

4　法務省〈https://www.moj.go.jp/MINJI/minji07_00244.html〉。
5　各表は調査報告書の表から抜粋したものである。詳細は前掲（注 4 ）の報告書を参照されたい。

のほうがさまざまなハードルが高い場合もあるからである。

　Q17では、別居の際、相手と事前に話し合わずに家を出ているケースが3分の1を占めることがわかる。実生活上の変化としては、別居状態から離婚に至る過程より、同居から別居に至る過程のほうが断然変化が大きいともいえる。そのような大きな変化をもたらすライフイベントが別居であるが、それに際し、事前に話し合わずに家を出ているケースが3分の1に上るのである。そして、その理由をQ19でみることができる。DVや虐待があったり、事前に話し合うことで身に危険が及ぶ場合、安全確保が第一優先順位となり、そういったケースが8.2%あることがわかる。一方で、そういった事情があるわけではないが、話をすることが嫌だった、もしくは、相手が突然に出て行ってしまった（自分が追い出された）というケースが70%以上になっている。上述のとおり、別居は家族に名実ともに大きな変化をもたらすが、身に危険が及ぶリスクがなかったにもかかわらず、話し合いをしなかった夫婦があまりにも多い印象である。

　次に、なぜ協議離婚を選んだのかについての回答を見てみたい（〔表2〕）。

　まず、「離婚することに争いがなかったから」という回答が61.7%あることに注目したい。この回答から筆者が想像したのは、財産分与や養育費といった離婚条件については、合意できればそれにこしたことはないが、最悪

〔表2〕　協議離婚に関する調査結果(2)

Q33. 離婚の方法には、協議離婚の他に、家庭裁判所が関与する調停、判決等での離婚をする方法もあります。あなたが協議離婚の方法で離婚したのはなぜですか。もっとも当てはまるものを選んでください。	
・離婚することに争いがなかったから	61.7%
・家庭裁判所に行くことに抵抗があったから	7.8%
・第三者に知られたくなかったから	2.3%
・他の手段があることを知らなかったから	2.3%
・離婚届を勝手に出した／出されたから	2.9%
・争いはあったが、相手が離婚届に署名・押印をしたから	19.0%
・その他	4.0%

の場合、離婚合意ができれば、それでいいという夫婦が多いのではないかということである。また、「争いはあったが、相手が離婚届に署名・押印をしたから」という回答も19.0％ある。この回答は、離婚そのものや離婚条件について争いはあったが、相手が離婚届に署名・押印をしたから、自分も署名・押印して提出したということだと理解できるが、この回答からも諸々の争いがあったとしても、離婚さえできればという気持ちが読み取れる。

　こうした調査結果からわかるのは、当事者間協議の難しさである。当センターでは、ADR の前の事前相談業務も行っているが、そこでよく聞かれるのが離婚や別居の切り出し方についてである。相手と離れていると比較的言いやすいことでも、同居の状態で面と向かって話すのは想像以上に難しく、法律に書いていない部分でもある。相手も離婚や別居を望んでいることが予想される場合はまだよい。しかし、相手は同居・婚姻の継続を望んでいるだろうと予想される場合は切り出し方が難しい。切り出したはいいが、相手に反対されたらどうしよう、そのまま同居するのは気まずい、だからと言って勝手に家を出てよいものか、子どもを同意なく連れていったら「連れ去り」と非難されるのではないかなど、さまざまな悩みが脳裏に浮かぶ。加えて、子どもの転校や転園を伴う場合、どのタイミングでどんな手続が必要なのか、子どもにはいつどのような説明をするのか、考えなければならないことがたくさんある。

　こういったことを考えると、目の前の課題解決に追われ、離婚できればそれでいいと考える当事者の気持ちも理解できるような気がするのである。

(3)　令和 3 年度全国ひとり親世帯等調査[6]

　令和 3 年度全国ひとり親世帯等調査は、厚生労働省による、ひとり親世帯に関してさまざまな角度から調査を行ったものであり、前回は平成28年度に実施されている。ここでは令和 3 年度実施の調査における養育費に関する調査結果を参考に考えてみたい。

6　厚生労働省のウェブサイトで公表されていたが、現在は削除されている。こども家庭庁のウェブサイト〈https://www.cfa.go.jp/policies/hitori-oya〉から国立国会図書館に保存されている過去ページで見ることができる。

　まず、母子世帯の養育費の取り決め状況等を見てみる（〔表3〕）。この表によると、養育費の取り決めをしているのは、全体の46.7％に過ぎない。そのうち、強制執行が可能な方法で取り決めているのは60％である。平成28年と比べると、取り決めの割合が高くなっているとはいえ、未だ十分に話し合って離婚したと言える状況ではない。

〔表3〕　表17－(2)－1　母子世帯の母の養育費の取り決め状況等

| | 総　数 | 養育費の取り決めをしている | 文書あり | | | 文書なし | 不　詳 | 養育費の取り決めをしていない | 不　詳 |
			判決、調停、審判などの裁判所における取決め、強制執行認諾条項付きの公正証書	その他の文　書					
平成28年	(100.0)	(42.9)(100.0)	(73.3)	(58.3)	(15.0)	(26.3)	(0.4)	(54.2)	(2.9)
令和3年	1,079,213(100.0)	504,086(46.7)(100.0)	386,251(76.6)	302,356(60.0)	83,895(16.6)	116,653(23.1)	1,181(0.2)	552,117(51.2)	23,011(2.1)

　注：令和3年度の調査結果は推計値であり、平成28年度の調査結果の構成割合との比較には留意が必要。なお、比較に当たっては、政府統計の総合窓口（e-Stat）に掲載している実数値の構成割合と比較を行う必要があることに留意。

〔表4〕　表17－(2)－7　母子世帯の母の養育費の取り決めの有無（離婚（離婚の方法）・未婚別）

| | 総　数 | 離　婚 | | | 未　婚 |
			協議離婚	その他の離婚	
令和3年 　　総　　　数	1,079,213(100.0)	950,458(100.0)	758,312(100.0)	192,146(100.0)	128,755(100.0)
取り決めをしている	504,086(46.7)	486,608(51.2)	330,633(43.6)	155,974(81.2)	17,478(13.6)
取り決めをしていない	552,117(51.2)	447,419(47.1)	413,354(54.5)	34,065(17.7)	104,698(81.3)
不　　　　　詳	23,011(2.1)	16,432(1.7)	14,325(1.9)	2,107(1.1)	6,579(5.1)

　注：その他の離婚とは、調停離婚、審判離婚及び裁判離婚のことである。以下同じ。

　次に、母子世帯の母の養育費の取り決めの有無（離婚（離婚の方法）・未婚別）
を見てみる（〔表 4〕）。取り決めの有無を離婚別で見てみると、家庭裁判所
の裁判や調停で離婚した人の81％が取り決めているのに対し、協議離婚は
43％にとどまっている。この結果は至極当然ではあるが、取決め率を引き下
げているのは協議離婚層なのである。

　そして、次に、なぜ、取り決めをしないのかという理由である（〔表 5〕）。
第 1 位は、「相手と関わりたくない（50.8％）」で、半数以上の人が取り決め
をしていない理由として挙げている。養育費の対象となる年齢の子どもがい
る夫婦にとって、離婚は苦渋の決断である。なるべくなら子どものために離
婚せずにもちこたえたい、そのような気持ちが限界に達したとき、離婚が選
択される。そのため、その時点ですでに夫婦関係は最悪の状態であり、今後
一切関係を持ちたくないと思うに至っていることも多い。次に「相手に支払
う意思がないと思った(50.5％)」、「相手に支払う能力がないと思った(33.8％)」

〔表 5〕　表17−(2)−11− 1　　母子世帯の母の養育費の取り決めをしていない理由

	総　数	自分の収入等で経済的に問題がない	取り決めの交渉がわずらわしい	相手に支払う意思がないと思った	相手に支払う能力がないと思った	相手に養育費を請求できることを知らなかった	子どもを引きとった方が、養育費を負担するものと思っていた
平成28年	（＊）	（＊）	（＊）	（＊）	（＊）	（＊）	（＊）
令和 3 年	552,117 (100.0)	40,520 (7.3)	107,193 (19.4)	223,448 (40.5)	186,802 (33.8)	4,249 (0.8)	9,848 (1.8)

	取り決めの交渉をしたが、まとまらなかった	現在交渉中又は今後交渉予定である	相手から身体的・精神的暴力を受けた	相手と関わりたくない	その他	不　詳
平成28年	（＊）	（＊）	（＊）	（＊）	（＊）	（＊）
令和 3 年	80,476 (14.6)	10,571 (1.9)	86,663 (15.7)	280,330 (50.8)	52,702 (9.5)	15,423 (2.8)

注： 1 ）養育費の取り決めをしていない理由については複数回答。
注： 2 ）構成割合は総数との対比であるため、総数と内訳の構成割合の合計は一致しな
　　　い。

と続く。これらの回答からもわかるように、協議すら試みずに諦めている当事者も多く、もめずに協議離婚したように見える夫婦であっても、本来話し合っておくべき離婚条件について協議ができていないことが多い。日本の協議離婚は「協議していない離婚」でもあるのだ。

2　離婚問題を ADR で議論する意義

(1)　選択肢の少なさが課題の現行制度

(ア)　協議方法の乏しさ

　上述の調査結果のように、離婚協議をせずに離婚してしまう現状がなぜ発生しているのか。その理由として、協議方法の乏しさについて指摘したい。

　離婚問題を抱えたとき、情報収集の方法はここ数年で増えつつある。ネット検索をすれば、さまざまな情報が得られる。また、個別の事情に即した情報を得たい場合は、個別相談に出向く必要があるが、この個別相談の窓口も増えており、自治体や男女共同参画センター等では無料の法律相談を実施しているし、法テラスや厚生労働省の委託事業である養育費相談支援センターでも相談が可能である。

　ただ、問題はその先である。たとえば、「算定表によると、あなたは養育費〇万円を請求できる。相手が応じなければ、家庭裁判所に申立てができる」と教えてもらったとする。その金額を相手に伝え、合意できればよいのだが、そう簡単ではない。たとえば、「お前が離婚したくて勝手に出ていくのだから、びた一文払わん」と言われるかもしれないし、「子どものために必要があれば支払う気持ちはある」等と述べながらも、公正証書や離婚協議書といった文書による取り決めは拒否されるかもしれない。そもそも、離婚合意すらできないことも少なくない。先に述べたように、夫婦関係がすでに最悪の状態に至っている夫婦にとって、大切なことを話し合って決めるというのはハードルが高いのである。

　そうすると、問題解決のためには、弁護士に依頼したり、家庭裁判所に申し立てることになる。しかし、大部分の当事者にとって、弁護士費用は高額

だし、「あまりもめたくない」、「穏便に済ませたい」と思っている当事者は、家庭裁判所への申立てを躊躇するのである。そうなると、問題をそのまま放置し、とりあえず離婚届だけ提出しておくという結果になる。当事者にとって、自分たちだけで解決するか、家庭裁判所や弁護士の手助けを得るか、その二択しかない現状が問題である。

(イ)　取り決めの重要性に関する知識不足

　加えて、取り決めの重要性に関する知識が不足している点も指摘したい。取り決めのための選択肢が乏しかったとしても、子どものために面会交流や養育費について取り決めておくことの重要性を理解していれば、家庭裁判所の利用率は今よりも上がるはずである。

　しかし、現時点では、離婚することが最大の目標であり、養育費や面会交流の取り決めの重要性が軽視されているのが残念である。この点について、親である当事者が子どもの幸せを軽視しているわけでは決してない。子どもがいる夫婦の場合、自分さえ我慢すれば子どもを片親にしなくてすむと考え、限界まで我慢をするのである。しかし、家庭内での夫婦関係が相当程度悪化していて、子どもの前でけんかをしたり、互いに無視をしていたりということが日常化していく中で、「このまま不健全な夫婦関係を見せ続けるのは子どもにとっても良くない」と離婚を決断するのである。何を言いたいかというと、子どものいる夫婦にとって、どこまでいっても子どもが最優先なのは間違いないということだ。そのため、当事者が子どもの幸せをないがしろにした結果、自身の願望である「離婚」を優先し、養育費や面会交流の取り決めを軽視しているわけではないのである。

　問題は、養育費や面会交流が子どもの幸せを大きく左右することであり、親の勝手な判断で取り決めを放棄してよいものではないという認識がない点である。つまり、養育費をもらえなったとしても立派に育てるとか、子どもに会えないのは寂しいけど我慢するといった親側の我慢に結び付けて考えてしまい、離れて暮らす親からお金と愛情をかけてもらう機会を奪っている認識がないのである。実は、このような情報を得ることは意外と難しい。法律相談にいけば、法律上適当と思われる養育費額を知ることができる。しかし、養育費や面会交流の本来的な意義について、子どもの立場から依頼者を教え

諭してくれる弁護士は残念ながら少数である。

⑵　離婚協議における ADR の役割

　日本の離婚制度が上述のような問題を抱えている中、ADR は、夫婦だけでは話し合えない（話し合いたくない）、だからといって、裁判所や弁護士に依頼するほどでもない、といった当事者の第三の選択肢になり得ると考えている。筆者は、「ADR は問題解決の中食（なかしょく）サービスである」という言い方をしたりするが、ADR は、まさに夫婦間協議と家庭裁判所の調停の中間に位置する解決手段としての役割を担っている。

　また、日々の業務を通じ、離婚問題をはじめとする家事事件は、民事事件や刑事事件と異なり、「徹底的に争って勝てばよい」わけではないことを痛感している。子どもがいる夫婦は、離婚後も子どもの親として関係継続を求められる。そのため、争って勝ったとしても、離婚協議で関係性がさらに悪化してしまうと、離婚後も大変な思いをすることになる。また、子どもがいない夫婦であっても、一度は一生添い遂げるつもりで愛した相手である。徹底的に憎しみあって離婚してしまうと、結婚生活すべてが無駄に思えてしまい、自分の人生が失敗であるかのように感じてしまうのである。そうではなく、冷静に話し合い、互いの将来の幸せを願えるくらいの関係で離婚するほうが、自分自身を否定することなく、新しい人生に向かいやすい。

　離婚問題は、法律では片づけられないさまざまな感情が入り乱れ、心身ともに疲弊する。そのようなとき、法律と感情のバランスを取りながら、当事者双方が納得のいく解決を提供するのが ADR の役割だと感じている。

3　養育費確保における ADR の役割

　上述のように、ADR が離婚協議において果たせる役割は少なくないと感じているが、ADR に対する社会的認知は未だ低いと言わざるを得ない。

　令和 4 年に法務省が実施した ADR の認知度調査（令和 4 年度裁判外紛争解決手続に関する認知状況等調査結果[6]）によると、「ADR の名称は聞いたことがあるが、どのような手続かは聞いたことがない」と回答した者の割合は

9.9%、「ADR の名称は聞いたことがないが、裁判外で第三者の関与の下で合意による解決を図る手続があることは聞いたことがある」と回答した者の割合は14.8%となっている。家庭裁判所の調停や裁判については、ほとんどの国民が「聞いたことがある」と回答するだろうこと考えると、この数字はかなり低いと言える。

ちなみに、法務省に確認したところ、この調査は、アンケートモニターシステムから無作為で抽出した人に対してアンケート依頼を行ったものだが、モニター登録者は、マイページ上に表示されているアンケート名を確認した後、どのアンケートに回答するか選択できるとのことであった。そのため、「裁判外紛争解決手続」という名称に抵抗がない人が回答に進んでいると思われ、結果として、認知度が高く出ているのではないかと筆者は考えている。

そのため、現場の肌感覚としては、本アンケート結果の10分の1程度の認知しかないのではないかと感じているが、いずれにしても、まだまだ国民への周知が足りていないことに違いはない。一方で、昨今、養育費確保の議論の中で ADR の活用が話題になることが増えており、以下で紹介する。

(1)　法務大臣養育費勉強会

令和2年1月、養育費の支払確保のため、法務大臣の私的勉強会として「養育費勉強会」が立ち上げられた。この勉強会は合計7回実施され、自治体や研究者、支援団体や養育費保証会社などからのヒアリングが実施された。令和2年5月29日に発表されたとりまとめでは「養育費問題に関する民間 ADR、離婚前の即決調停・審判制度等の紛争解決制度を拡充し、その利用を促進すべきである。また、養育費問題に関する行政型 ADR 制度を創設することも考えていくべきである」(「法務大臣養育費勉強会取りまとめ」[8])」と民間 ADR および行政 ADR を利用した問題解決について言及されていた。

7　法務省 〈https://www.moj.go.jp/housei/adr/housei10_00006.html〉。
8　法務省 〈https://www.moj.go.jp/content/001320710.pdf〉。

(2)　養育費不払い解消に向けた検討会議

養育費不払い解消に向けた検討会議[9]は、前述の「法務大臣養育費勉強会取りまとめ」を踏まえ、継続的議論をするための検討会であった。構成員は法律家や研究者、支援関係者、自治体職員などであり、令和 2 年12月の取りまとめでは、「子どもの成長・未来のために、『離婚後は当然に養育費が支払われる』『親の都合で不払いを許さない』社会の実現へ」という力強いタイトルのもと、養育費の取り決めの促進として民間 ADR の IT 化に言及した。

(3)　成長戦略フォローアップ（2020年）

令和 2 年 7 月17日に閣議決定された成長戦略フォローアップ（2020年）[10]では、「スマート公共サービス」の項目で、養育費や面会交流の取り決めや取り決めたことに対する履行確保において、オンラインでの非対面・遠隔での相談や手続の実施等（ODR）に関する検討を進めるよう記載がある。

(4)　自治体による養育費確保事業と ADR

上述のように、養育費確保における ADR の活用が推進される中、自治体における ADR 利用料補助が少しずつ広がっている。この利用料補助は、養育費の取り決めを含む離婚協議を ADR を利用して行った場合、利用料の一部を自治体が補助する制度である。また、こういった支援事業を自治体が行ううえで必要な予算につき、 2 分の 1 を厚生労働省が補助する制度となっている。

厚生労働省は、①相談支援、②取り決めに係る支援、③確保に係る支援の三段階での支援を展開しており、ADR のみならず、養育費確保のためにさまざまな支援策を創設している。ADR 利用料助成については、東京都港区が全国初で始めて以降、少しずつ広がりを見せており、現在、10以上の自治体が ADR 利用料助成を取り入れている。全体から見ると、ADR 利用料助

9　法務省〈https://www.moj.go.jp/MINJI/minji07_00101.html〉。
10　首相官邸〈https://www.kantei.go.jp/jp/singi/keizaisaisei/pdf/fu2020.pdf〉。

成を行っている自治体はまだまだ少数ではあるが、数年前までは「自治体が離婚を推進するようなことはできない」と言われていたことを考えると、大きな一歩である。

　そもそも、行政は ADR との相性が良いと言える。なぜなら、自治体にはさまざまな相談窓口があり、紛争性が高まる前のお悩みにファーストタッチすることができるからだ。また、離婚届の配布・受理を行う戸籍課もあり、当事者にダイレクトに情報を届けることもできる。諸外国には、行政機関自体が ADR の機能を有し、養育費の取り決めを行うような国もある。日本が一足飛びにそれを真似るのは難しいとしても、今後、行政と ADR 機関が連携のうえ、ニーズに応じて情報やサービスを提供できるシステムづくりが期待される。

第2節 ADR を利用した離婚の実際

1 離婚 ADR の手続の流れ

　ADR 機関の中で、離婚問題を扱う機関は複数あり、機関によって手続の流れが異なる。ただ、申立てに始まり、調停を経て、合意や不成立といった結果に至るという大まかな流れは同様のため、当センターでの手続の流れを紹介することで、ADR による離婚調停のイメージをつかんでもらえればと思う。

　読者の中には、現在離婚を扱う ADR 機関を運営している、もしくはこれから立ち上げるという方もおられることと思う。そういった方に実務上のノウハウを伝えることも本書の目的であるため、手続の流れをできるだけ詳細に記載する。

(1) ADR の説明（申立て前の情報提供）

　申立ての前段階として、興味を持ってホームページを見てくれた人や実際に問合せをしてくれた人には、なるべく正確にかつ簡便に ADR の制度を説明したいと日々考えている。その工夫をいくつか紹介する。

(ア) ADR に関する説明動画

　読者は何か新しいことを知る際、どのようなツールだとハードルが低いだろうか。筆者は動画である。疲れているとき、集中力がないとき、そのようなときでも気楽に見られるのが動画である。そのため、ADR の手続の流れを説明した動画や、オンライン調停（デモ）の動画を作成し、ホームページや YouTube チャンネルでアップしている。

「手続の流れ」　　　　　　　「オンライン調停の実際」

https://youtu.be/kyqCjKoUBVc　　　　https://youtu.be/UifM5PoAU8I

　(イ)　チャート図

　ADR の手続の流れを文字で説明すると長くなりがちだが、必要な説明ばかりでどれも省略することができない。しかし、その説明文を最初に目にしてしまうと読む気すらなくしてしまう。そのため、まずは、チャート図で視覚的に手続の流れを頭に入れてもらい、そのうえで、詳細な手続について文章で読んでもらうようなホームページの流れにしてある（〈図1〉）。

　(ウ)　**カウンセリングの実施**

　ADR に興味はあるものの、自分のケースが利用に適しているかどうかや、家庭裁判所の調停とどちらが良いかなど、判断できないという人は多い。しかし、このような悩みに対し、事務担当者が手続説明をするだけでは解決しない。そのため、ADR の手前の手続として「カウンセリング」を実施し、個別相談に応じられるようにしている。また、このカウンセリングは、ADR と非常に相性がよいように感じている。と言うのも、法律相談よりもまずは ADR のカウンセリングに来てみようという当事者は、比較的紛争性が低かったり、争うのではなく、互いの気持ちを尊重し、円満に離婚したいと考えている人が多いからだ。ADR という制度が未知なる制度である現在、事前に相談できるシステムが必須である。

(2)　申立ての手続

　当センターの場合、申立てに必要な書類は申立書（A4サイズ用紙で2枚程度）のみであり、簡易な内容となっている。添付書類も必要ない。申立てのハードルを下げ、準備が大変で申立てまでたどり着けないという事態を防ぐための工夫である。

　さらに、当事者の利便性を追求した結果、ホームページ上に申立てフォー

〈図 1〉　当センターの手続の流れ（チャート図）

┌───┐
│　①　申立フォームの送信および申立料（11,000円）のお振込　│
└───┘

┌───┐
│　　　②　当センターによる相手方様へのご連絡　　　　│
│　相手方様に以下の書類を添付したメールを送信します。　│
│　　①申立書の写し　　　　　　　　　　　　　　　　│
│　　② ADR の制度説明書類　　　　　　　　　　　　│
│　　③意向確認書（ADR に応じるか否かの回答等を記入する照会書）│
│　注：相手方様のメールアドレスを知らない場合、書類を郵送します。│
└───┘

┌──────────────────┐　　　┌──────────────────┐
│　　**相手方応諾の場合**　　│　　　│　　**相手方不応諾の場合**　│
│　相手方様にも初期費用とし　│　　　│　手続は終了します。　　　│
│　て依頼料**11,000円**をお支払　│　　　│　　　　　　　　　　　　│
│　いただきます。　　　　　│　　　└──────────────────┘
└──────────────────┘

┌───┐
│　　　　　**調停期日**（1 回 1 時間程度）　　　　　│
│　　　　　　　　　調停人　　　　　　　　　　　│
│　　　　　　　　　↗　↘　　　　　　　　　　　│
│　　　　申立人　　　　　　相手方　　　　　　　│
└───┘

┌───┐
│　　　**期日費用：双方11,000円**（1 期日）　　　│
└───┘
・原則同席（別席も可）
・それぞれにオンライン調停と対面調停を選択
・平均 3 回程度で終了（あくまで平均です）

┌──────────────────┐　　　┌──────────────────┐
│　　　**成立の場合**　　　│　　　│　　　**不成立の場合**　　│
│　合意書を交付　　　　　│　　　│　終了決定通知を交付　　　│
└──────────────────┘　　　└──────────────────┘

（金額は10％消費税込み）

ムを作成し、オンライン上での申立ても可能とした。これによって、当事者
は、スマホが一台あれば、夜中でも休日でもベッドに入ったままでも申立て
ができる（実際にはそんなに気楽に申し立てる人はいないと思われるが）。

　当センターの申立書は、大きく分けて以下の四つの項目で構成されている。

① 　当事者情報
② 　協議したい内容
③ 　申立ての趣旨・動機
④ 　調停の進行に関する意見

(ア)　当事者情報

　氏名、生年月日、住所、電話番号といった基本事項については家庭裁判所
と同様だが、それに加え、メールアドレスが必須記載になっている。なぜな
ら、ほとんどすべての連絡がメールにて行われるため、メールアドレスがな
ければ始まらないのである。逆に、相手方の住所が不明であっても、メール
アドレスがあれば申立てが可能な点も当センターの特徴である。加えて、本
籍地の記載欄もない。

　申立書に記載する当事者情報については、それぞれの機関で異なると思わ
れるが、よりシンプルにするには「念のため」という概念を捨てることが肝
要である。一つひとつの情報について、本当にその情報が必要なのか、その
情報がないとどのような問題が起こりうるかを考え、必要最小限にとどめる
ことがひいては当事者の利便性につながるといえる。

(イ)　協議したい内容

　当センターでは、協議内容として、円満か離婚かだけではなく、「今後の
夫婦関係について」という選択肢がある。これは、申立人自身がまだ決めか
ねており、離婚するか修復するかといった方向性も含めて協議したいという
当事者が一定数いるからである。

　また、離婚条件についても、協議項目としてチェックを入れるようになっ
ているが、具体的な金額を記載する欄はない。なぜなら、ADR の当事者の
場合、代理人弁護士がついていない場合がほとんどであり、自分では知識が
なく具体的な主張を記載できない、調停人に相談しながら決めたいという人
が多いからである。また、申立ての段階で具体的な金額まで書いてしまうの

は、デメリットもある。というのも、申立書の写しを見た相手方の心情とし
て、あまり気持ちのよいものではないからである。相手方としては、申し立
てられたうえに、一方的に請求金額が記載されており、反感を感じざるを得
ない。また、往々にして、最初の請求金額は、どうせ妥協させられるからと
高めに記載されていることが多く、まだ調停も始まっていないのに、当事者
間の紛争性が高まったり、感情が悪化することが懸念される。

(ｳ) 申立ての趣旨・動機

当センターの申立書には「申立ての趣旨・動機」として、なぜ申し立てた
のかを尋ねる欄がある。その欄の記載例には、以下のような文例を記載して
ある。

・2人だけでは話し合いがなかなか進まず困っています。だからといって、
家庭裁判所で争いたいわけではありません。お互いが納得できる妥協点を
専門家を入れて話し合うことができればと思っています。ただ、残念なが
ら、あなたがADRに応じてくれない場合、家庭裁判所に申し立てます。
・離婚条件について話し合いたいと思っていますが、法的な知識がないので
仲裁を申し込みました。過剰な要求をするつもりはなく、一般的な条件で
合意したいです。
・別居期間も長くなり、夫婦としては破綻しているように思います。こちら
での話し合いに応じてもらえるなら、経済的な離婚条件について譲歩も考
えています。ただ、応じてもらえない場合、家庭裁判所に申し立てざる
を得ませんが、その場合は、譲歩なしの一般的な条件を主張するつもりで
す。
・面会交流について、取り決めたいと思います。子どものためになるような
会い方を一緒に考えていきたいです。
・別居に際しての婚姻費用と面会交流について話し合いたいと思っていま
す。父母が争った結果、子どもが辛い思いをしなくてすむようにしたいで
す。

この項目は、なぜADRという話し合いの方法を選択したのか、どういう
姿勢で臨もうと考えているのか、そういったことを記載してもらうことを想
定している。この項目は、相手方に向けた項目といえる。というのも、申立

書の提出先は当センターであるが、家庭裁判所と同様、申立書の写しを相手方に送るからだ。

　現時点で、ADR は離婚協議の方法として認知度が低く、なぜ ADR に申し立てたのか、どういう姿勢で話し合おうと考えているのかということは、相手方にとって大変重要な意味を持つと言える。当たり前だが、相手方は自分から申し立てているわけではないので、第三者を挟んでの協議を望んでいないことがほとんどだ。たとえば、第三者を挟まずに、直接話したいと思っている人もいれば、そもそも話し合いすらしたくないと考えている人もいる。また、なぜ家庭裁判所の調停ではなく ADR なのかと疑問に感じる人もいる。そのような中で、なぜ申立人が ADR を利用したかという理由は、相手方にとって、応じるか応じないかの判断に重要な意味を持つはずである。

　㈒　**調停の進行に関する意見**

　調停の進行に関する意見として、同席・別席のどちらを希望するか、そして、zoom によるオンライン調停と対面調停のどちらを希望するかについても申立書に記載してもらうようにしている。

　まず、同席・別席の希望についてである。同席調停を基本とする ADR 機関も多いと思われ、当センターも同様である。しかし、DV（ドメスティックバイオレンス）があったり、夫婦関係があまりにいびつな場合、同席にこだわってしまうと一方当事者に酷なことがある。そのため、別席調停も選択できるようになっている。当事者双方に希望を聞くが、一方当事者が別席を希望している場合、他方当事者が同席を希望したとしても、別席調停を実施する旨も併せて記載している。

　また、調停の方法については、zoom によるオンライン調停を基本としているが、対面調停も選べるようになっている。この際、細かいことだが大切な情報として、以下の一文を入れている。

　特段のご事情がない限り、zoom によるオンライン調停をお選びください。なお、オンラインか対面かについて、それぞれにお選びいただけますが、どちらか一方がオンライン調停を選んだ場合、調停人もオンライン参加となります。また、対面調停をご希望の場合、調停の日時は平日の10時～16時のみ

となります。

　対面調停がスタンダードであった時代は、一方がオンライン調停を希望し、他方が対面調停を希望した場合、調停人は対面で参加していた。しかし、この場合、公平中立の観点から問題だと思われる状況があった。たとえば、調停終了時、オンラインで参加した当事者は、即座に画面上から退室となる。しかし、対面で参加した当事者は、調停終了後に荷物を片付けたり、上着を着たりしながら、調停人にいろいろと尋ねるのである。加えて、調停人との心理的距離感としても対面のほうが近くなりやすい。こういった観点から、一方がオンライン調停を選択した場合、調停人もオンラインにて参加するルールに変更したのである。

⑶　相手方への連絡

　申立書の提出と申立料の支払いが完了すると、案件の受理となり、引き続いて、相手方への連絡へと進む。当センターの手続では、相手方へのファーストコンタクトはメールである（申立人の希望により郵送も選択可）。以下に、実際に使用している相手方に送るメール定型文を紹介する。

　突然のご連絡で失礼いたします。わたくしは、家族のための ADR センターの□□と申します。当センターは、法務大臣から認証を受け、ご夫婦間の話し合いのお手伝いをさせていただいている民間の調停機関です。この度、○○（申立人氏名）様からお話し合いの仲介に関するお申込みがありましたので、ご連絡いたしました。

　お申込みの趣旨は、○○○○○（離婚、夫婦関係の修復、面会交流等）について公平・中立な第三者の仲介を得て、協議の場をもちたいとのことでした。こちらの申立てに関連いたしまして、本メールに以下の資料を添付させていただきました。

　①家族のための ADR センターの手続について

　②手続の流れ

　③申立書の写し

　①の書類は、当センターでの手続の全体像について記載しておりますの

で、まずはこちらをお読みいただければと思います。②の書類は、手続の流れを簡易にご説明した図となっております。③の申立書の写しと併せまして、ご参考いただければと思います。

　これらの書類をご覧になっていただいた上で、お手数ではございますが、以下の URL をクリックしていただき、「調停手続意向確認書回答フォーム」にご回答をお願いいたします。

　https://rikon-terrace.com/confirm-petition

　お忙しい中、恐縮ですが、調停手続意向確認書回答フォームへのご回答は、令和 5 年○月○日（○）までとさせていただきます。

　当センターとしましても、お二人のお話し合いがスムーズに進むよう、専門的な観点からご助言させていただければと思っております。（当センターは、どちらか一方の味方ではなく、あくまで中立の立場として間に入らせていただきます。）

　ご質問等がございましたら、本メールにご返信いただく形で何なりとお尋ねいただければと思います。どうぞよろしくお願いいたします。

　読者は、この文面を見て、どう感じただろうか。家庭裁判所の通知に比べ、相当程度やわらかい表現が使われていると感じたのではないだろうか。申立人の多くは、「争いたいわけではなく、穏やかに話し合いたいと思っているだけ」という気持ちを抱いているため、そのような気持ちが伝わるような柔らかい文章を心掛けている。そして、ADR 機関は、申立人の味方ではなく、あくまで間に入る仲介役の機関であることの説明も重要である。相手方は、「申立人の希望により書面を送ってきた」という時点で、ADR 機関が申立人寄りなのではないかと懸念している。そのため、どちらの味方でもなく、お二人の話し合いを真ん中でサポートさせてもらう役割だということを丁寧に説明するようにしている。

　また、メールは便利な反面、郵送に比べて不確実性が高い。他のメールに埋もれて読んでもらえないかもしれないし、そもそもブロックされて迷惑フォルダーに入っているかもしれない。そのため、申立人から相手方にメールを確認してほしい旨を伝えてもらうようにしている。加えて、そのような連絡さえできない関係で、かつ相手方がメールを確認しない確率が高い場合

や、そもそも相手方のメールアドレスを知らない場合などは、同様の内容の書類を郵送で送っている。

⑷　相手方の回答

㋐　回答の状況

メールや文書にて当センターより連絡を受けた当事者の反応はさまざまであるが、一番多いのは単純な応諾の回答であり、当センターでは現在 7 割程度が応諾回答である。一方で、不応諾の回答が返ってくることもあるし、回答期限が過ぎても何ら音沙汰がないということもある。期限を過ぎても連絡がない場合、当センターより「ご連絡は届いておりますでしょうか」というメールや電話で働きかけをする。

㋑　回答するためにされる質問事項

加えて、応諾でも不応諾でもなく、その判断をするための質問事項が返ってくることもある。すなわち、申立人は、当たり前ながら申立てのタイミングを自分で決められるため、ADR という制度を自分なりに理解したうえで申立てに至っている。一方、相手方は、事前に ADR を利用することを申立人から知らされている場合を除き、いきなりメールや書面で連絡がくるわけである。そのため、応諾・不応諾を回答するためにも、いろいろな質問がセンターに寄せられる。以下、よくある質問について紹介する。

①　本当に中立な立場かどうかの確認

連絡書面には、公平中立な立場であること、どちらの味方でもないこと等を記載しているが、それだけでは相手方の疑念を拭えないことがある。たとえば、申立人は先にいろいろと相談していて、自分（相手方）の不利になることを当センターに伝えているのではないかと心配する人もいる。そのため、事前に相談に来られていたとしても、守秘義務の関係でお伝えができないこと、また、事前の相談に来られていたとしても、相談担当と調停人は完全に切り離されているため、調停人は相談があったとしてもその内容は不知であること等を説明する。

②　回答期限の延長は可能かどうか

当センターから相手方に連絡をする際、相手方が ADR に応じるか否

か、回答フォームへの入力をお願いしている。その際、回答期限を設けるのだが、その期限までに回答が難しいため、延期してほしい旨の連絡がくることがある。たとえば、連日出張が続いていて、回答を作成する時間をとることができないという理由だったり、単に「いきなり送り付けられても心の準備ができていない」というような無期限延長を依頼するような内容だったりさまざまである。前者のように、延期を希望する理由が明白で合理的な場合、1 週間程度、回答を待つことが多い。後者の場合は、制度上の理由やルールを説明したうえで、無期限の延期やかなり先に延長することはできない旨を伝えている。

③　ADR を受けなければどうなるのか

　多くの相手方は、積極的に話し合いたいとは思っていないが、「家庭裁判所に申し立てられるよりまし」、「弁護士に依頼されるよりまし」といった気持ちで応じている。ただ、できれば応じたくないという気持ちが強い人もおり、ADR を受けなくても、何もペナルティがなく、次のステージに進むこともないのであれば、応じずに済ませたいと考えている。そのため、応じない場合のリスクを確認する質問を受けることがある。この質問に対しては、ADR をお受けいただけない場合、不応諾にて終了になるのみで、相手方に何か不利益はないこと、その後、家庭裁判所や弁護士にと進んでいくかどうかは申立人次第であることを説明する。

④　知人や親族の同席は可能か

　相手方の中には不安が強い人もいる。自分ひとりでは心もとないと考え、夫婦のことを相談している旧知の友人や親やきょうだいといった親族を同席させたいと希望するのである。当センターのルールでは、親族であれば、他方当事者の了解があり、調停人も円滑な調停の進行に資すると判断した場合、同席を許可することになっているため、その旨を説明している。

以上のように、さまざまな質問がくることがあるが、相手方としては当然の反応とも思われ、丁寧に回答するようにしている。

　㈡　対応に困る反応

　一方で、質問ではなく、対応に困るような反応をしてくる相手方もいる。以下、いくつか紹介する。

　①　条件付きの応諾

　　　たとえば、申立人がこれまでのことを謝罪するなら応じるとか、別居の際に持っていった通帳を返すなら応じるといった条件付きで応じるとの回答がある。この場合、相手方に対し、条件付きの応諾はお受けできず、現時点での情報で応じるかどうかを判断してほしいと伝える。簡単な条件であれば、ADR の制度を利用して協議したいという申立人の意向をくんで、当事者間のやりとりを多少取り持ってもよいようにも思われるが、この対応を間違うと、まだ応諾を得ていないのに、当事者双方の間に入っていろいろとやりとりを行うことになってしまうので要注意である。

　②　応諾・不応諾を明確にせずに引き延ばす

　　　応じたくないけれど、不応諾の回答もしたくないという相手方がいる。やりとりの中でその真意を考えるに、不応諾の回答をすることで、何か自分に不利益があるのではという漠然とした不安を抱えていたり、家庭裁判所に申し立てられるのを引き延ばそうとしていることが考えらえる。また、申立ては申立人が勝手にやったことであり、それに対して何らの反応もしたくない、という人もいる。こういった人たちの対応の仕方はある意味「巧み」である。

　　　たとえば、期限までに返信がないので電話で連絡をしたところ、応諾の意思の有無を確認しようとする担当者に対し、巧みに煙に巻くような会話を続け、困った担当者が「応諾の意思なしということでよろしいですね」と確認すると、「積極的に応諾も不応諾も意思表示はしない」などという回答が返ってくる。また、メールで連絡したところ、「メールが開けない」との連絡があり、今度は文書で送付したが、不在で受け取れず、再配達依頼期限を過ぎて当センターに戻ってきた後、相手方から再度送付依頼がきて、今度は再配達依頼期限ぎりぎりにやっと受け取ってもらったということもある（ここまでの経過ですでに1か月が経過していた）。

　　当センターとしては、無理に応じてもらっても良い話し合いになることは期待できず、無理せず不応諾の回答をしてほしいと思うものの、相手方としてはいろいろな気持ちが錯綜し、または、何かを意図し、応諾・不応諾の意思表示すら拒まれることもある。

③　料金体系に対するクレーム

　　当センターの料金体系は、最初から最後まで、申立人および相手方の料金が同額になっている。その点につき、相手方は応じる立場であり、申立人が勝手に申し立てたのに、なぜ相手方が費用を払わなければならないのだ、というクレームの連絡がくることがある。相手方を無料にしてしまうと、家庭裁判所と同様に無用な引き延ばしや突然のキャンセルなど、長期化が懸念されることや対等な立場で話し合ってもらうためにも同額負担がよいと考えてのことであるが、そういった説明を行うと余計にハレーションが起こる場合もあり、単に料金体系上、同額を請求することになっていることのみ説明している。

④　探りの電話を入れる

　　現在は、リモート勤務が増えたこともあり、当事者からの電話に出られないことが多い旨や、メールでご連絡がほしい旨をあらかじめお知らせしているが、以前は、平日の10時から18時まで電話対応を行っていたため、相手方から不意に電話があることも多かった。ときには、氏名を明かさず、相手方であることさえ明かさず、当センターの方針を尋ねられることもあったし、名前を明かしたうえで、申立人に関する情報を収集しようとする相手方もいた。こういった相手方の反応はある意味正常であると考えている。そのため、どのようなときも公平中立な立場を疑われるような対応をしないよう、事務担当者も含め、日々気を引き締めているところである。

　このように、相手方からは本当にさまざまな反応が返ってくる。応諾の返事であったものの、意向確認書は白紙だったり、逆に、大量の資料が添付されることもある。その反応のすべてが相手方の意思表示であることを肝に銘じ、ぶれずに丁寧に対応することが大切である。

⑸　期日の決定

　相手方から応諾の回答があった場合、次は調停期日の調整である。当事者双方から希望の曜日や時間帯について申立書および意向確認書で聴取済みであるため、双方の希望が重なる日でなるべく早い日程を設定し、双方に都合を尋ねるメールを送信する。

　このように書くと単純で簡単な作業のように思われるが、いくつかハードルがある。場合によっては、期日調整からすでに前哨戦が始まっているような感覚に陥るほど、双方の主張や思惑が交錯することもある。以下、どのような場合に初回期日の調整が困難になるか紹介する。

㋐　双方の希望が合わない

　申立人は平日の日中を希望し、相手方は土日のみを希望するというように、まったく双方の都合が合わない場合も少なくない。このような場合、基本的に一旦は相手方に合わせた日程を設定し、申立人に何とか合わせていただけないか、と連絡することが多い。ただ、小さい子どもがいるため平日夜間に設定することがはばかられたり、どう考えても相手方の希望に合わせることが難しいと考えられる場合は、申立人の希望を優先させることもある。いずれにしても初回期日の設定は、当事者から「センターの中立性」を見られている場面でもあり、注意が必要である。

　この「双方の希望が合わない」という状況で、当事者間の紛争性の程度がわかる場合がある。たとえば、双方の希望を記載する欄に、「私は平日でも土日でも大丈夫ですが、相手方は平日 NG だと思うので、相手方に合わせます」と記載する申立人や、「自分は平日は仕事があるので、土日でお願いしたいと思います。ただ、申立人は、休日だと子どもを預ける場所がないと思いますので、2 週間前に予定を決めてくれるなら、平日の子ども預けている時間帯でもいいです」などと記載してくれる相手方もいる。このように、自分の予定だけではなく、相手の状況も含めて考えらえる当事者というのは、紛争性が高くない（もしくは、紛争性が高くても理性的な対応が可能）ことが想像できる。

㋑　相手方がかなり先の日時を指定してくる

　前述の回答の先延ばしと同様に、応諾の返事をしたものの話し合い自体は先延ばしにしたいという相手方がいる。たとえば、仕事の繁忙期で1か月間は対応ができないといった具合である。この場合、まずは申立人に相手方の回答を伝え、待つことができるかどうか確認する。申立人が待つと言った場合、相手方が言っているとおりの日程で初回期日を設定するが、度々の引き延ばしにつながらないよう、ADRという制度は早期解決の制度でもあり、お待ちするのは今回限りである旨を伝えるようにしている。

　　㈦　同席・別席、対面・オンラインでもめる

　相手方が意向確認書にて回答する際、すでに同席・別席のルール、対面・オンラインのルールについて伝えてはいるが、期日設定の段階になって、この点についてもめることがある。多くは、離婚を希望している申立人は別席・オンラインを選んでいるのに対し、離婚したくない相手方は対面・同席を求めるというケースである。これについては、丁寧に説明するしかないのだが、最終的には、まずは所定のルールに沿ってやっていただき、どうしても納得いかないということであれば、それ自体を期日で協議することを伝えたりしている。

　このように、期日の決定は、単に「日にちを決める」という作業ではなく、実際には当事者とさまざまなやりとりが発生することがある。特に、相手方とのやりとりは、意図せず話し合いのステージに押し上げられてしまった相手方の不安や不満を吸収する作業であり、とても大切なものだと感じている。

　加えて、期日決定の際に同席か別席か、また対面かオンラインか、という話し合いの構造についても決定することになる。話し合いの構造に不満を持ったままだと、良い協議は期待できない。そのため、初回期日までにいかに相手方に前向きに協議する気持ちを持ってもらえるか、というのは大切な視点である。

⑹　調停人の選任

　ADRの調停人の資格については、裁判外紛争解決手続の利用の促進に関する法律（以下、「ADR法」という）において、「個々の民間紛争解決手続において和解の仲介を行うのにふさわしい者」（6条2号）と定められており、

当センターには弁護士、家事調停委員、元家庭裁判所調査官が調停人として登録している。

　すべての調停人が法的知識、調停技法および人格といった必要な知識や資質を備えていると言いたいところだが、やはり、得手不得手がある。たとえば、面会交流の調整が得意な調停人もいれば、複雑な財産分与が得意な調停人もいる。また、発達障害傾向の強い難しい当事者の対応が得意な調停人もいれば、モラハラ・DV など権威的な態度をとる当事者への対応が得意な調停人もいる。当センターの規定では、センター長である筆者（小泉道子）が調停人を決定することになっているが、実際には、事務担当者と相談しながら行っている。なぜなら、事務担当者は当事者とメールや電話でやりとりをしており、当事者の人となりを何となく把握していることも多いからだ。調停人とケースのマッチングは大変重要だと感じている。

(7)　初回調停期日

(ア)　初回期日での説明(1)──手続説明

　当初、初回期日の冒頭にて一連の手続の説明（初回説明）を行い、さらに話し合いのルール（調停人からのお願い）も伝える流れとなっていた。初回説明の内容は、申立ておよび応諾の前にすでに資料として提供している内容であるが、実は十分に確認していなかったということがよくあり、手続を行ううえで重要な項目をピックアップし、以下のような内容を伝えていた。

① ADR の説明

　　ADR という制度に関する簡単な説明として、公平中立な立場であることや、認証制度について、説明を行っている。公平中立な立場であることは、いくら説明しても説明しすぎることはないし、民間の機関ではあるものの、法務大臣の認証を取得した「かいけつサポート」機関であることが当事者の安心につながると考えている。

②　調停人の資格

　　どのような資格を有した者が調停人になっているのかは当事者の最大の関心事といえる。そのため、全体的な資格要件に加え、実際に担当者がどの資格に当てはまるかも付け加えて説明していた。また、調停人変

更のルール（いつでも変更の希望を出してもらうことはできるが、男性にし
てほしい、女性にしてほしい、弁護士にしてほしいといった個別の希望には
応じられない）も併せて説明をしている。

③　費　用

　　初回期日の前にすでに費用のやりとりは済んでいるが、キャンセル規
定は当事者にも影響が大きいため、口頭で注意喚起している。当セン
ターのキャンセル規定では、前日16時までであれば、無料で変更が可能
であるため、そのルールを説明することになるが、併せて、期日は三者
の予定を合わせて決めるものであり、それぞれに予定を空けて準備をし
ているのだから、なるべく予定の変更がないようにもお願いをしている。
期日の変更は、さまざまな点で協議進行に大きな影響を及ぼす。そのた
め、気軽に「仕事が入ったから」というような理由で変更をしないよう
注意喚起をしている。

④　調停の標準的な進め方

　　一回の調停の時間や何回程度の調停をどのくらいの期間をかけて行う
のかを伝えている。しかし、実際のところ、調停の回数や期間は当事者
によって本当にさまざまである。そのため、あくまで目安であることも
強調して伝えている。

⑤　提出書類

　　調停人からの指示や当事者から任意で提出される資料について、DV
などの場合を除き原則として、調停人だけではなく他方当事者にも開示
されることを説明している。司法関係者にとっては当たり前でも、当事
者にとってはそうではない。自分が書いた文章や経済関係の資料を調停
人にだけ見てもらい、調停人が判断するような解決のイメージを持って
いる当事者もいる。また、調停人には過去に相手との間に起こったこと
を知っておいてほしいが、相手を怒らせたくないため、自分が調停人に
何を伝えたか知らせないでほしいと考える当事者もいる。そういった当
事者に対して、原則、他方当事者にも開示というルールを伝えることで、
調停人が判断するのではなく、三人が同じ情報を共有したうえで問題を
解決していく話し合いの構造であることを理解してもらうのである。

⑥　守秘義務

　　裁判所ではなく民間の機関であるため、守秘義務について心配する当事者もいる。そのため、安心して協議ができるよう、ADR 法上も守秘義務があることを伝えている。

⑦　手続の終了の方法

　　当事者双方は、いつでも協議をやめられることやその方法が簡便であることを伝えている。そう伝えることで、ADR はあくまで任意の制度であり、双方が積極的に話し合う場であることを理解してほしいと考えている。特に、相手方は、応諾の回答をしていても、申立人から話し合いの場に無理やり引っ張り出されたような気持ちになっていることも多い。そのため、いつでもやめられる制度であることは、裏返せば、続けているということは自分の意思であることを認識してもらいたいのである。また、いつでもやめてよいという安心感も重要だと考えている。

⑧　調停人による調停の終了

　　当事者双方が継続を希望していても、調停人の判断で終了する場合もあることや、どんな場合にそういった判断になるかという例示を挙げている。たとえば、合意しないままに調停が長期化することで、一方当事者の不利益が拡大するような場合である。すなわち、婚姻費用について、期日の度重なる延期など義務者の不誠実な態度によって合意に至っていない場合、権利者の経済状況によっては、早く ADR を終了させ、審判制度のある家庭裁判所の調停に切り替えたほうがよい場合などである。ただ、実際には、当事者双方が続行を望んでいるのに調停人判断で終了するということはまれであり、大抵は当事者自身がこのまま協議しても合意に至ることはないだろうと冷静に判断している。

⑨　合意成立時

　　合意書を作成することや保存期間について伝えると同時に、養育費等の継続給付がある場合は、公正証書の作成までサポートする旨を説明している。現時点では、ADR による合意にまだ執行力がないため（法改正については第1章第2節6参照）、絵に描いた餅にならぬよう、長期にわたる継続給付の取り決めがある当事者には公正証書の作成を促したい

と考えている。

⑩　期日間のやりとり

　　期日間は事務担当者とのやりとりのみが可能であることや、事務担当者は日程調整や提出資料に関して、そして ADR 制度についてのみ回答が可能であり、法律上の問題や調停の内容については回答できない旨を伝えている。また、期日間に「調停人に〇〇と伝えておいてほしい」、「相手方に〇〇を提出してほしい」といったメールが当事者から送られてくることも多いが、これを仲介してしまうと、調停人と一方当事者のみが知っている情報が出てきたり、当事者双方は知っているが調停人が把握していない事情が出てきたりしてしまう。そのため、調停人や相手方に伝えたいことがある場合、メール本文ではなく、書面の形で提出してもらうこと、そしてその書面は他方当事者と調停人に共有することを了解してもらっている。

　当初、上述のような内容を約5分程度の時間をかけて書面を示しながら口頭で説明していた。しかし、初回期日の冒頭で調停人が5分の時間をかけて話をしてしまうと、当事者は一言も発さないまま、調停人の説明を聞き続けることになる。これでは、当事者の緊張はほぐれず、最初から調停人主導の流れをつくってしまうことになりかねない。そのため、現在は、同様の内容の動画を作成し、調停期日前に動画を視聴しておくようお願いしている。動画であれば、書面より気楽に見てもらえるし、理解もしやすいのではと考えたからだ。ただ、初回期日に「動画は見ていただけましたか」と確認すると、見ていないという回答が返ってくることも多く、いずれの方法をとったとしても、必要な情報を漏れなく伝えるということは簡単ではないと感じている。

　(イ)　初回期日での説明(2)——調停の場でのルール説明

　加えて、「調停人からのお願い」と題した調停の場でのルール説明も行っている。お願いの内容は以下のとおりである。

①　誰かが話しているときは、最後まで聞いてほしい

　　話がヒートアップしてくると、ついつい相手の話を最後まで聞かず、途中で遮って自分が話し出してしまう人がいる。しかし、これをされてしまうと、話している側は「聞いてもらった」という感じを持てず、否

定された気持ちになってしまう。また、言葉に言葉をかぶせるやりとり
は、言い争いの要素が強くなり、協議の雰囲気を悪くする。そのため、
幼稚園生に言うようで申し訳ないけれど、相手の話は最後まで聞いてほ
しいと伝えるのである。ちなみに、この注意喚起はかなり有効である。
多くの当事者は、この注意を忠実に守ってくれる。そして、ついつい相
手の話を遮って自分が話そうとしてしまったときも、「あ、（最後まで聞
かずに話し始めては）だめでしたね」と自分で気づき、言葉を止めてく
れるのである。このルールが一つあるだけで、日ごろは喧嘩ばかりの夫
婦であっても、話し合いが非常に整いやすい印象がある。ルールを守ろ
うという姿勢を持ってくれる誠実な当事者に感謝するばかりである。

② 調停人に向かって話してほしい

　相手と直接やりとりをしてしまうと、第三者が入るメリットが薄れて
しまい、喧嘩のようなやりとりになってしまうことがある。そのため、
相手に直接話しかけるイメージではなく、調停人に向かって話すように
してほしいとお願いしている。もちろん、これはケースバイケースの側
面も多く、穏やかに二人でやりとりできる場面であったり、むしろその
ほうが自然である場合は、当事者双方で話してもらい、それを調停人が
聞いているという構図になることもある。

③ 名前の呼び方の確認

　大抵の当事者は離婚前であるため、呼び分けるためには下の名前で呼
ぶ必要がある。しかし、中には、初対面の人に馴れ馴れしく下の名前で
呼ばれたくないという人がいるかもしれず、念のため、確認をしている。
ただ、実際には、呼び名を確認するという作業は、当事者のことを尊重
したいという意思表示として作用しているように思う。同様に、調停人
のことも「気軽に○○さんと呼んでください」とお願いしている。

④ 双方の味方でありたいこと

　これは調停人のお願いではないが、調停人は公平中立の立場であるけ
れども、できれば双方の味方でありたいと思っていることも伝えている。
公平中立な第三者というと、少し冷たい感じや突き放した感じを受ける
かもしれないが、実際には、双方が納得できる結果になることを望んで

いる。そのため、双方の味方のような気持ちで調停を進行していることを伝えるようにしている。

　こういった説明を調停人が行っている際、当事者双方は、緊張の面持ちでじっと聞き入っているわけだが、同時に調停人を観察している。これから自分の人生における大切なことを決めようとしている場で、そのキーパーソンである調停人はどんな人となりなのか、自分の味方なのか、それとも相手の味方なのか、そんな複雑な気持ちで見定めようとしている。そのため、筆者が読み上げる際は、明るくはっきりとした口調で、早口になりすぎず、かつ丁寧に話すよう心掛けている。

㈡　協議内容の確認

　初回期日の説明の後は、当事者双方にこの ADR でどのようなことを話し合いたいと思っているのか、それぞれに尋ねるところから始まる。すでに出してもらっている書類の中で大枠がわかっていることも多いが、その後の心情の変化もあり得るし、口頭で語ってもらうことで、書面ではわからない微妙な気持ちのニュアンスや詳細を知ることができる。また、最初から調停人主導で始めてしまうと、最後まで調停人任せで終わってしまうことがある。そのため、話し合いは当事者自身が語り、判断していくことで進むことを最初の段階で理解してもらうという狙いもある。

㈢　次回期日に向けての調整

　大抵の場合、調停は 1 期日では終了せず、2 回以上実施することが多い。そのため、初回期日には、次回に向けての調整を行う。具体的には、初回期日で答えを出し切れなかったことに対して考えておいてもらったり、書類の提出を依頼したりと、次回期日までの「宿題」を双方にお願いする。初回期日は、当事者にとって緊張の時間である。怒りや悲しみの感情をコントロールしなければいけない場面があったかもしれないし、心を奮い立たせて何とか自分の主張を伝えた場面もあったかもしれない。そのような当事者の頑張りに感謝し、次回もいい協議ができるよう協力をお願いしたいと伝えて終了となる。

(8) 終結（成立・不成立）

当センターの場合、終結の仕方は 2 種類しかない。成立か不成立かの 2 種類である。当センターの「不成立」の中には、申立人が途中で取り下げたり、相手方がもうやりたくないと終了を希望した場合や全員（当事者双方および調停人）が合意は難しいと感じ、了解のうえで終了にする場合などが含まれている。なぜ家庭裁判所のように「取下げ」という終結がないかというと、ADR には審判制度がないからである。裁判所の場合、面会交流や養育費の調停が不成立で終了となった場合、審判移行し、裁判官が決定を出すフェーズに移る。しかし、ADR は、審判制度がないため、不成立であっても、取下げであっても、結果として違いがないのである。以下では、成立と不成立のそれぞれの場合の手続の流れについて記載する。

(ア) 成立の場合

当センター設立当初は、紙の合意書を作成していた。合意書を 3 通作成し、当事者双方が所持するほか、センターでも一定期間保存する。しかし、現在は、電子合意書に切り替え、当事者にもデータの形で合意書を渡している。

この合意書の電子化については、便利な点が多い。当センターでは、調停自体のオンライン化が先行し、電子合意書は後から導入された。すると、どういうことが起こるかというと、オンライン調停にて合意した後、合意書 3 通を当事者や調停人に郵送し、最終的に 3 通の合意書に 3 名ともの署名と押印が完了している状態にする必要があった。事務的な手間がかかるほか、合意から署名・押印までにタイムラグが生じることから、まれに「やっぱり合意しない」という事態に陥ることもあったし、そこまででなかったとしても、気が進まないということでなかなか返送してくれなかったりと、最終の手続に時間がかかることがあった。しかし、電子合意書はオンライン調停の場で作成が完了するため、「やっぱり合意しない」ということが起こらず、安心である。

(イ) 不成立の場合

不成立といえば、読者のイメージどおり、交渉が決裂して終了という場合がほとんどであるが、ADR ならではの不成立もある。たとえば、二人だと

喧嘩になって話が前に進まなかったけれど、ある段階まで整理が進めば、後は夫婦だけで話し合えそうだということで取下げになるケースがあったり、当初は離婚のつもりで申し立てたが、話し合いをしているうちに、もう一度だけやり直そうという気持ちになり、離婚協議が必要でなくなって終了する人もいる。また、過去には、すでに別居して長期間が経過しているが、いくら離婚してほしいと連絡してもなしのつぶてだったのが、当センターから連絡をすることで初めて相手から直接申立人に連絡があり、当事者間で話し合いが進められそうだということになり、期日を一回も開かずに終了となったケースもある。このように、第三者が介入することで、当事者の背中を押すことになり、自然と話が前に進みだすということもある。

　不成立になった場合、調停手続終了決定通知書を発行している（通常メールに添付して送付するが、希望者には紙媒体で送付している）。この書類の一番の使い道は、調停前置制度にある。家庭裁判所に離婚裁判を提訴する場合、事前に調停で話し合い、不成立になっていることが必要であり、この制度を調停前置という。これは離婚という案件が夫婦間の紛争であることもあり、いきなり裁判をするのではなく、まずは調停で納得のいくまで話し合うことが望ましいとされているからである。この調停前置について、法務大臣の認証を取得した ADR 機関を利用して離婚協議を行った場合、家庭裁判所の調停を行ったのと同様の扱いとなり、ADR が不成立にて終了になると、再度、家庭裁判所の調停を経ずして、離婚訴訟を提訴することができるのである（ADR 法27条）。その際、ADR を利用して話し合ったけれど、結果として合意に至らなかったということを証明するために使われるのが調停手続終了決定通知書である。

2　家庭裁判所の離婚調停と民間 ADR の離婚調停との違い

　ここまで、ADR による離婚調停の手続について、段階ごとに説明したが、今度は、そういった ADR による手続と家庭裁判所の離婚調停との違いに特化して述べたいと思う。

(1)　申立ての手続

(ア)　提出書類

　子どものいる夫婦が家庭裁判所で離婚調停を申し立てる場合、以下の書類の提出を求められる（一部、家庭裁判所によって異なる）。

> ・申立書
> ・事情説明書
> ・子についての事情説明書
> ・進行に関する照会回答書
> ・連絡先等の届出書

　これに加えて、戸籍謄本、予納の郵便切手および申立て時に必要な収入印紙を揃える必要がある。申立書に付随する添付書類については、必ず提出しなければ申立てができないというわけではなく、追完が可能な場合も多い。また、それぞれの書類について、記載例が裁判所のホームページに掲載されるなど、家庭裁判所としても申立手続が円滑に進むよう工夫をしている。

　しかし、当事者にしてみれば、裁判所に提出する文書の重みは絶対的であり、相当の時間と労力をかけて完成させる人が多いように思う。そのため、複数の書類を完成度が高い状態で準備し、戸籍謄本まで準備するとなると、ハードルが高いように感じてしまうのである。

　一方、多くの ADR 機関は、なるべく簡便な申立手続を工夫しており、戸籍や住民票といった資料を求めない機関も多い。最近は、チャット形式などの ODR（Online Dispute Resolution）も発展しており、申立ての際には本人確認のための身分証明書さえ必要でない機関もある。

(イ)　申立ての方法

　申立ての方法について、家庭裁判所は郵送と持参がある。ADR の場合、これに加えてオンラインでの申立てが可能な機関も多い。たとえば、申立てフォームがホームページに掲載されていたり、メールに申立書を添付する形でも受け付けたりしている。

　郵送が可能であれば、出向く必要がない点において、あまりオンライン申立てのニーズはないようにも思われるが、日常で手紙のやりとりをあまりしなくなった昨今、申立書を書いて、宛名を書いた封筒に入れ、切手を貼って投函する、という作業が億劫に思われたりするのである。送った書類に不備や不足があり、追完を求められるときなどはなおさらである。逆に、メールやフォームといったツールに慣れていない高齢の当事者もおり、そういった当事者には紙媒体が好まれる。そのため、申立ての方法に関しては、当事者が好みの方法を選べることが肝要である。

(ウ)　申立書に記載する内容

　家庭裁判所の調停の場合、「申立ての趣旨」という欄があり、円満か離婚かを選択したうえで、離婚を選択した場合、親権・養育費・財産分与といった離婚条件に対する意見を記載する内容となっている。一方、当センターでは、前述のように、協議内容として、円満か離婚かだけではなく、「今後の夫婦関係について」という選択肢がある。また、離婚条件についても、協議項目としてチェックを入れるようになっているが、具体的な金額を記載する欄はない。

　次に、家庭裁判所の申立書では、申立ての動機として、以下の項目から〇を付けて選択するようになっている。

　1　性格が合わない　　　2　異性関係　　　3　暴力をふるう

　4　酒を飲みすぎる　　　5　性的不調和　　　6　浪費する

　7　病気　　8　精神的に虐待する　　　9　家族をすててかえりみない

　10　家族と折り合いが悪い　　　11　同居に応じない

　12　生活費を渡さない

　一方、当センターの申立書にも「申立の趣旨・動機」として、なぜ申し立てたのかを尋ねる欄があるが、前述のとおり、申立てに至った趣旨や、なぜ ADR という話し合いの方法を選んだのかという点を記載してもらっている。

　逆に、家庭裁判所のように不和の原因は必ずしも必要ではないと考えている。もちろん、当事者が記載することを妨げる趣旨ではなく、実際に「これ

までのあなたのモラハラ的な言動に耐えられなくなり、離婚を決意しました」といった一文を冒頭に記載する当事者もいる。しかし、すでに離婚については合意している場合、ことさらに離婚理由を記載する必要があるだろうか。家庭裁判所の申立書の場合、複数の理由に〇を付けることも可能であり、いくつも〇が付けられた相手方としては、反論したい気持ちになるかもしれないし、当たっているだけに嫌な気持ちになるかもしれない。申立書は、ADR 機関に提出するものではあるが、それを見た相手方の気持ちも想像しながら項目を作成する必要がある。

(2)　解決までの時間

　令和 5 年 8 月 1 日公表の令和 4 年司法統計によると、家庭裁判所の離婚調停にかかる時間は〈図 2 〉のとおりとなっている[11]。

〈図 2 〉　離婚調停にかかる時間

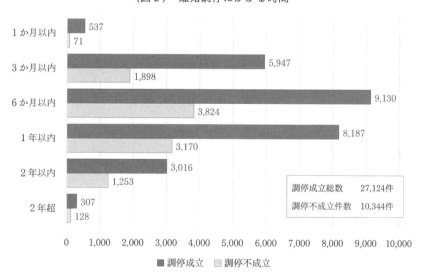

家庭裁判所の離婚調停では、成立・不成立ともに、「6 か月以内」および「1

11　令和 4 年司法統計（家事編）〈https://www.courts.go.jp/app/sihotokei_jp/search〉の「第16表　婚姻関係事件数―終局区分別審理期間及び実施期日回数別―全家庭裁判所」中の数値を筆者がグラフ化したもの。

年以内」にボリュームゾーンがあり、続いて、「3 か月以内」、「2 年以内」
となっている。ざっくりと換算すると、半数強が半年以内に終結していると
いえる。加えて、6 カ月以上 1 年以内に終結した割合は成立・不成立共に約
30.2％、1 年以上 2 年以内に終結した割合は成立で11.1％、不成立で約
12.1％である。

　一方、当センターでは、年度によって違いがあるものの、約 6 割の案件が
3 か月以内に終結している。また、約 9 割の案件が半年以内に終結している。
そのため、家庭裁判所と比べると、相当程度早期解決が可能であることがわ
かる。

　この違いはどこから生じるのかを考えてみると、いくつかの理由が思い浮
かぶ。まずは、調停期日の入りやすさである。家庭裁判所の調停の場合、数
多くの案件を抱えており、調停室の空き状況を考えると、最短でも 1 か月先
に次回期日を設定せざるを得ない。また、代理人弁護士の有無も調停期間の
差に影響を及ぼす。代理人弁護士がつくと、両当事者、その代理人弁護士、
そして 2 人の調停委員の予定を合わせる必要があるため、さらに次回期日が
先になる傾向がある。加えて、休廷期間の存在や裁判官の異動の問題も挙げ
られる。家庭裁判所では、夏休み、年末年始、年度末および年度初めに休廷
期間が設定されている。この間、裁判官が本当に休んでいるわけではなく、
夏季休暇中も仕事をしている裁判官も多いし、年度末や年度初めは異動でい
つもよりさらに忙しい裁判官も多いと思われるが、調停自体は休みとなる。
また、異動で担当裁判官が変わることも長期化の一因である。

　次に考えられる理由が「調停の空転」である。通常、調停期日の最後に次
回期日に向けて提出してほしい資料や調べておいてほしいことを宿題として
お願いすることが多い。たとえば、財産分与の対象として不動産がある場合、
双方に査定を依頼したり、その査定額をもって、財産分与についてどのよう
に主張するか考えてきてほしいといったような宿題が出される。しかし、一
方が離婚に乗り気でない場合、「忙しくて査定がとれていない」ということ
でその回の調停で話し合うべきことがなくなってしまったりするのである。
また、当日に一方から欠席の連絡が入り、期日を開いたものの、何も進まな
いということもある。なぜこのような「空転」が起こるかを考えるに、家庭

裁判所の調停が無料（申立て時に費用はかかるが）であることと関係している
ように思う。調停を進めることに乗り気でなかったとしても、費用を支払っ
ていれば、時間が無為に過ぎることを無駄だと感じるはずだからである。

　一方、ADR の場合、まだまだ社会に周知されていないこともあり、利用
件数が多くて期日が入りにくいという機関はほぼないと言ってよい。また、
多くは本人調停であるため、日程調整も比較的しやすく、加えて、平日夜間
や土日も調停期日を入れられるため、選択の幅が広い。さらには、オンライ
ン調停が主流の機関であれば、たとえば調停人ごとにアカウントを作成する
など工夫することによって、同時刻にいくらでも調停を入れることができる。
また、調停の空転についても ADR では起こりにくい現象である。1 回数千
円から 1〜2 万円程度の費用がかかるため、当事者としてはより充実した話
し合いを行い、早期に解決したいという心理が働くからである。

　次に調停期間の長さがどのような意味を持つのかを考えてみたい。離婚協
議は心身ともに疲れるものであり、短いにこしたことはない。しかし、実務
で感じるのは、一概に早ければ早いほどいいとは言い切れないということで
ある。当事者自身は急いでほしいと思っていても、ある程度時間をかけるこ
とで、ヒートアップしていた気持ちが落ち着くこともあるし、こだわりが弱
まっていくこともある。いわゆる「時間が解決する」という状態である。ま
た、案件によっては、じっくりと時間をかけて結論を出すことが望ましい
ケースもある。たとえば、紛争性の高い面会交流案件だと、本当に実施が可
能か、試行的面会交流を繰り返すこともある。また、一方当事者は離婚を急
ぎたいけれど、他方当事者は渋々応じているような案件だと、急ぎたい当事
者に合わせて期日を早めると、他方当事者にとっては気持ちが追い付かな
かったり、調停人が公平・中立でないという印象を持たれてしまったりする。
そのため、終結までの時間が短ければ短いほどいいというものではなく、
ケース毎に最適な期間があるように思う。

(3)　費　用

　家庭裁判所で離婚調停を行う場合、以下の費用が必要となる。

・申立料　1200 円

・予納切手　1000 円程度

　その他、戸籍の取得費用として 450 円程度が必要になるが、いずれにしても金銭的負担は少ないと言える。一方、ADR の場合、機関によって異なるため一概には言えないが、申立て時に 1 万円前後、期日費用として 1 万円前後が必要となる機関が多いと思われる。そのため、最終的には一人につき 5 ～10 万円程度が必要になることが多い。加えて、一部の機関では、成立料として、対象財産の何パーセントかの費用がかかる機関もある。そのため、費用面では家庭裁判所の離婚調停のほうが安価であると言える。

　次に、費用面の違いがどのような影響を及ぼすか考えてみたい。一番大きな影響は利用者層である。現在、ADR の利用料については、法テラスのように、収入に応じて利用料が無料になったり、分割払いとなったりする制度がない。そのため、筆者の感覚的なものではあるが、世帯収入が 200 万円～300 万円以下の夫婦にとっては、ADR の利用料の負担は過大であり、家庭裁判所の調停を利用するのが適しているように思われる。

　一方、無料であることの悪影響も指摘しておきたい。アメリカ合衆国ジョージア州アトランタにおける裁判所付属型 ADR についての柴田啓介氏の報告では、4 時間まで利用料が無料であるがゆえに、平均 3 時間で成立していることが指摘されている。この報告から読み取れるのは、(前項の時間のところでも述べたが) 無料であることが協議の長期化の一因になっているということである。実際、家庭裁判所の調停では、成立の間際になって「再考したい」と結論が次回期日に持ち越され、いざ次回期日になってみると、これまでの合意を台無しにするような主張がなされたりする。もし、家庭裁判所の調停が少しでも費用がかかったとするとどうだろうか。一期日余分に設定することで費用もかかるし、これまでの議論を台無しにするような主張もできないはずである。

　この点、費用がかかる ADR では、当事者にコスト感覚を持ってもらうことができる。たとえば、すでに親権者は妻で合意できていたのに、養育費を

支払いたくない夫が「養育費をもらわないと生活をしていけないようであれ
ば、自分が親権者になる」と言い出したとする。そのような場合、「今の
○○さんのご主張について、再度、どちらが親権者になるか、議論をします
か。ただ、その場合、本期日では養育費の議論は終わらなくなりますので、
次回期日に持ち越すことになります」と伝えるとどうであろうか。大抵の当
事者は、その一言で理性を取り戻し、議論しても無駄なことに時間やお金を
かけていられないという気持ちになってくれる。また、家庭裁判所では、面
会交流に際し、さまざまなことが気になってしまい（もしくは、面会交流を
させたくない気持ちの裏返しとして）、細かいルール決めを求める当事者がいる。
しかし、ADR では、紛争性が低いということもあるが、まだ起こってもい
ないトラブルに対して、時間とお金をかけて協議をしようという当事者は少
数である。費用が気になってゆっくり協議ができないのは困るが、適切なコ
スト感覚を持って議論できることは、結果として理性的で合理的な話し合い
になることが多いように思う。

⑷　利便性

　利便性を図る指標として、たとえば、連絡のとりやすさはどうだろうか。
家庭裁判所は、当事者とのやりとりにメールを使用していない（そもそも、
インターネットが利用できるパソコンが少ない）。そのため、家庭裁判所と連絡
をとるためには平日の日中に電話をするか、郵送にて手紙を送るしかなく、
働いている当事者にとっては、連絡をとることすらハードルが高い状態と
なっている。一方、ADR 機関はメールでのやりとりが可能であり、利便性
が高い。

　また、オンライン調停を気軽に選択できるか否かも利便性に大きな影響を
与える。コロナ禍を経て、家庭裁判所の離婚調停も変化を遂げつつあるが、
まだまだ途上であり、オンラインにて調停ができるのは一部の案件にとど
まっている。この点、ADR 機関の場合、オンライン調停ができる機関が続々
と増えている。加えて、平日夜間や土日の利用が可能である点や、協議に必
要な資料をメールに添付する形で提出できる点も ADR ならではの利便性で
ある。さらに言うと、後述の ODR の進化により、チャット型の調停を提供

する団体も出てきており、そうなると、365日24時間、自分の主張を書き込むことができる。

　協議離婚が 9 割を占める日本において、第三者を挟んでの離婚協議はまだまだ敷居が高いと言える。その敷居を低くするためにも利便性は重要であり、今後、家庭裁判所と ADR 機関が切磋琢磨のうえ、利便性を向上させていく必要がある。

(5)　執行力の有無

　家庭裁判所の調停調書で取り決めた内容は、執行力がある。そのため、万が一、支払いが滞った場合、強制執行の手続をとることができる。一方、ADR では、現時点では執行力がない。そのため、合意内容にそって公正証書を作成する必要がある。しかし、第 1 章第 2 節 6 にも記載のとおり、改正法が成立し、令和 6 年 4 月 1 日以降 ADR で合意された養育費および婚姻費用については執行力が付与されることになっている。

　ただ、執行力について考える際、強制執行が簡単ではない手続であることを覚えておかなければならない。養育費や財産分与の分割払いといった継続給付の取り決めがある場合、執行力のある書類をつくっておくことが必須であることは言うまでもない。しかし、実際には、義務者が自営業者である場合、いくら書類があっても強制執行は難しい。また、財産を押さえようにも、預貯金から現金を引き出されてしまっては執行できない（動産執行という方法はあるが）。実際に強制執行する際、相手がどこに住んでいるのか特定する必要もあるし、差し押さえるべき財産も権利者が指定する必要がある。そういった諸々のことを考えると、執行力がある書類をつくっておくことと同時に、任意の支払いが継続するよう、双方が納得のいく形で協議を行い、合意することが大切である。

(6)　調停人の資格要件

(ア)　法律上（形式上）の違い
　家庭裁判所の家事調停委員の資格は民事調停委員及び家事調停委員規則 1 条にて以下のように決められている。

　　弁護士となる資格を有する者、民事若しくは家事の紛争の解決に有用な専門的知識経験を有する者又は社会生活の上で豊富な知識経験を有する者で、人格識見の高い年齢40年以上70年未満のものの中から、最高裁判所が任命する。ただし、特に必要がある場合においては、年齢40年以上70年未満の者であることを要しない。

　条文中に「最高裁判所が任命する」とあるが、選考自体は家庭裁判所にて行われており、その選考への応募は他薦も自薦もどちらも可能である。資格については、ご覧のとおり、「社会生活の上で豊富な知識経験を有する者で、人格識見の高い〜」といった非常に広い範囲を想定した条件となっているため、多種多様な人が応募し選任もされている。たとえば、大手企業を退職した人や、教育や福祉関連の仕事をしている人、士業（行政書士、司法書士、弁護士等）や地元の名士のような人まで、さまざまである。一方、当事者の多くは、調停委員は法律上もしくは調停をするうえで何らかの専門知識があると考えており、この点において期待と実態にミスマッチが発生していると言える。

　一方、ADR の調停人は、ADR 法にて「紛争の範囲に対応して、個々の民間紛争解決手続において和解の仲介を行うのにふさわしい者」と記載されている。たとえば、離婚問題を扱うとすると、以下のような資格が挙げられる。

・弁護士
・裁判官経験者
・家事調停委員
・家庭裁判所調査官経験者

　「紛争の範囲に対応して」という文言が入っている点で、家事調停委員の資格とは大きく異なる。すなわち、家事調停委員が社会生活上の一般的な経験や見識を求められているのに対し、ADR の調停人は、取り扱う分野の専門知識が必要になるのである。以下、家事調停委員と ADR の調停人の実質

的な違いについて私見を述べる。

(イ)　求められる法的知識の違い

　上述のように、ADR 法では離婚案件を扱う調停人として家事調停委員も想定しているところであるが、筆者は、家事調停委員の中で ADR の調停人が務まるのはほんの一部であると考えている。ADR と一言で言っても、いろいろな種類の ADR があり、調停人の役割も異なる。たとえば、アメリカの ADR 機関の中には、調停人はあくまで意見の調整係であり、法的知識を当事者に伝える役割ではないと考えている機関もある。

　これは、裁定型調停や対話型調停といった調停のスタイルや方針の違いにもよるものであるが、筆者は、ADR がどうあるべきかという議論の前に、当事者が ADR に何を求めているかを重視すべきであると考えている。実務上感じるのは、離婚の際に ADR を利用する当事者（特に申立人）の多くは、調停人に法的知識を求め、「裁判所に行ったらこういう判断になる」、「法律どおりだとこうなる」といった調停人の知識を求めている。これは、当事者が自主的でないということではなく、法的な知識を調停人から付与してもらったうえで、当事者が考え、決めていくというプロセスである。ADR を利用する当事者は、紛争性があまり高くなく「当事者双方にとって公平な結果」を求めているところがある。まさに、「損はしたくないけれど、得をしたいわけでもない」という精神である。

　そのため、質の高い ADR の実施のためには、少なくとも離婚に関しては、弁護士もしくはそれに近いレベルの法的知識を持った調停人でなければ務まらないのである。こういったことを踏まえて考えると、法律上求められる資格と実際に当事者のニーズを満たすことができる ADR の調停人は必ずしも一致していない。

(ウ)　調停技法における能力（調停進行力）の違い

　法的知識のほか、調停技法に基づき、効果的に調停を進行する力も重要である。この調停進行力について、家事調停委員と ADR の調停人との違いはどうだろうか。

　ADR で必要となる調停技法については、第 1 章第 4 節に詳細が記載されているため、ここでは具体的な事例で考えていきたい。たとえば、養育費を

協議している場面で、権利者である妻が「中学受験のための進学塾の費用も
高額だし、バレエやサッカーといった習い事にも費用がかかる。そのため、
算定表の金額に塾と習い事の費用を上乗せして支払ってほしい」と主張した
とする。この主張について、どのような対応が望ましいであろうか。基本的
には、妻の主張を義務者である夫に伝えることになる。そこからさまざまな
展開が予想されるが、多くの義務者は権利者の言いなりになって支払うこと
に不満や不安があるため、「子どものためのお金は支払うつもりはあるが、
算定表どおりの養育費の範囲内でやってほしい」と述べるなど、すんなり合
意できないことが予想される。このような場面で ADR の調停人として求め
られる思考のプロセスや進行方針は以下のとおりと考える。

〈プロセス1　主張を深堀りする〉

　別席調停であったとしても、双方の主張を相手に伝えるだけではなく、
なぜそのように主張するのか、その背景や心情など、主張の周辺事情も
含めて深堀りすることが考えらえる。たとえば、妻に対し、塾や習い事
の費用が具体的にいくらかかっているのか、なぜその塾や習い事が必要
か（子らはどのように取り組んでいるか）、現在の家計の収支状況はどう
かといったようなことを聞くことが考えられる。

　また、夫に対しては、妻が述べていた収支についてどう思うか、夫自
身の生活状況はどうかといったことを聴取することも考えらえるし、
「子どものためのお金は支払うつもりはある」と述べた気持ちを深堀り
することもできる。

　主張の周辺状況や気持ちを掘り下げていくことで、双方の収支状況を
考えると、現在の習い事を継続するのは難しいという結論に至るかもし
れないし、子らの取組状況を聞いて、それほどがんばっているなら出し
てやりたいという気持ちになるかもしれない。大切なのは、当事者が述
べていることだけにフォーカスするのではなく、もっと深く語ったり考
えてもらうことである。

〈プロセス2　第三の方法を一緒に考える〉

　夫はAと主張し、妻はBと主張しているとする。この場合、互いに主

張を続けても平行線のままである。また、安易にAとBの間を取るような提案もあまり好ましくない。なぜなら、このような方法を続けていると、「間を取った解決になるのであれば、最初は高め（低め）に主張しよう」という気持ちになってしまうからである。そのため、深堀りした結果出てきた情報をもとに双方が「これならいいか」と受け入れられるC案やD案を考えることも有効である。

　たとえば、塾や習い事の回数が多いようであれば、塾で受講している科目を減らしたり、習い事の回数を減らす案を提案できるかもしれない。そうすることで、子らの負担も減るし、親の経済的な負担も減る。もしくは、また違った案として、夫が直接塾やバレエ教室に振り込む方法であれば合意できるかもしれない。こういったC案やD案を当事者と一緒に考えていくのも調停人の役割である。

〈プロセス3　最終的に合意ができなかった場合の見通しを伝える〉

　金銭的な条件については、どこまで議論しても合意に至ることができないこともある。そのような場合、このまま合意できなかった場合はどうなるか、という法的な基準を示すことが有効である。たとえば、夫婦が同居していた当時から、子が中学受験を目指して塾に通っており、夫も受験を応援していたような場合、夫にある一定の負担を求める可能性が高い。一方、月額数千円の月謝で通うことができるサッカーであれば、算定表上の金額で支払うべきと判断されるだろう。もちろん、最終的には担当の裁判官の判断になるため、「家庭裁判所にいけば必ずこうなる」という案内はできない。しかし、○○になる可能性が高い、というような言い方はできる。そして、その後の判断は当事者次第である。絶対ではないけれど、ある一定の基準を示されれば、その基準に沿った合意に応じる当事者もいるし、少しでも可能性があるなら、最後まで自分の主張を維持したいという当事者もいる。情報提供を行った後は、当事者の判断で進んでいくことになる。

　ここではよくある進め方としてプロセス1から3を紹介したが、事案によって、いずれかのプロセスが省略されたり、順序が入れ替わることもある

し、ほかのプロセスが入ることもある。特に、プロセス 3 の法的情報の提供については、そもそも情報を提供する必要があるかどうか、提供するとして、どのタイミングで行うかといったことは調停人の判断による。このように、ADR の調停人には、調停技法に基づく調停進行力と法的知識がセットで求められる。この点、専門分野に関する知識があることは前提であるが、調停技法については当たり前に備わっているものではない。そのため、日々の研鑽が必須であり、一番力を入れるべき部分である。

　一方、家庭裁判所の調停委員の場合も、このような進行力があることが望ましいが、現状は異なる。上述の養育費における特別出費の議論を例に、家庭裁判所の調停委員が陥りがちな進行を紹介する。

〈伝書鳩型進行〉

　双方の当事者に対し、（夫に対し）「奥様は塾の費用やバレエやサッカーの費用も請求されたいそうですよ」、（妻に対し）「ご主人にご意見をうかがったのですが、算定表の金額の中でやりくりしてほしいとのことでした」、（夫に対して）「そうは言っても、あなたが同居している間から通っているのだから、責任を持って支払ってほしいと仰っていますよ」、（妻に対し）「同居中から通わせてはいたが、あなたが勝手に通わせていただけではとのご主張です」などと、当事者が言っていることをそのまま伝書鳩のように伝えるのみの調停進行である。そして、何度かやりとりをして、どうにも合意ができなくなった時点で、裁判官に評議を求め、裁判官から回答を得ることになる。

〈主観説得型進行〉

　塾や習い事の費用も請求したいという妻に対し、「割と高額な養育費を受け取るわけですから、その中でやりくりされてはどうですか」、「全額をご主人に求めるのは酷ですから、一部はご自身で負担されてはどうですか」と説得したり、支払いたくないという夫に対しては、「子どもさんがかわいそうなので、支払ってあげてはどうですか」等といきなり自分の主観で説得にかかる調停委員もいる。

〈誤情報型進行〉

> 中途半端に法的知識があったり、経験が長い調停委員にありがちなのが、間違った情報を当事者に伝えてしまうことである。たとえば、妻に対し、「そういった習い事は特別出費ではないので、算定表の金額以上に別途請求するのは難しいでしょうね」と述べたり、夫に対し「同居中に支払っていたものは、支払義務が発生します」と法律上の決定事項のように伝えてしまうケースである。

　調停委員は法律においても調停技法においても素人であることが多く、どうしても以上のようなことが起こってしまう（調停委員として採用された後、さまざまな研修が実施されるが、そう簡単に身に付く知識ではない）。調停委員が素人だからこそ、すべての案件に裁判官が割り当てられるのだが、調停の議論の中には数多くの論点や主張があり、そのすべてについて逐一時間を取り、調停の場にいない裁判官と評議をすることは不可能だ。そのため、〈誤情報型進行〉の事例のように、養育費の特別出費の議論が調停内であったとして、調停委員から「習い事は特別出費にはならないから請求できない」と言われた妻がそれを信じて要求を下げたとする。そういったやりとりがすべて期日メモに記載され、担当の裁判官の目に入るわけではなく、妻が塾や習い事の出費も求めたが、最終的には諦めたという結果だけが残るのである。そのため、結論に至った経過が把握できないため、裁判官としても修正のしようがない。もちろん、家庭裁判所にも、法的知識や調停技法に関する知識が十分にある調停委員もいる。しかし、家庭裁判所では多くの調停委員を採用する必要があり、大多数は定年退職後のセカンドキャリアや社会貢献の場として集まってくる面々であるため、どうしても高度な専門性を全体として維持することが困難である。

　ADRの調停人と家事調停委員の差について、筆者のこのような私見を述べると、法的知識の差は明らかであるとしても、調停技法については、ADRの調停人であったとしても、質の担保が難しいのではと疑問に感じる読者もいることと思う。この点、経験上感じるのは、調停技法はある程度「センス」も必要だということである。そのため、ADRの調停人を採用する際の工夫も必要になってくる。すなわち、当センターの調停人は自薦ではなく

他薦である。たとえば、すでに調停人である弁護士に推薦を依頼したり、筆者が個人的に知っている弁護士に声をかけるなど、極めて限定的にリクルートしている。こうすることで、すでに人となりや仕事っぷりが保証された候補者にお願いすることができるからだ。現在は、ADR の利用者が少ないため、このような少数精鋭の調停人で ADR を実施することができるが、今後、利用者が増えた場合、さまざまな ADR 機関が立ち上がり、質の高い調停人の確保も難しくなるかもしれない。そうなった場合、いかに研修体制を充実させ、質の高い調停を維持できるかが家庭裁判所との差別化という意味でも重要になってくると思われる。

(7) 利用者像

よく聞かれる質問に、「ADR はどのようなケースで利用が適しているか」というものがある。この質問に答えるのは簡単ではなく、さまざまなケースがあり得る。たとえば、「低葛藤な夫婦が多い」と答えると、「では、紛争性が高いケースは難しいのか」となるが、一概にそうでもない。たとえば、ひどい DV で相手の声を聞くだけで手が震えるという当事者もいたし、同席にした途端、言い争いが始まってしまう葛藤の高い当事者もいた。しかし、そうは言っても、ADR を利用する当事者には類似の特徴があるとも思われるため、まずは、当事者が何を求めて ADR を利用しているかを以下に紹介する。

- 離婚は合意しているが、法的知識がないので専門家を挟んで協議したい。
- 夫婦では合意できないが、穏便に解決したい。
- 早期に解決したい。
- 平日は仕事が休めないので、家庭裁判所は利用できない。
- 自分ひとりでは相手と対等に協議できないが、少し手助けがあれば自己主張できる。
- 別居のための協議がしたい（勝手に出て行ったと言われたくない）。
- 相手と同じ場所に行きたくない（オンラインで協議したい）。
- 少しでも多く得たいというより、法律どおりの解決を望んでいる。

　ここからわかるのは、早期解決・土日利用・オンラインなど、利便性を求めて ADR を利用する当事者が一定数いることである。また、徹底的に争って相手を打ち負かしたいというより、穏便に法律どおりの解決を図りたいという当事者も多い。

　こういった ADR 利用者のニーズを踏まえたうえで、筆者が考える ADR 利用者像を以下に述べる。

①　誠実に話し合いができる

　　「誠実」という言葉は実に曖昧であるが、ADR を利用するうえでは重要な要素である。たとえば、源泉徴収票や確定申告書といった収入資料や、預貯金通帳などの経済資料について、提出を依頼しても応じない当事者がいる。また、繰り返し期日をキャンセルしたり、不当に先延ばししようとする当事者もいる。多くの場合、当事者間ではこういった誠実な対応が期待できない場合でも、第三者が入ることで、ある程度望ましい対応が期待できる。ただ、一部の当事者は、第三者が入ったとしても期待される「誠実さ」を見せてくれないこともあり、そういった当事者を枠の緩い ADR で扱ってしまうと、他方当事者のデメリットが大きい。そのため、そういったケースでは、権威や強制力がある家庭裁判所の利用が適している。

②　合理的な自己決定ができる

　　ADR の調停人は公平中立であるため、一方当事者だけの味方はできない。たとえば、DV 被害を受けていた当事者が、「勝手に出て行ったのだから、財産分与は一円たりとも払わない」という夫の言うとおり、財産分与を諦めようとしているとする。それに対し、調停人は「今後のこともよく考えて結論を出してくださいね」といった促しはできるが、「今は恐怖心が強く、財産分与を諦めてでも早く離婚したいと思うかもしれませんが、将来の生活のためには大切なお金です。しっかりと法律どおりの 2 分の 1 を求めていきましょう」といったアドバイスはできない。そのため、自分で権利主張できなければいけない。また、うつ病や双極性障害といった心の病気やその病の治療のための投薬の影響で本来の自分らしい決定ができない人もいる。集中して考えることができな

かったり、意見が二転三転する人もいる。そういった当事者に対しては、一度、法律相談に出向くことや、代理人を付けるよう促すこともある。いずれにしても、自分自身で権利を守ったり、主張したりすることが難しい人は、ADR での解決はハードルが高い。

③　自分だけではなく相手の正当な権利も尊重できる

　自分の正当な権利を守ることと、自分の利益を最大化することは似ているようで大きく異なる。たとえば、財産分与の議論において、「自分の将来の生活を考えるとなるべく多く分与してほしい。しかし、そうは言っても相手にも生活があるし、○○○万円の分与でどうか」といった考え方と、「自分の将来が心配なので、1円でも多く分与してほしい」という主張は大きく異なる。相手のことはさておき、とにかく自分の利益を最大にしたい人は ADR ではなく裁判が適している。ADR を利用するのであれば、自分の権利や利益を守ることはもちろん必要であるが、相手の権利や利益を無視していては合意は難しい。相手が嫌いになって離婚するのであるから、相手のことはどうでもいいと考えるかもしれないが、相手のことを嫌うことと、相手の権利や利益を無視することは別問題である。ADR で協議をするにあたっては、相手のことが嫌いでも構わないが、双方の納得感を最大化するような協議姿勢が求められる。

　一方、家庭裁判所の調停を利用する当事者はどうであろうか。ADR を利用する層と重なる部分もあるが、法律的な判断が難しく、やってみなければ結果が予測されない論点がある案件や、結果は予測されていたとしても、その結果を突き付けられるまでやり切りたいというような紛争性が高い案件が

〈図3〉　ADR の利用者像

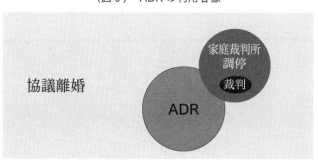

多いように思われる。また、親権や面会交流について争っていて、家庭裁判所調査官による調査が必要な際も、家庭裁判所の利用が必要である。

　こういったことを踏まえて、筆者のイメージする利用者像を図にすると、〈図 3 〉のようになる。ADR の利用者の多くは、協議離婚層である。現時点で、ADR 利用者は家庭裁判所の調停利用者より大幅に少ないが、協議離婚層に幅広く潜在的ニーズが見込まれると考えている。

第3節 ADRを利用した話し合いの特徴

1 同席調停か別席調停か

　離婚問題を扱うADR機関の多くが同席調停を採用している。一方、家庭裁判所の調停は、同席ができないわけではないが、基本的に別席で行われる。そのため、同席調停はADRを利用した話し合いの特徴といえるが、この「同席か別席か」の違いは、実は、話し合いの質や内容に大きな違いをもたらす。以下では、同席と別席とどちらが優れているという視点ではなく、いくつかの視点で両者の「差異」について述べる。

(1) 話しやすさ

　DVはもちろんのこと、当事者間の力関係に大きな差がある場合、同席調停だと萎縮してしまって言いたいことが言えない当事者がいる。この「話しづらさ」についての個人の感じ方はさまざまであり、調停人による決めつけは要注意である。同居中の夫婦であっても、別席調停を希望することがあるし、DV被害者が同席を希望することもある。中には、DVもモラハラもないけれど、相手が怖いという気持ちが先行し、顔を見るだけで冷や汗が出てくるという当事者もいる。こういった当事者にとって、相手の顔が見えず、声も聞こえない安心した環境で話ができることは大変重要であり、別席調停を選択することになる。

　一方、同席調停では、常に相手の顔が見え、声も聞こえる状態であるため、緊張感がある。話し合いの効率を考えたうえで同席調停を選ぶ当事者も多いが、相手の反応が気になったり、知らず知らずのうちに圧迫感を感じ、自分の本音を語れない当事者もいる。安心・安全な環境で話し合いができること

165

は、調停への満足感や調停結果に対する納得感につながる大切な部分であり、話し合いの構造の根幹でもある。そのため、当事者本人が同席でも大丈夫だと思っていても、話しづらさが見えるようであれば、調停人から「少しの間、別席で話してみましょうか」と促すことがあってもよいし、逆に、本人は別席を希望していても、状況によっては「一度、同席でお話し合いをしてみませんか」と問いかけてもよい。同席か別席を選択するのは当事者本人であるが、場面に応じて選択肢を示すのは調停人の仕事である。

(2)　終結までの時間

　別席で話をしている場合、それぞれが話した内容を調停人が伝えるという行程が入るため、同席よりも時間がかかる。また、別席の場合、相手が同席だと言えないようなこと、たとえば相手の悪口やこれまでのつらかったことなどを話す時間が増え、結果として話し合いが長引くことになる。過去の体験や相手への気持ちを調停人に話すことで当事者のカタルシスになるのであれば、時間がかかったとしても、一概に悪いこととは言えない。当事者の中には、相手には伝えられないけれど、調停人に話せた、理解してもらえたと感じることで、過去に終止符を打ち、前に進める人もいる。ただ、そういった発言は、調停人に自分の味方になってもらい、相手を説得してほしいという意味合いが強い場合もあり、話し合いに良い影響を及ぼさないことが多い。
　一方、同席の場合、伝言が不要であるため、それだけでも大きな時間短縮になる。また、相手を目の前にすると、かえって相手への不平・不満を口にすることが憚られるため、心情面より協議内容に直接的にかかわる発言が多くなる。そのため、結果として進行が早い。

(3)　真意の伝わりやすさ

　コミュニケーションは言葉だけではない。表情や口調など、いわゆる「話しっぷり」についてはその場にいないとわからないニュアンスが多い。そのため、同席調停のほうが圧倒的に相手の真意を理解するための情報が多い。たとえば、面会交流の話をしている際、別居親が子どもへの想いが募って涙する場面があったとする。この事実について、調停人より「○○さんは泣い

ておられましたよ」と伝えらえるのと、実際に涙する様子を見るのとでは、受け止め方が違ってくるだろう。筆者は、このような場面に何度か立ち会っているが、本当に言葉にならない思いがその場全体にじんわりと広がるのである。

　ただ、真意の伝わりやすさについては、ときに諸刃の刃となることもある。たとえば、先ほどの涙するような場面であれば、相手の真意が伝わることで、調停が円滑に進むことが予想される。しかし、一方当事者からきつい口調できつい言葉が発せられたような場合、他方当事者はそれを直接的に受け止めるしかない。たとえば、夫から妻に対し、「お前は家事・育児しかしてこなかったのだから、財産分与なんて求められる立場にないだろう」という言葉が発せられたとする。それを聞いた妻は、これまでの結婚生活における自分の役割や頑張りを否定されたような気持ちになり、つらくなったり、相手への感情がさらに悪化してしまう。もう離婚を決めているのであるから、さらに相手を憎む必要はなく、こういったやりとりは協議にプラスに働くことはない。この点、別席調停であれば、調停人がフィルターとなり、少し柔らかい言葉やニュアンスに換えて伝えることもできる。

⑷　齟齬や誤解の生じやすさ

　離婚協議の内容は、複雑多岐にわたる。たとえば、養育費の金額について協議している場合、当事者から語られるのは金額だけではなく、なぜその金額なのかという理由や主張に対する気持ちも併せて語られる。そのため、別席調停だったとしても、調停人は「一方は８万円を希望し、もう一方は５万円しか払えないと言っています」といった単純なことだけを伝えればよいのではない。逆に、当事者が語ることをすべて録音機のように記憶してそのまま伝えることは不可能なため、調停人は常に伝えることと伝えないことを取捨選択し、また、伝えることの中でも重みづけを繰り返している。しかし、その選択がいつも正しいとは限らない。伝えるべきことが落とされていたり、違うことを強調していたり、正しく意図が伝わらないことが往々にしてある。その結果、誤解が生じ、協議にマイナスに働くのである。

　一方、同席調停の場合、目の前で相手が話していることをすべてもれなく

聞くことになる。そのため、齟齬や誤解が生じにくい。

⑸　透明性

　別席調停の場合、相手と調停人がどのような話をしているのかが見えない。そのため、相手はきっと自分の悪口を調停人に言っているのではないか、調停人も相手に有利なことをアドバイスしているのではないかと不安になる。一方、同席調停は相手と調停人のやりとりがすべて見えているため、そういった疑心暗鬼に陥ることがなく透明性が高い。

⑹　理性度

　よく「同席だと喧嘩になるのでは」という質問を受けるが、声を荒げるような言い争いに発展することはほとんどない。その理由として、相手を目の前にすると、かえって不平不満が言いづらいということもあるが、「誰かが話している間は、黙って聞く」という簡単なルールを意識してもらうだけでも随分と違う。話し合いの雰囲気が悪くなるときというのは、相手が話しているのにそれを遮り、それに被せるように自分の主張を繰り返していることが多いものである。

　一方、別席調停の場合、上述のように、自分がどれほどつらい目に遭ったのか、そして相手がいかにひどい人間なのか、感情任せに語られることも少なくない。そのため、話し合いの理性度としては、同席調停のほうが圧倒的に高いと言える。感情的になるのが悪く、理性的であることが好ましいというわけではないが、調停人への言いつけ合いになってしまうことが多い。この言いつけ合いがなぜデメリットと言えるのだろうか。当事者にしてみれば、相手の悪口を調停人に聞いてもらい、共感してもらい、満足感を得るかもしれない。もしくは、いくら言いつけても調停人が理解してくれず怒り出すかもしれない。いずれにしても、調停人が問題を解決してくれるものと考え、自己解決の意識が低くなるだけなのである。

⑺　問題解決力

　同席の場合、調停委員から伝言されるのではなく、双方の意見が食い違っ

ていることが目の前で共有され、「さて、この問題をどうやって解決してい
くか」という雰囲気になりやすい。一方、別席だと調停人に「言いつけ」た
り、調停人に解決を求めたりしやすいが、同席だと調停人も含め、三者で一
つの問題を解決するという雰囲気になりやすい。

(8) 調停人に求められるスキル

　別席調停と同席調停は、それぞれに難しさがあるが、筆者の個人的な意見
としては、同席調停のほうが難しいと感じている。なぜなら、常に当事者双
方の目にさらされ、公平中立であることを求められるし、休憩する隙間もな
いからである。両方を経験した調停人ならわかると思うが、別席調停の場合、
話を聞いている相手のみに集中し、共感すればよい。しかし、同席の場合、
一方の話を聞きつつ、それを聞いている相手の様子を観察し、そして、自分
の聞き方や反応が双方からどう見られるかをも考える必要がある。常に公平
中立な立場でありながら、双方に共感を示すというのは簡単ではない。

(9) 同席調停が望ましいと考える理由

　上述のように、同席調停・別席調停それぞれにメリット・デメリットがあ
り、優劣をつけられるものではない。重要なのは、両方の選択肢が用意され、
当事者が自由に選べることである。しかし、筆者自身は、夫婦間協議におい
ては、相手を目の前にすると言いたいことが言えないという場合を除いて、
同席調停が望ましいと考えている。特に、夫婦間に未成年の子どもがいる場
合はなおさらである。離婚しようとする相手であるため、少なからず、嫌悪
感があるのは当たり前であるが、子どもがいる場合、離婚後も最低限のコ
ミュニケーションをとる必要があり、常に第三者が入るわけにはいかない。
また、子どもがいなかったとしても、自分たちの力で合意にこぎつけるとい
う体験がお互いの納得につながり、離婚後の再スタートをスムーズにさせる
と考えるからである。

2　オンライン調停か対面調停か

　コロナ禍以降、家庭裁判所でもオンライン調停が進められているところではあるが、まだまだ少なく、その点ではオンライン調停は ADR の特徴とも言える。別席・同席と同様、対面調停とオンライン調停にもそれぞれに特徴があるため以下に述べる。

(1)　相手との直面性

　オンラインの同席調停だと、相手の顔が画面に映されており、否が応でも直面させられる。相手の顔が見えても構わない、自分の顔が見られても構わないという当事者もいるが、中には、協議の効率性を考えて同席調停を選択したものの、できれば相手と真正面から向き合いたくないという当事者もいる。意識的なのか無意識なのか不明だが、カメラの位置がややずれていて口元が見えなかったり、画面全体が暗くて表情が見えにくいこともある。オンラインの同席調停は、相手と空間を共有しないという意味では気持ちが楽だが、相手と直面せざるを得ないという側面もある。

　一方、対面の同席調停の場合、互いに座る席の位置関係を工夫すれば、直面せずにすむ。たとえば、当事者が横並びに座り、その向かいに調停人が座ったとする。そうすると、当事者同士は横に存在を感じはするものの、顔を見ずに済む。また、互いが調停人に対して話す構造となり、当事者同士が言い合いになるというリスクも下がる。そのほか、90度の位置に座ると横顔が見えることになり、向いに座ったとしても位置をずらせば斜め前に座っていることになる。こういった位置関係は、小さなことのように思えるが、話し合いの構造を設計するうえで重要な役割を果たしている。

(2)　協議の場の環境

　対面調停の際、調停室として準備される部屋は、話し合うことに最適な状況になっている。たとえば、気が散るようなものは置いていないが、気持ちが和らぐように絵画がかけられていたり、花や観葉植物が飾られていたりす

る。また、協議に関係のない他人の話し声が聞こえてきたり、生活雑音が入ることもない。離婚協議は、気持ちの問題だけではなく、冷静に金銭の話もしなければならないため、集中して話し合える環境が整っていることは重要なポイントである。

　一方、オンライン調停の場合、協議の環境づくりは当事者に委ねられている。多くの場合、自宅からオンライン調停に参加するため、リビングや自分の書斎などが協議の場となる。見慣れた景色の中から調停に参加する安心感がある一方で、途中でインターホンが鳴ったり、子どもに話しかけられることもあったりと、集中して参加できないことがある。

⑶　透明性

　相手と調停人のやりとりが見えているか否かは、調停における透明性の最たる指標である。そのため、オンライン調停であっても、対面調停であっても、同席調停であれば、相手と調停人のやりとりはすべて目の前で行われるため、透明性が確保されていると言える。

　一方で、調停を実施するうえでいくつかのルールがある。たとえば、調停に出席できるのは当事者本人および代理人弁護士のみ（例外として相手の同意も得られれば親族の同席が認められる場合もあるが）であるとか、調停中の録音や録画は禁止といったルールである。こういったルールが守られているかどうかも協議の透明性の指標となり得る。

　この点、オンライン調停だと、同じ部屋に誰かがいたとしても、画面に映ってさえいなければわからない。また、録音や録画についても、オンライン調停のほうが簡単にルールを破ることができる。一方、対面調停は相手がどのような状況で協議に臨んでいるかについては透明性が高く、協議全体への信頼性にもつながる。

⑷　手軽さ

　人生の節目ともいえる大切な離婚協議において、「手軽さ」という指標は適切でないように思われるかもしれない。しかし、大切な話し合いの場であるからこそ、手軽に行えることが大切である。たとえば、調停に参加するた

めの移動時間を比べてみると、明らかにオンライン調停のほうが手軽である
と言える。対面調停となれば、調停場所までの移動時間が必要になる。たと
えば、家庭裁判所の調停の場合、都市部であれば1時間もあれば最寄りの家
庭裁判所に到着することができる。しかし、都市部を離れるとそうとは限ら
ない。極端な例ではあるが、以前、北海道に住む当事者が「冬場は雪の影響
もあり、最寄りの家庭裁判所まで車で5時間かかる」と話していた。ここま
で極端ではなかったとしても、往復にかかる時間を考えると、半日仕事にな
ることがほとんどである。

　さらに言うと、すでに別居していて、どちらかが遠方の実家に帰っている
ような場合、対面調停を実現させるためにはどちらか一方の時間的・費用的
負担が非常に大きくなる。日本国内ではなく、海外駐在中の離婚であれば、
一方もしくは双方が海外に居住しているため、そもそも対面調停は不可能で
ある。

　一方、オンライン調停の場合、1〜2時間の時間休を取れば、調停に参加
できてしまう。人生の一大事であるため、隙間時間に話し合うようなもので
はないが、実際に、昼休みの前後に1時間の時間休をとり、オンライン調停
に参加した当事者もいた。

(5)　距離感

　先ほど、「直面性」の説明の際、対面調停は座る位置を工夫することによっ
て、相手と直面しなくて済むが、オンラインの場合は相手の顔を正面から見
ざるを得ないと述べた。この「直面性」と似て非なる指標が相手との「距離
感」である。

　たとえば、DV被害者の場合、相手が万が一激高したとしても、手が届か
ない場所にいられるのは大きな安心感につながる。また、すでに別居してい
る夫婦にとっては、離婚協議の際に同じ場所にいるのは苦痛に感じられたり
する。相手とオンライン上で向き合うことはできても、同じ空間には存在し
たくないという当事者は少なくない。大切な話をするのだから、齟齬や誤解
が生じないよう同席で話したほうがよいと思うものの、離婚する相手と近く
にいたくない心情は当然であり、オンライン同席調停は離婚協議に最適であ

ると筆者は感じている。

(6)　秘匿性

DV 等が理由で一方当事者が住所を秘匿している場合、対面調停を基本にしている家庭裁判所の調停だと待合室を別階にしたり、開始時間や終了時間をずらすなどの工夫をしている。しかし、いつごろ家庭裁判所にいるかがわかっているので、DV 加害者が調査員などの第三者に依頼し、被害者の後をつけさせたとすると、居所が発覚してしまう。民間の ADR 機関の場合、さらにセキュリティ面では脆弱であり、住所を秘匿している当事者の対面調停は困難である。この点オンライン調停であれば、後をつけられる心配は皆無であり、居所が発覚するおそれもない。

3　対話促進型調停

すべての ADR 機関が対話促進型調停を実施しているわけではないが、多くは、当事者双方の言葉（対話）を引き出し、自己決定に至る支援をするようなかかわりを基本とする調停スタイルを採用していることと思う。当センターでも、「良い解決」とは、当事者双方が十分に自分の意見を述べ、そして相手の言い分も聞き、互いの相違点を知ることが前提であると考えている。この過程は、まさに双方の対話を促進することである。その結果、残念ながら合意に至らないこともあるが、無理に合意する必要はない。合意しないことを自分で決定することも、対話促進型調停の一つのゴールであると考えている。そうした対話促進型調停の対極にあるのが裁定型調停や評価型調停といった調停人が中心となって進めていく調停のスタイルである。

こうした調停のスタイルの差は、必ずしも明確に使い分けられるものではないし、当事者のタイプや協議の場面によって使い分けることもあるかもしれない。対話促進型調停については、第 1 章第 4 節にて詳細に記述済みであるため、以下では、具体的な調停の場面で対話促進型調停がどのように進行するのか述べることとする。

(1)　当事者の主張をより良く聞く

　当事者の対話を促進するには、まずは双方の「声」を引き出すことが大切である。たとえば、養育費をめぐる以下のようなやり取りを考えてみる。

調停人：○○（妻）さんとしましては、養育費はいくらをお求めになりたいですか。

妻：7 万円はほしいと思っています。やはり子どもにもお金がかかるので……。

夫：僕は 5 万円が妥当だと思っています。現時点でどのくらいかかっているか計算してみたところ、5 万円くらいでした。なので、5 万円で足りると思っています。それに、算定表でも 5 万円となっていたので、それでいいのではないでしょうか。

　このように、養育費の金額について双方の意見が異なるのはよくあることであり、夫が述べている算定表という基準が強い根拠になることも多い。そのため、調停人には「現状は 5 万円で足りていて、加えて算定表上も 5 万円なのであれば、5 万円でよいのではないか」という考えが浮かび、それに沿って妻を説得したくなる。しかし、対話促進型調停では、調停人がそういった判断や説得はしない。

調停人：○○さんはお子さんの日々の生活には色々とお金がかかるので、7 万円ほど必要というご主張ですね。一方、△△（夫）さんは、現状や算定表で考えると 5 万円が妥当とのお考えでした。お互いに何か付け加えてお話になりたいことはありますか。

妻：私も子どもにかかっている費用を計算してみたところ、月額 5 万円くらいでした。なので、夫が主張している金額で足ります。でも、来年には、高校生になります。予定どおり学区内の高校に進学した場合、部活動がとても盛んな学校で、遠征費や道具代など、かなりかかると聞いています。

調停人：そういったご事情だったのですね。ちなみに、お子さんは何か
　　　　スポーツなどやっていらっしゃるのですか。

妻：野球をやっています。高校で野球部に入るとなると、スパイクやグ
　　ローブなどを新調することになります。強いチームなので、毎週の
　　ように遠征して練習試合もあります。息子には、ひとり親家庭だか
　　らって恥ずかしい思いはさせたくないし、我慢せずに好きなことを
　　やってもらいたいと思っています。もちろん、自分もパートを増や
　　そうとは思っていますが、高校になれば部活だけではなく塾にも行
　　くでしょうし、私一人の力では無理です。

調停人：お子さんは野球をやっていらっしゃって、遠征費等もかかるし、
　　　　将来的には塾に費用もかかってくるだろうということなのですね。
　　　　そういった費用をパート代で全てまかなうのはしんどいと。△△さ
　　　　ん、何かご意見ありますでしょうか。

夫：確かに高校に入れば、今とは違うお金がかかってくるとは思います
　　が、本当にいくらかかるかはわからないので、そのときになってま
　　た話し合えばいいのではないでしょうか。

調停人：なるほどですね。△△さんとしては、来年お子さんが高校に進
　　　　学して、いくらかかるかわかった時点で増額の要否について話し合
　　　　えば足りるのではというご意見ですね。

妻：夫の言っている理屈はわかりますが、来年早々にまた二人で協議す
　　るというのはしんどいです。だったら、今急いで決めるのではなく
　　て、離婚時期を遅らせて、子どもが高校に入ってから離婚協議でも
　　いいと思います。

調停人：○○さんとしては、高校進学を目の前にしていて、今より余分
　　　　にお金がかかることが予想できているのに、現状での養育費を取り
　　　　決めるのはどうか、というご意見ですね。それであれば、離婚協議
　　　　自体を遅らせるということですね。

妻：はい、そうです。わたしは別に離婚を急いでいるわけではないので。

夫：いやいや、すでに別居していて、ここまで話が進んでいるわけです
　　から、やはり僕は早く離婚したい気持ちが強いです。

> 調停人：離婚時期についても、○○さんは急がない、△△さんは急ぎた
> 　　　　いということで、ご意見が少し違うわけですね。
>
> 妻：そもそも、夫は勝手だと思います。夫からは、仕事はしなくてもい
> 　　いから、子どもが帰宅する時間は家にいてほしいと言われていまし
> 　　た。ですので、私は専業主婦になって子育てに専念しました。それ
> 　　なのに、急に離婚してほしいと言われて、養育費も必要最低限しか
> 　　出さないというのはどうなのでしょうか。夫にはこれまでの言動へ
> 　　の責任と、これからの子どもへの責任を取ってもらいたいとう気持
> 　　ちがあります。
>
> 調停人：○○さんとしては、養育費を考えるうえで、離婚協議に至る経
> 　　　　過も含めて△△さんにお父さんとして責任を持ってもらいたいとい
> 　　　　うお気持ちがあるのですね。△△さんは何かご意見ありますか。
>
> 夫：確かに私のほうが積極的に離婚を希望していますが、妻ももう夫婦
> 　　としてやっていけないことは理解していると思います。それに、私
> 　　が離婚を希望するのにはそれなりに理由があり、一方的に離婚した
> 　　いのであれば条件を上げろと言われても困ります。

　以上のように、養育費の金額の話から、離婚そのものに対する双方のスタンスの違いや納得度の違いが明らかになってきた。考え方によっては、議論が拡散し、本筋から離れていっているようにも思われる。しかし、このような妻の「離婚そのものに完全には納得していない」、「自分に仕事を辞めさせた責任、父親としての責任を果たしてほしい」という気持ちに蓋をしたままでは良い解決にならないし、そもそもどこかの議論の中でいずれ顔を出す不満のようにも思われる。当事者が最初に発した一言は、氷山の一角であることが多い。当事者の話を深めていく中で、対話に必要な情報（当事者の真意等）が見えてくるのである。

　また、当事者の意見を広げていくことで、誤解が解けたり、理解が深まったりすることもある。以下の面会交流に関する当事者同士のやりとりを見てほしい。

夫：可能であれば好きなときに会いたいし、子どもとの連絡も自由にとらせてほしい。

妻：それは難しいです。子どもにも生活があるし、面会交流でそれを乱されるのは困るわ。

夫：それはないだろう。君が離婚したいというから、子どもと住めなくなるのは寂しいけれど、何とか自分を納得させようとしているのに。そんなことを言われたら、離婚に応じた途端、会わせてもらえなくなるのではと心配になるよ。子どもの生活と言うけれど、父親と会うより大切なことなんてあるのか。

妻：またそうやって、子どもに会わせないなら離婚に応じないみたいに脅してくるのをやめてほしいの。あなたはいつもそうやって脅して私を押さえつけるのよね。それが嫌だから離婚したいのよ。

夫：子どもと会いたいと言っているだけで、なぜ脅しになるんだ。君はいつも都合が悪くなるとヒステリックになる。もっと理論的に説明してくれよ。

妻：その理論的というのが嫌なのよ！

　いかがだろうか。夫婦ともに言いたいことを言っているが、決してこれは対話が促進されているわけではない。互いに自分の主張しているだけであり、「対話」ではない。では、こうした話し合いに調停人が入るとどうだろうか。

夫：可能であれば好きなときに会いたいし、子どもとの連絡も自由にとらせてほしい。

妻：それは難しいです。子どもにも生活があるし、面会交流でそれを乱されるのは困るわ。

調停人：△△さん、好きなときに会いたいというのは具体的にどんな面会交流を希望されているのでしょうか。

夫：毎月1回、第〇土曜日のような決め方をされてしまうと、自分も子どもも窮屈だと思うので、予定が空いているときに、連絡を取り

　　合って会えればいいかなと。

調停人：今のイメージだと、回数はどのくらいを想定していますか。

相手方夫：私も仕事があるし、子どもも習い事で忙しいから、そんなに
　　　　頻繁に主張するつもりはありません。たとえば、月1回程度でもい
　　　　いから、「来週、空いてるか」と子どもに連絡をとって、空いてい
　　　　るようであれば、一緒に出掛ける程度で構わないです。

調停人：ありがとうございました。△△さんがイメージする面会交流が
　　　　よくわかりました。では、○○さんは、お子さんの生活も大切にし
　　　　たいと仰っておられましたが、どういった面会交流をご希望でしょ
　　　　うか。

申立人妻：夫が今言ったような内容で頻度としては問題ないと思います。
　　　　ただ、「来週、空いているか」では予定が立たないので、少なくと
　　　　も2週間前には連絡してほしいです。

　このように、調停人が入って夫の発言を広げていくことで、妻の理解も促
進され、対話が生まれる。対話が進むと、双方の意見の相違がどこにあるの
かがわかり、実は大きな相違がなかったという場合もある。

　「対話の促進」というのは、実はとても難しいことだと感じている。筆者
の個人的な解釈であるが、対話というのは、相互理解や協議の進行に資する
会話のことであり、とにかく多く話してもらえばいいとか、当事者が話し切
るまで聞き続ければよいというものではないと考えている。話しすぎる当事
者には少し我慢してもらう場面もあるだろうし、当事者双方が話すボリュー
ムにも不平等感がないよう配慮が必要だ。ADRは有料であるため、コスト
意識も求められる。こういった配慮を欠くと、「相手が言いたいことをずっ
と聞かされた。調停をすることで、問題の整理を期待していたのに、これで
は二人での話し合いと何ら変わりがない」という不満や「言いたいことを言っ
てすっきりしたが、それだけで1期日終わってしまった。何も問題は解決し
ておらず、コスパが悪い。友人に愚痴を聞いてもらっているのと変わりがな
い」といった不満につながる。そのため、対話を促進するという調停技術は、
どこまで学んでも完成することのない高度な技術であると感じている。

(2)　意見の調整の方法

　双方の意見が出たところで、次に待っているのが意見の調整であり、ここが一番難しいポイントでもある。ADR を利用する当事者の中には、「法律的な基準を示してくれれば、それで合意する」という人もいるが、多くは、双方の主張に相違があり、その相違を二人では埋めることができないため、調停を利用している。そのため、主張に相違があることは大前提であり、そこをどう解決していくかという作業を調停人もまじえて行っていくことになる。先ほどの養育費のケースでは、どう解決することができるだろうか。

> 調停人：お二人それぞれにここに至るお気持ちも含めて聞かせていただきありがとうございます。そういったお気持ちを聞かせていただいたところで、養育費の問題をどう解決していくかについて、引き続きご相談をしたいと思うのですが、現在、○○さんは、高校入学も見越した金額で合意したい、金額がわからないから合意できないというのであれば、離婚時期を高校入学時期に合わせてはどうかというご提案でした。一方、△△さんは、現時点での状況に合わせて金額を決め、高校入学後に再協議すればよい、とのご意見でした。
>
> 　お二人のこのご意見を踏まえまして、お二人ともが納得のいく決め方があればと思うのですがいかがでしょうか。
>
> 妻：私はやはり、今決めて、１年後の再協議というのは納得できないので、それであれば離婚自体を１年後にしたいです。
>
> 調停人：△△さんは離婚時期についてはどうお考えでしょうか。
>
> 夫：僕はやはり早く離婚したいので、この場で養育費を決めてしまいたい気持ちが強いです。別に、払わないと言っているわけではないので。
>
> 調停人：たとえば、現在は５万円で決めておいて、高校入学時には７万円に増額することを現時点で決めておくというのはいかがでしょうか。○○さんとしては、離婚時期については現時点でということになりますが、再協議せずに７万円に増額されることになります。ま

> た、△△さんとしましては、現時点の予測で7万円と決めることに
> なりますが、離婚時期はご希望の時期ということになります。

　ここで調停人がしたことは、「第三の案」の提案である。こうした案が当
事者から出てくることもあれば、こうして調停人が提案してもよい。3人で
知恵を絞りあって、双方の納得指数が最大になるような案を模索するのであ
る。ただ、こうした案を調停人が示したとしても、当事者がそれに合意する
必要はない。「目の前にあるこの問題をどう解決するか」という視点で協働
することが肝心である。この作業は、別席調停だと難しく、やはり同席調停
だからこそ可能であると言える。

⑶　自己決定支援

　双方の意見が出尽くし、その意見をもとに「こういう合意はどうだろうか」
という合意案ができたところで、最後に待っているのが当事者による自己決
定である。対話促進型調停は、当事者双方をエンパワメントし、自ら主体的
に問題解決する姿勢を引き出す手続である。そのため、調停人は指示的だっ
たり誘導的だったりせず、判断も行わない。もちろん、議論が行き詰まった
際、「法律上は○○の解決になる」という情報提供や、双方の意見を聞いた
うえで、「△△の解決はどうか」といった案を提供することはある。しかし、
法的知識のある弁護士調停人の意見だから聞かなければいけないわけでもな
いし、その案で合意するかどうかはあくまで当事者の判断である。その点を
当事者に説明し、自分で決定してもらうことが大切である。
　最終的には自己判断するという過程こそが当事者の納得や、合意後の継続
的な履行につながると考える。

4　多様性を重視した柔軟な対応

　ADRの特徴の一つに「柔軟さ」がある。当たり前ながら、家族は千差万
別である。夫婦や子どもの年齢や性格、そして婚姻期間の長さや離婚理由に
よって、解決に必要なツールは一様ではない。どうしたってそうした多様性

への対応が欠かせず、法律的な議論だけではよい解決は期待できない。

　一方、家庭裁判所の調停においては、あくまで建前は当事者の合意によって成立する調停の形式はとっているが、「養育費は算定表」、「財産分与は2分の1ずつ」といった法律の基準がまず始めにあり、その基準に沿って双方の主張が展開される。また、話し合いの構造についても、当事者による別席調停が基本であり、代理人弁護士以外の同席は基本的には認められていないし、当事者本人が参加しての同席調停もごくまれである。こういった差異が調停への満足度や納得度に影響を与えることも多い。

　以下では、手続上および合意内容の2点について、どのような柔軟性を発揮することができるのか、検討する。

(1)　手続上の柔軟性

(ア)　第三者の同席

　話し合いに代理人弁護士以外の第三者を同席させたいという希望が出されることがある。筆者の前職は裁判所職員であるため、当事者から何か希望が出た場合、ついつい裁判所のルールに沿って考えてしまいそうになるが、同席希望についても、当事者の希望に沿うことで何か困ったことが起こるのか突き詰める必要があると考えている。

　たとえば、親族の同席はどうであろうか。原則的には、親族の同席はマイナスに働くことが多く、余計に紛争性が高まったり、当事者の主体性が薄まったりする。しかし、うつ病の妻が自分だけの判断では不安だという理由で両親の同席を希望していたとする。夫にとっても、話が進むのであれば、妻の両親がいてくれたほうがよいということは十分に考えられる。また、過去に両親の離婚に成人した長女が同席したいと希望したケースもあった。長女は、長らく父の精神的DVに苦しんだ母側の同席者としての参加を希望していたが、母の味方として加勢したいという趣旨ではなく、これまで母を苦しめてきた父ではあるが、自分にとっては大切な両親であり、その両親がどのようにけじめをつけるのか見届けたい、そんな気持ちで同席を希望していた。このようなケースの場合、円滑な協議に資するか否かという視点を超えて、その家族全体の幸せを考えるような視点が必要である。取り扱う件数が

多くなればなるほど、イレギュラーな対応が手間になり、一律なルールをつくりたくなる。確かに、原則としてのルールは必要であるが、当事者の気持ちに寄り添う手続を忘れないようにしたい。

(イ)　調停人の多様性

次に、手続を実施する調停人の多様性についても触れたい。当センターでは、ごくまれに、決められた資格を持つ調停人のほかに、専門家が同席することがある。たとえば、面会交流について深く話し合いたい当事者の調停で、議論が行き詰まった際、子の福祉に関する専門家に、当事者の了解を得て、同席を依頼したこともあった。また、参加者が複数人いた親族間紛争の案件で、スムーズな進行のために調停技法の専門家に依頼したこともあった。こうした専門家の力を借りることで、これまで行き詰まっていた議論が前に進んだり、より良い解決に結びつくことが期待できる。

この点、家庭裁判所の調停においても、医務室技官といって精神科医が同席することがある。たとえば、精神的に不安定な当事者の支援のためであったり、試行的面会交流中の子どもの様子を見守るためなど、目的はさまざまである。しかし、その他の専門家の同席が認められることはまずないだろう。

(ウ)　対面調停中のブレイクタイム

加えて、手続の柔軟性というほどのことでもないが、対面調停の際、途中でブレイクタイムをつくり、コーヒーを飲んで休憩したこともあった。財産分与や養育費について、頭から湯気が出そうな話し合いが続くのは、専門家ではない当事者にとってはしんどいことがある。また、議論が尽くされて、さあ決断のときという場面で、一呼吸置きたいこともある。調停はお決まりの流れをつくるのではなく、当事者の状況を観察しながら進めたいものである。

(2)　合意内容に関する柔軟性

合意の内容に関しても、公序良俗に反しない限り、法律にとらわれない解決も可能である。たとえば、養育費や財産分与といった金銭的な合意だけではなく、当事者が重要だと感じていることを条項化していくこともある。

ある人は、離婚の条件として、両親には離婚したことを言わないでほしい

と希望した。高齢の両親に心配させたくないという気持ちがあったのである。また、ある夫婦は、ペットの面会交流について協議した。夫婦にとって、ペットは子どもと同様に大切な家族だったのである。

　こういった事項は、守らなかったからといって、何かペナルティがあるわけではない。しかし、当事者の気持ちを忠実に反映した合意書を作成することは非常に重要なのである。

　もちろん、養育費や面会交流といった条項についても、算定表に沿った金額でなくても問題はないし、面会交流の取り決め内容もさまざまである。

第 4 節　ODR

1　ODR とは

　ODR（Online Dispute Resolution）というと、読者はどのようなサービスをイメージするだろうか。ADR のオンライン版ということで、zoom 等の web 会議システムを利用した調停などを思い浮かべる読者も多いのではないだろうか。確かに、そのような調停の方法も ODR と言えるが、ICT 技術を使って紛争解決手続を行うことすべてが ODR であると言える。

　そのため、単に顕在化した紛争を個別的に解決するフェーズのみではなく、情報提供から訴訟に至るまでの各フェーズにおいて ODR を実装することができる。ODR は、単に ADR をオンライン化したものではなく、もっと広い範囲を射程にしていると言ってよい。詳しくは諸外国の例を参考に説明することとするが、読者が考えているよりも、より広い範囲で ODR を活用できることを伝えておきたい。

　ODR の意義は、ICT 技術を活用することによって、これまで法的サービスを受けられなかった人たちにサービスを提供することや、サービスを利用する人の利便性を高めることにある。しかし、日本では、まだまだ ODR は始まったばかりであり、ODR の意味や意義を述べたとしてもイメージがしにくいと思われるため、以下では先行している諸外国の取組みを紹介したい。

2　アメリカの ODR

⑴　EC サイトでの利用者同士のトラブル解決

　読者は ebay（イーベイ）という EC サイトを運営するアメリカの企業をご

存知だろうか。同社が運営するインターネットオークションサイトは、世界
最多の利用者数を誇る。そして、そのオークションサイト上で発生する利用
者同士のトラブルを解決するためにつくられた「Resolution センター」が
ODR のルーツとも言われている。

　通常の EC サイトであれば、売り手の多くは企業であり、扱われる商品も
新品であるが、オークションサイトでは、売り手も買い手も個人であり、売
買される商品の多くは中古品である。そのため、数多くのトラブルが発生し
ていたと思われる。そのトラブルの一つひとつを企業側が丁寧に解決するに
はコストがかかりすぎるし、だからといって放置していては顧客が離れて
いってしまう。一方、顧客側にとっては、弁護士に依頼して解決するほどの
ことでもなく（訴訟額が少額であるため、弁護士費用のほうが高額になる）、結
果的に泣き寝入りするしかない現状があったと思われる。そのような状況を
打開するためにつくられたのが Resolution センターである。

　同センターの調査によると、何らトラブルがなかった顧客より、同セン
ターでトラブルを解決した顧客のほうが、客単価が高いとの調査結果があり、
ODR として大成功していることがわかる。想像するに、トラブル解決の質
が高かったことにより、安心して次のより高額な買い物へと進むことができ
たのだと思われる。

⑵　離婚テック

　また、離婚に関しても、アメリカは ODR が進んでいる。アメリカは日本
のように協議離婚制度がない。そのため、離婚届を役所に提出すれば離婚が
成立するということはなく、裁判所を通して離婚をするしかない。そのため、
離婚のために必要な書類が多く、手続が複雑である。また、離婚をするには
平均的に200万円程度が必要と言われており、金銭面にもダメージが大きい。
そういった問題に注目し、ここ数年の間にいわゆる「離婚テック（離婚とテ
クノロジーを掛け合わせた造語）」業界が発展している。たとえば、裁判所に
提出が必要な書類を提示したり、書類作成を補助するようなサイトがある。
サイト上の質問事項に入力していくと、最終的に書面が完成するようになっ
ていたり、入力の際にわからないことがあれば、チャット等で質問できるよ

うにもなっている。

　裁判所のホームページにも必要書類の書式や記載要領は掲載されていることが多いが、質問事項に沿って入力していくだけででき上がるのとは違い、一定の負担感がある。

　アメリカには、こういった書類作成をサポートするサービスが複数あり、専門家への質問の可否や、作成が完了した書類に対する法律家のチェックの有無等によって金額が異なる。中には、月額料金で利用するサブスクサービスもあり、利用者にとっては選択肢が多い。こういった書類作成のためのサービスは、多くは数万円、中には数十万円かかるものもある。日本では、簡単な離婚届を一枚提出すれば離婚が成立するため、我々の感覚では離婚書類を作成するために高額な料金を支払うことに違和感がある。しかし、協議離婚制度のないアメリカでは、数万円支払ったとしても、間違いのない離婚書類を手軽に作成できることは魅力的なのであろう。

⑶　メディエーション

　また、ADRのオンライン版として理解しやすいのが「WEVORCE」である。同サービスは、オンライン上でメディエーションサービスを提供しているため、まさにADRのODR版といえる。サービス内容は当事者双方がサイトに登録し、合意のためのソフトを使ったり、private judgeと呼ばれる調停人と電話やオンライン上で面談しながら、子どもの養育計画などについて合意していく。

　同サイトにアクセスすると、まず目に入るのが「Private. Peaceful. Personal」の文字である。そして、「Skip the Courthouse, keep the kindness」と続く。裁判ともなれば、公開の場で争うことになる。しかし、夫婦間の問題は、裁判という方法ではなく、穏やかな解決をめざそうというメッセージと言える。サイト内には、平和的・癒し・敬意・幸せといった言葉が散りばめられていて、一般的な離婚のイメージとはかけ離れている。専門家の仲介を得て、むやみに争わず、迅速に離婚を進めることが幸せにつながることが前向きなメッセージとして伝えられている。

　また、夫婦が離婚した後も、子どもの親として円滑に関係を継続していく

ためのツールも増えている。ご存知のとおり、アメリカは離婚後も共同親権
の国であるため、日本のように、月に一回程度の面会交流と異なり、離婚後
も子どもの養育に関して、さまざまなやりとりが発生する。そのため、面会
交流や養育費のやり取りが可能なアプリなどの開発が進んでいる。単にアプ
リ上で面会交流の日程調整ができるだけでなく、面会にかかる費用を管理し
たり、もめた場合に弁護士に相談する機能もある。また、相手を攻撃するよ
うな不適切なメッセージを送ろうとすると、警告が発せられたりもする。そ
れでも問題が解決できない場合は、アプリ上で ADR 機能を利用することも
できる。こういったツールは、離婚後の元夫婦間のストレスや手間を軽減す
るツールであるが、父母が冷静にやり取りができることは、子どもにとって
も大きなメリットであると言える。

⑷　裁判所の ODR

　ここまで紹介したのは民間機関による ODR であるが、欧米諸国では、裁
判所でも ODR が積極的に進められている。特に、少額訴訟分野では、より
簡易に迅速に手続が進められるような制度設計が試行錯誤のうえでつくられ
ている。

3　日本の ODR

　上述のように、欧米では官民問わず ODR が進められているが、日本でも
諸外国に遅ればせながらではあるが、ODR を進めるための検討がなされて
いる。成長戦略フォローアップ（2020年、令和 2 年 7 月17日閣議決定）では、
「ODR の推進に向け、民間 ADR に対する執行力の付与や認証 ADR 事業者
の守秘義務強化等の認証制度の見直しの要否を含めた検討を進める」とされ
た[12]。
　それを受け、法務省により ODR 推進検討会が設置され、令和 4 年 3 月に
は「ODR の推進に関する基本方針〜 ODR を国民の身近なものとするため

12　前掲（注10）〈https://www.kantei.go.jp/jp/singi/keizaisaisei/pdf/fu2020.pdf〉。

のアクション・プラン〜」が公表された[13]。同方針では、短期目標として一人でも多くの国民にODRを周知・利用してもらうため、ODR推進の基盤を整備することが掲げられている。また、少しずつではあるが、民間主導でODRやICTを利用した離婚関連のサービスが増えてきている。まず、コロナ禍以降、一番顕著な変化がzoomやwebexなどのオンライン会議システムを利用したADRである。オンライン調停は、既存のスキームの中で、調停の方法をオンラインにするだけであるため、比較的導入のスピードも速かった。これだけでも、外出ができない人や、離れて暮らす夫婦にとっては司法へのアクセスの道が開かれたことになる。また、上述したように、離婚協議はオンラインとの相性がよく、ほどよい心理的距離感を保った状態で同席調停が可能な点が魅力でもある。加えて、昨今は、プラットフォーム型ODRも増えているため、以下で紹介する。

(1)　ICTを利用した情報提供

　読者にとっては、情報提供の段階がODRの範囲に入ることがイメージしにくいかもしれないが、紛争（問題）を解決するためにまず何をするか考えてほしい。おそらく、ほとんどの人がいきなり裁判所を利用するのではなく、何等かの方法で情報収集するものと思われる。そういった意味では、紛争解決に必要な情報を提供することは、ODRの入口の役割を果たすものであり、以下、ICTを使った情報提供を紹介する。

①　Re:con（リコン）

　　株式会社WonderSpaceが開発した「Re:con（リコン）」（アプリ上ではでRe:con）は公式LINE上で離婚に関するさまざまな情報を提供している。たとえば、離婚の際に必要な書類について、協議離婚・調停離婚・裁判離婚など、離婚の種類を選ぶと必要書類のチェックリストが画面上に表示される。また、養育費・婚姻費用シミュレーターでは、子どもの人数や双方の年収を入れることによって、養育費の目安が自動計算される。ホームページによる情報提供とは異なり、より簡易で感覚的な操作

13　法務省〈https://www.moj.go.jp/content/001370368.pdf〉。

で必要な情報を得られるように工夫されている。加えて、チャットでの相談機能があったり、専門家の紹介や動画配信など、複合的な情報提供ツールとなっている。

②　リコ活

　株式会社リライフテクノロジーが提供する離婚情報サイト「リコ活」は、弁護士やカウンセラーといった専門家の紹介サイトであるが、単に紹介するのではなく、「離婚カルテ」を利用者に入力してもらうことで、より適した専門家とのマッチングを目指している。また、コラムも充実していて、離婚に関するさまざまな情報を提供している。

(2)　ICT を利用した ADR

まさに ADR のオンラインバージョンであるのが ICT を活用した ADR である。ADR とは、何らかの具体的な紛争に対して、和解あっせん・調停・仲裁といった手法で間に入って解決することをさすが、その行為を ICT 技術を使って行うものを以下に紹介する。

①　Teuchi

　ミドルマン株式会社が提供する「Teuchi」はチャットで離婚協議を行うサービスを提供している。夫婦の一方が同サービスに申し込むと、相手方にメールもしくは郵送にて申込みがあったことが連絡される。相手方も参加の意思を示した場合、チャット機能を使って一定期間内に条件の調整が行われる。調整の際、プランによっては調停人に調停案を示してもらうことも可能だ。そのほか、サイト上で養育費計算ツールや離婚届の記載方法等も提供しており、情報提供も行っている。

　このサービスについては、「離婚は人の感情が絡み合う問題。チャットで扱える問題ではない」という声も聞く。しかし、婚姻期間も短く、子どももいない夫婦であればどうだろうか。ビジネスライクに財産分与だけ決めて離婚したいというニーズであれば、チャット上でのやりとりで離婚できるのは合理的ともいえる。一方で、子どものいる夫婦で、その子どもに発達障害があり、面会交流の実施方法について綿密な協議が必要という場合には適していないかもしれない。サービスはすべての夫

婦にマッチする必要はなく、すべての夫婦がそれぞれにマッチする制度を利用して離婚できるのが理想であるとするならば、Teuchi のようなサービスもまた必要であると考える。

② One Negotiation（ワンネゴ）

　株式会社 AtoZ が開発・運営する「One Negotiation（ワンネゴ）」は、物販の売掛金や滞納家賃問題など、比較的少額な金銭債権を想定した ODR を提供している。

　サービスの大まかな流れとしては、まずは、申立てを行い、相手が応じた場合はチャットツールのような画面で論点整理を行う。この段階では、当事者間でのやりとりになるが、弁護士が監修した厳選の選択肢をクリックしていくことで、テンポよく交渉が進むようになっているようだ。それでも合意が難しかった場合、オンライン調停（web 会議システム利用）へと進み、そこで初めて料金が発生する。ワンネゴは、これまで泣き寝入りしていた債権者に安価に迅速に解決の手段を提供するサービスであり、申立書や本人確認書類も不要であるなど、簡便性も追求している。まさに、「Access to Justice」の精神が随所に散りばめられている。

⑶　ICT を利用した面会交流サービス

　面会交流は、離婚時に取り決めるものではあるが、一度取り決めれば終わりではなく、継続的に実施していく中で、さまざまな紛争が起こり得る。そもそも、うまくいかないから離婚するわけであり、そんな二人が面会のたびに日時や方法を調整するのは簡単ではない。そのため、日本でもアメリカ同様、円滑に面会交流を行うためのサービスが複数誕生している。

① 面会交流マッチングシステム

　株式会社ハッピーシェアリングが提供する「面会交流マッチングシステム」は、システム上で日時や場所の調整をはじめ、カレンダー共有機能や写真のアップロード機能など、面会交流に関するさまざまなやりとりが可能となっている。システムを利用することで、相手に連絡先を教える必要がなくなるだけでなく、やりとりには文字制限があるため、感情的になった相手から長文のメールを送り付けられるという心配もない。

また、管理者がおり、問題のあるやりとりが発生した場合、アラートにて注意喚起がなされる。同社の母体であるNPO法人ハッピーシェアリングがADRの認証も取得しているため、万が一、利用者が協議が必要な状況になったとしても、連続的な支援の提供が可能である。

② raeru（ラエル）

　GUGEN Software合同会社が提供している面会交流アプリ「raeru」（「これな"ら"、会"える"」からの名称）も、同様に面会交流の日程や方法を調整する役割を担っている。同社はソフトウェア会社であるが、同社の代表によると、周囲に面会交流に問題を抱えている知人がおり、アプリの必要性を実感したことが開発のきっかけになったとのことである。

　「raeru」はICTに関する専門性が基礎となっているため、視覚的に理解しやすく、面会交流に関する複数の便利機能（日程調整、面会交流中のメッセージのやり取りや写真のアップ、面会日のリマインダー等）が備わっている。

このように、業界が異なる企業が離婚ODRに参入してくることは、大きな意味を持つと思われ、こうした企業と離婚関連業種の協業も今後進んでいくだろう。また、同種のサービスが複数あることの意味も大きい。たとえば、株式会社ハッピーシェアリングのマッチングシステムもraeruも双方ともに面会交流をサポートするICTであるが、想定される利用者像は若干異なる。面会交流マッチングシステムは、安価ではあるもののシステム利用料が必要となるが、サイトには管理者がおり、問題のあるやりとりが発生した場合、アラートを出してくれる。一方、raeruは無料で利用できるが、定型文のみしか送れなくすることでもめごとを防止しており、万が一、問題のあるやりとりが発生しても、アラートは出ない。このように、費用面や仕様面が若干異なるサービスが複数あることで、利用者の選択肢も広がる。

⑷　法務省による実証事業「ONE」

　上述のように、ODRは民間団体が主導する形で発展し始めているが、令和5年9月より、法務省によるODR実証事業が始まった。この実証事業は、ODRを推進するための取組みの一環として、令和4年3月に策定された前

掲「ODR の推進に関する基本方針〜 ODR を国民に身近なものとするためのアクション・プラン〜」に基づき実施されるものである。

　事業の内容[15]としては、法律相談から ADR までをデジタルプラットフォームを利用して行うものであり、法律相談と ADR をオンライン上で行う点において、全国初の試みとなる（ADR については、比較的簡易な案件はチャット、やや複雑な案件はウェブ会議システムを利用予定）。対象となるのは、金銭債権に関する紛争であり、養育費も含まれる。現在の ADR 利用者のニーズを考えると、養育費のみというより、離婚をするか否か、離婚をするとして、養育費だけではなく財産分与や面会交流はどうするのか、そういったことを網羅的に協議するニーズがあると思われるが、一方で、養育費を決めずに離婚したけれど、やはり取り決めておきたいというニーズもあるはずであり、一定の需要が見込めると思われる。

　執筆時点でまだ実証事業が開始したばかりのため、当事者のニーズがどの程度あり、使用感はどうか、実証結果に注目したい。いずれにしても、法務省がこのような動きをしていること自体が評価でき、官民が一体となって ODR を推進していきたいものである。

4　今後の ODR の発展

　ODR の推進について欧米諸国と日本とを比べた場合、日本は圧倒的に遅れている。また、離婚 ODR に関しては、離婚制度そのものの違いを指摘する声もある。すなわち、欧米諸国では協議離婚制度がなく、離婚のためにかかる手間や費用の負担感が日本とは比べ物にならないくらい大きい。そのため、多少の費用がかかったとしても、民間のサービスを利用するメリットがあり、ODR を提供する側もビジネスとして成立する。一方、日本では、手間も費用もかからない協議離婚制度が主流であり、家庭裁判所の調停も非常に安価に利用が可能である。そういった背景の違いから、日本では有料サー

14　法務省〈https://www.moj.go.jp/housei/adr/housei09_00132.html〉。
15　ODR 実証実験機関「ONE」〈https://one-odr.jp/〉。新規相談受付は終了している。

ビスであるODRの利用価値が見出されないのではという懸念がある。また、サービスを提供する側も価格設定に頭を悩ませることになる。確かに、こういった離婚制度の違いは大きいため、どの程度ODRが広がるかに影響を及ぼすと思われる。しかし、それはあくまで程度の差であり、ODRのニーズそのものがないというわけではない。

　今後、ますます個人の生き方は多様化し、家族の姿もさまざまに変化していくものと思われる。そういった社会の中で、費用負担があったとしても、質の高い民間のサービスを利用し、納得のいく結果を得たいという当事者は少なくないはずである。そういった意味で、今後、日本において離婚ODRが発展する余地はまだまだあると思われる。

　また、新しいものを導入する際には、必ずリスクが指摘される。たとえば、オンライン調停であれば、第三者が見聞きしていない状態で参加しているか否かが確認できないとか、インターネット上でやりとりをすることについてセキュリティの問題が指摘されることもある。こういったリスクは完全にゼロにできるものではないが、だからといって導入を躊躇していては、新しい世界は見えてこない。ODRを推進するうえでは、すべてを完璧に完成させ、リスクをゼロにしてから実施するのではなく、乱暴な言い方かもしれないが「やりながら修正する」くらいの気持ちが大切であると考える。

　最後に、少しおもしろいICT技術を使った未来の離婚ODRを読者と想像してみたい。まず一つは、アバターの利用である。アバターとは、日本語に訳すと「化身」とか「権化」といった意味があるが、インターネット上では、ユーザーの分身のように表示させるキャラクターのことをアバターとよんでいる。このアバターを使ったオンライン調停はどうだろうか。たとえば、当センターでは、zoomを利用したオンライン調停を実施しているが、この際、同席か別席かという問題が生じる。上述のように、それぞれメリット・デメリットがあるが、その選択に迷う当事者も少なくない。同席のほうが早く話が進むことや相手の反応がわかったほうが協議を進めやすいことは理解できるが、一方で、自分の姿は相手に見られたくないとか、相手の顔を直視するのは嫌だという気持ちを持っているのである。その場合、アバターを利用することで、懸念を解消することができる。アバターであれば、本人の顔では

ないが、本人の表情に合わせてアバターの表情も変わるし、もちろん声も聞こえる。つまり、相手の様子はわかるが、顔は本人ではない安心感があるのである。自分を直接見られたくないという希望も叶う。現時点では、アバターを利用した離婚調停というのは聞いたことがないが、実は、離婚 ADRのニーズにマッチするものであると考えている。

　また、読者は、ホログラムをご存知だろうか。ホログラムとは、レーザー（光）を使って作り出す立体画像のことであるが、これを使った調停というのも将来的には考えられる。2022年 2 月に行われた一般財団法人 ODR 協会の設立記念シンポジウムでは、ODR のパイオニアとして知られるコリン・ルール氏がホログラムでアメリカのサンフランシスコより登壇した。会場にいる司会者とホログラムのコリン氏が横に並ぶと、あたかも二人が同じ場所にいるように見えるのである。オンライン調停でこのホログラムを利用した場合、たとえば、夫婦が同席で話し合っている場に調停人がホログラムで登場するということも考えられる。夫婦が自宅で話し合っている場に調停人が立ち会っているような感覚で協議ができるのである。現時点では、ホログラムの技術は汎用化されておらず、個人が安価に利用できるものではない。しかし、今後、利用が進めば、機器類の価格も下がってくることが想定される。

　ODR の本来的な意義は、すべての人に司法（正義）へのアクセスを可能にし、また、司法を利用する際の利便性を向上させることにある。そういった意味では、ODR の推進によって、利用者は選択肢が増え、これまで時間的・距離的・金銭的など、さまざまな事情で司法へのアクセスを諦めていた人が解決策を得ることは非常に意味があると考える。

〔第 2 章　小泉　道子〕

〔参考文献〕
渡邊真由氏（立教大学特任准教授・一般財団法人日本 ODR 協会理事）の下記論考を参考にした。
「民事紛争解決におけるイノベーションとしての ODR（上）（下）」NBL1219号・1222号（2022年）
「諸外国における ODR の状況および日本での ODR の普及に向けて」NBL1197号（2021年）
「正義へのアクセスをひらくイノベーションの実現に向けて」法律のひろば75巻 2 号（2022年）
「諸外国の裁判手続等の IT 化の現状」月報司法書士577号（2020年）
「米国における離婚 ODR の発展」家庭問題情報誌ふぁみりお90号（2023年）

第3章

事例を通して
体験する
離婚 ADR

はじめに

　第 2 章では、ADR による離婚協議の手続面について解説したが、本章では、実際の調停がどのように進行するのか、また、どのような当事者が利用しているのか、事例という形で具体的なイメージを提供したい。離婚協議は感情がアップダウンする中で、法律を理解して冷静に判断しなければいけない場面もあり、全力投球が必要である。

　ADR であっても家庭裁判所であっても、離婚協議の基本は変わらず、多くのドラマが繰り広げられている。ただ、ADR の場合、同席調停が多かったり、柔軟な対応が可能であるため、よりその夫婦の「らしさ」が浮き彫りになりやすい。また、家庭裁判所に比べて紛争性が低いため、夫婦の対話内容がより充実したものになることも多い。

　本章では、ADR でよく見られるやりとりやよく聞かれる言葉を盛り込み、架空の事例として紹介する。事例では、夫婦の不和や調停の経過に加えて、実際の調停の場面を模擬調停風に紹介することとする。また、「ADR ポイント！」と題して、ADR ならではの協議の場面や、調停人が大切な働きをした場面をピックアップして解説する（なお、模擬調停の記述では、調停人の言い換え（パラフレージング）など、一部の発言を省略する）。

事例1 「夫の涙は初めてでした」

　第2章において、同席調停の特徴の一つとして真意の伝わりやすさを挙げた。別席調停の場合、相手の言ったことや様子は調停人の口から伝達されることになるが、同席調停はすべてが目の前で繰り広げられる。どのようなタイミング・口調・表情で、どのような内容を語ったのか、すべての情報が得られるのである。そのため、相手の真意が伝わることで、ときに調停の進行に大きな影響を及ぼすことがある。この事例では、夫が涙した場面を妻が目の当たりにしたことや、夫の感謝の気持ちが直接妻に伝わったことで、調停が円滑に進行し始めた場面を紹介する。

夫婦不和の経過

　友人の紹介で知り合い、すぐに交際に発展。双方ともに結婚願望が強かったことから、交際半年で結婚を決める。交際中、何かと束縛したり、すぐに怒る妻に対し、夫は違和感を抱きながらも、異性との交際経験がほとんどな

申立人夫
45歳　会社員

性格は沈着冷静でやや冷たい印象を受ける人物。子どもへの愛着は深い。何事も深く考えまじめに取り組むが周囲からはそれを「計算高い」と思われることも。どちらかというとコミュニケーション下手。

相手方妻
36歳　パート

依存傾向が強く、結婚以来、夫に依存して生活してきた。言動はやや粗野。気が強くて怒りっぽい側面がありながらも、自己肯定感が低く、何をやってもうまくいかないという不安や不満をもっている。

長女　3歳　保育園児

人懐っこく明るい性格だが、ADHD傾向があり、育児の負担はやや高め。両親の双方に懐いている。

かったことから、「女性はこういうもの」と自分を納得させた。自分より 9 歳も年下の妻に振り回されるなんて格好悪いという気持ちもあり、あまり気にしないようにしていた。

　しかし、結婚後、同居生活を送る中で衝突が増えた。長女が生まれてからは、特にけんかが激しくなった。けんかといっても、一方的に妻がどなったり、キレたりすることが多く、それを夫がなだめるという構図であった。妻は、慣れない育児・家事に加え、家計を助けるためにパートも始めたことから、段々と気持ちに余裕がなくなっていった。見かねた夫が育児や家事を手伝ったが、ことあるごとに妻からダメ出しをされるため、最終的には妻と口をきくのも嫌になってしまった。妻としては、手伝ってくれる夫にイライラするのもおかしいとわかっていたが、何をやってもうまくいかない気がして、夫に八つ当たりをしていたのだった。

　夫は、妻との生活に限界を感じ、別居と離婚を提案。妻は、当初、子どものためには別れたくないと主張していたが、日々の生活に疲れたことから、実家の近くに転居する形で別居に合意した。妻からは、養育費等、金銭面の離婚条件をきちんと決めてから離婚したいと希望が出されが、夫としては、すぐにキレる妻との夫婦間協議は難しいと感じており、また、早期解決を望んでいたため、ADR の利用に至った。

調停の経過

　別居・離婚を言い出した夫が申し立てる形で ADR がスタートした。夫婦はすでに別居しており、妻が子どもを連れて実家の近くに転居していたため、オンライン調停を選択した。離婚合意はすでにあるため、離婚条件を決めていくだけのはずであったが、妻は、積極的に離婚したいわけではなかったため、夫に対し、何かと条件面の譲歩を求め、譲歩ができないのであれば離婚には応じないという姿勢を見せた。特に、長女の養育費に関して、妻は「ADHD で育てるのが難しい娘を私に押し付けるのか」との不満が大きく、何の話題をしていても「どうせ、あなたは娘から逃げるから」、「娘に対して責任を放棄するつもりなの？」等と夫に非難めいた言葉で詰め寄った。最初は同席調停で協議していたが、妻が夫の話を遮るように、こういった非難の

言葉を連発するようになったため、調停人の提案で途中から別席調停となった。

　妻は、夫から長女の養育を押し付けられたと不満を持っていたが、いざ面会交流の話題になると、夫が育児分担として、週末の長女の世話を自分が担うと提案しても、「平日の大変なところは私がやって、休日の楽しいところだけとっていかれても困る」と述べ、合意しなかった。一方で、妻の求める面会交流の方法を尋ねても、「親として責任をとってほしい」等と述べ、具体的な提案がなかった。そのような中、第3回目の期日の冒頭、夫は、協議を始める前に妻に話したいことがあると述べた。妻の言動により、一旦は別席調停になっていたが、調停人としては、本来は夫婦での会話が可能な二人であると感じていたことから、再度同席調停を試みることになった。

調停の現場

 妻に娘の世話をしてくれてありがとうとお礼を言いたいと思っています。先日、娘が熱性けいれんになって大変だったと聞きました。夜中に熱が上がり、けいれんまで……。慌てて救急車を呼んで処置してくれたので、大事に至らなかったので、本当に感謝しています。その翌日、妻は仕事がどうしても休めなかったので、妻のご両親が娘の面倒をみてくれたと聞きました。妻は、ほとんど寝ていない状態で仕事に行ったと思いますし、ご両親の協力も本当にありがたいです。何もできない自分が申し訳なくて……。〔そう言って、夫は涙を流した。夫は、こみ上げてくるものがあるようで、最後まで話すことなく、発言を終えた。妻は黙ってその様子を見ていたが、特に言葉を発することはなかった。〕

調停人：期日間にそんなことがあったのですね。それは大変でしたね。娘さん、体調はいかがですか。

子どもの回復力はすごいなと思いました。翌日には元気になって、家の中で走り回っていましたから。夜中に娘がけいれんを始めたときは、死んでしまうんじゃないかと思って、本当に怖かったです。

調停人：本当にそうですよね。おひとりだし、ご不安でしたよね。

はい。なので、夫に感謝されたり、謝られたりしても、じゃあ離婚しなければいいんじゃないのと思ってしまったりもします。ただ、これまで、育児のできていないところばかり指摘されていたので、感謝してもらえるとは思っていませんでした……。私が両親の近くに帰ったことで、何かあれば両親を頼ればいいと責任逃れをしているとも思っていたので、私の両親にもそんなふうに思ってくれているとは……。それに、いつも理性的な夫なので、涙を見たのは初めてでした……。

この一件があった後、調停の様子が少しずつ変わってきた。相変わらず、妻の要求は大きかったが、面会交流については、具体的な協議が可能となった。妻としては、隔週末および行事参加を基本として、子どもが体調不良の際にはどちらが仕事を休むかなど、相談させてほしいという主張に落ち着いた。

ADR ポイント！

・同席／別席の使い分け

　この事例では、最初は同席で始まったが、途中、妻の発言が夫を責めるような内容に終始し、妻が夫の話を最後まで聞かないという状況が出てきたことから、調停人の提案で別席調停となった。普通なら、このまま別席調停で進行していきがちだが、夫が妻に伝えたいことがあると述べたタイミングをとらえて、同席調停へと戻った。もちろん、別席・同席の選択は当事者によってなされるものであるが、話し合いの構造に常に注意を向けておくのは調停人の役割と言える。

・生の声が伝わった

　この事例では、いつも冷静でやや冷たい感じさえする夫の初めての涙を妻は目の当たりにすることになった。もし、別席調停を行っており、調停人より「ご主人、大変感謝されていましたよ。最後には涙も流されていました」と伝えられただけだとするとどうだろうか。おそらく、妻

は、夫が涙したことに驚くかもしれないが、同席で目の当たりにするのとは大きく異なると思われる。

・感謝の気持ちが伝わった

ADR では、負の感情を取り扱うことも多いが、調停人は、なるべく相手を尊重する気持ちを持って協議を進めるよう、当事者に促す。たとえば、「離婚のお話し合いですから、過去のつらかったことや、お相手への嫌な感情がこみ上げてくることもあると思います。もちろん、そういったお気持ちも聞かせてもらいたいと思いますが、むやみに相手を傷付ける言葉を使うのではなく、相手を尊重する気持ちを持っていただければと思います」といったお願いを調停の冒頭で行うこともある。

また、調停人自ら、当事者双方のプラスの面を評価する言葉を口にするよう心掛けることもある。たとえば、「お相手の気持ちをくんでくださり、ありがとうございます」、「お子さんのことを大切に思われている気持ちがよく伝わってきました」、「言いにくいことを言葉にしていただきありがとうございます」といった具合だ。

この事例では、夫が妻への感謝の気持ちを口にした。これまで、妻は、自分の育児に自信がなく、夫に認められていないようにも感じていた。また、そんな自分に育児を押し付けて知らんぷりをしている夫に不満も持っていた。しかし、夫から感謝され、認められたことで、妻は離婚という未来に向けて前向きに協議する気持ちになったと言える。

事例2　「私に何もかも決めさせないでほしいの」

　離婚を扱うADRの場面では、法律と心情が入り混じった協議をしている。ただ、常に入り混じっているというより、心情寄りの話をしている場面と法律寄りの話をしている場面が分かれていることもある。

　筆者が体験的に感じているのは、「感情→法律（理性）→感情」という全体の流れである。すなわち、調停の前半は、なぜ離婚したいのか、過去にどれほどつらいことがあったのかという心情が語られることが多い。そして、心情のやりとりを経て離婚合意ができたところで、法律事項である離婚条件を取り決めていく。取り決めが終盤に差しかかると、「そろそろ終われそうだ」という安堵感なのか、もしくは理性を働かせて協議した疲労感なのか、理由は明確に説明できないが、再び心情優位な話が多くなってくるように思う。

　筆者はこの流れが非常に重要であると考えている。協議の冒頭では、（もしあるのであれば）ある程度相手への負の感情を吐き出さないと、理性的に離婚条件を協議することはできない。そして、議論を尽くした後、再度心情優位で話し合うことは、心に残っていたモヤモヤを吐き出し、新しい一歩を踏み出すために有効なのである。

　一方、別席調停が主流の家庭裁判所の離婚調停はどうであろうか。相手がその場にいないため、常に相手の批判や悪口が入り混じり、「こんなに大変だったのだから私の味方をしてほしい」、「相手はこんなに悪い人なので説得してほしい」といった調停委員への言いつけ合いとなる。次の事例では、合意に至った後に、当事者から大切なことが語られた事例を紹介する。

夫婦不和の経過

　夫婦は職場で出会った。妻がリーダーを務めるプロジェクトに夫が新人として配属されたことがきっかけで、数カ月間、毎日のように顔を合わせるよ

申立人妻　ひとみ
43歳　会社員
しっかり者ではきはきとした性格。仕事も早いし、家事育児も一人でこなす。ただ、少しきつい面があり、言葉にとげがあったり、相手にも自分と同じレベルを求めてしまうことから言い争いになることも。

相手方夫　たかし
40歳　会社員
よく言えば「優しい」性格で、相手に合わせることができる。反面、自分の意見を言ったり、リーダーシップを発揮するのが苦手。妻から強く言われると、責められているような気がして逃げたくなってしまう。

長男　5歳　保育園児
明るく元気な男の子。パパもママも大好きだけど、よくお世話をしてくれるママに懐いている。

うになった。妻は、何かと自分を頼ってくれる夫を育てがいのあるかわいい部下として見ていたが、徐々にプライベートでも会うようになり、交際へと発展した。交際後、すぐに同棲を始めたが、会社の手前、きちんと籍を入れたほうがいいということになり、結婚に至った。

　当初から、妻は、受け身で他人任せな夫の姿勢が気になっていたが、自分よりも年下だから仕方がないと思ったし、自分がリーダーシップをとれるほうが楽だと感じていた。しかし、出産後、夫婦関係が急激に悪化した。長男が生まれても、夫の子どもっぽさは変わらず、家事・育児を妻に任せきりであった。家庭内の大切なことはすべて妻が決めたし、夫に相談しても「君に任せるよ」と言われるばかりだった。そのような生活を数年続ける中で、夫婦はすれ違い、家庭内別居状態となった。妻は、夫と生活を共にする意味を見出せなくなり、離婚を希望するに至った。

　妻が離婚を切り出したところ、夫はすんなり合意した。妻としては、そのような夫を信用することができず、養育費等の大切なことは第三者を入れて取り決めたいと思い、ADRを利用することにした。

調停の経過

　同居の状態で ADR を利用していたこともあり、毎回同席調停であったが、隣り合っては話しづらいとのことで、妻が自宅から、夫は車からオンライン調停に参加することが多かった。調停は終始、妻のペースで進行した。養育費や面会交流について、夫は「妻が望むなら応じたいと思います」、「妻が希望する方法でいいです」と述べ、まるで自分の意見がないようであった。概ね離婚条件が合意できた最終の段階で、妻から以下のような意見が述べられた。

調停の現場

🧑‍🦰　最後だから言っておきたいのだけど、あなた、何でも私の言うとおりにするって言うのはやめてほしいの。これまでの結婚生活でもすべて私に任せきりで、あなたは何も決めてこなかったでしょう。決めるためには、調べたり、考えたりしなければいけないし、何より結果に責任が生じるの。そういうしんどいことを全部私に任せてきたのよ。最後の離婚のときくらい、自分で調べて考えて、結果に責任を持ってもらいたいわ。

🧑　別にあなたに責任を負わせたいとか、自分が責任逃れをしたいと思っているわけではないよ。ただ、あなたの思ったとおりにやってもらうほうが家庭がうまくいくと思ったんだよ。

調停人：……（無言）

🧑‍🦰　あなた、息子のことはどう考えているの。

🧑　どうって、大切に決まってるじゃないか。

🧑‍🦰　じゃあ、なぜ面会交流の話になっても、自分から希望を言わないの。

🧑　息子のことは大好きだし、なるべく会いたいと思うよ。でも、息子にも予定があるだろうし、あなたにも考えがあるだろうから、それを尊重したいと思っただけだよ。

🧑‍🦰　尊重すると言うと聞こえはいいけど……。

調停人：ひとみさんは、やはり、たかしさん自身のお考えを知りたいという
　　　　お気持ちがあるのですね。

　はい。離婚をしても、息子の父親であることには変わりはないので、
　　　　しっかりと父親役をやってほしいと思っています。

それはわかっています。僕だって、父親としての責任をちゃんと果たす
　　　　つもりだよ。もう、この議論はいいじゃないか。堂々巡りだよ。あなたは
　　　　僕に対して自分の意見を持っていないと責めるし、僕自身はあなたを尊重
　　　　したい気持ちがあるわけだし。

調停人：ひとみさん、まだお話しされたいですか？

……

（三者とも沈黙）

実は、私、先日のがん検診で再検査になったんです。まだ再検査の結果
　　　　は出ていませんが、いつ何時、子どもの面倒をみてやれなくなるかわから
　　　　ないんです。だから、あなにもしっかりしてほしいと思っているの。

ええ？？　なぜ今までそんな大切なことを言わなかったの。

あなたに言っても無駄でしょう。私ががんになっても、きっと私は自分
　　　　ひとりで治療方針を決めて、いろいろな不安ともひとりで戦うことになる
　　　　のよ。あなたに相談したって、何もしてくれないと思ったのよ。

調停人：そんなご事情があったのですね。がん検診にひっかかるというとて
　　　　も心配な出来事が起こって、もし自分に何かあったら息子さんをたかしさ
　　　　んに任せることになるので、たかしさんにしっかりしてほしいという気持
　　　　ちが強くなったのですね。

はい……。

結果がわかったら教えてほしい。どうせ何もしないくせにと言われるか
　　　　もしれないけど、息子のこともあるし。

わかりました。

ADR ポイント！

・**調停人の控え目なかかわり方**

　調停人がかかわりを最小限に抑え、夫婦の対話を促進している点に注目したい。本来、夫婦では円滑に話し合えないから第三者を介入させて問題解決を図るわけだが、場面によって、夫婦だけでも話し合いが可能だったり、むしろそのほうが好ましいと思われることもある。特に ADR は、紛争性の低い当事者が多いため、対話が可能である場合が多い。

　この事例でも、妻が夫に対して心情を吐露する場面において、調停人は積極的に介入せず、必要最小限のかかわりに抑えている。その結果、当事者双方の対話が促進され、妻の病気の告白へとつながったと思われる。家庭裁判所での協議をはじめ、当事者間の紛争性が高い状態の協議であると、自分の弱みを見せたくない、自分に不利になるような材料を相手に開示したくないという心理が働き、体調不良を隠しこそすれ、自ら開示することは少ない。この事例では、離婚後も子どものために最低限の協力関係を築かなければいけないという認識があるからこそ、自分の体調不良を相手に知っておいてもらいたいという流れになっている。

・**沈黙を味わう**

　この事例では、夫婦間のやりとりの中で何度か言葉が途切れたり、沈黙の時間が流れている。ここで調停人が慌てて割って入ったり、何か言葉を発して場をもたせたりする必要はない。「沈黙を味わう」こともまた必要である。たとえば、双方の主張が大きく異なり、解決策を見出すのが難しいとき、「困りましたね。どう解決するのがいいでしょうか」と腕を組んで黙り込んでもよい。沈黙は、同席調停でしか味わえない醍醐味でもある。別席の場合、「相手方は黙っていましたよ」とわざわざ伝えることはないし、そもそも、沈黙は一緒に体験するからこそ意味がある時間になる。ヒートアップしたやりとりを鎮静化させたり、考える時間を与えたりと、沈黙にはさまざまな効果がある。

・協議終了後の時間も丁寧に扱う

　通常、離婚条件の協議が終了すれば、調停はそれで終わりである。た
とえば、家庭裁判所の調停の場合、離婚協議を別席で行い、合意が整え
ば、両者が同席のうえ、裁判官が入室し、合意内容を確認するという流
れがオーソドックスである。代理人弁護士がついている場合、当事者の
間に双方の代理人が座るような形となり、最後の読み合わせの場面では、
当事者同士が顔を見ることもない緊張した雰囲気が漂う。そして、合意
内容の確認が終われば、当事者の一方は即座に退室する。そのため、調
停成立後に何か当事者双方の対話が生まれることはない。

　しかし、ADRでは同席調停が主流であるため、協議後に協議全体を
振り返って当事者がコメントするということが起こる。また、当事者で
はなく、調停人から当事者に対して、誠実な協議に感謝する言葉や、ね
ぎらいの言葉をかけることもある。たとえば、「過去のつらかったこと
や腹の立ったことなどが思い出されて、嫌な気持ちになられた瞬間も
あったと思います。しかしながら、根気強く誠実にお話し合いに臨んで
いただいたおかげで、合意に至ることができました。ご協力に感謝いた
します」といった具合だ。終わりよければすべてよしではないが、終了
時の時間を丁寧に扱うことも重要である。

事例3 「得をしたいわけじゃない、損をしたくないだけ」

　ADR では、「算定表どおり」、「法律どおり」といった解決方法を希望する当事者は少なくない。そう主張する背景はさまざまだが、やはり、気持ちよく終わるためには「公平・平等」といった決め方をよしとする人が多いように思う。以下では、妻が「算定表どおり」という決め方を強く主張した事例を紹介する。妻がなぜそのように主張したのか、その背景に注目されたい。

夫婦不和の経過

　夫婦はともに仕事が忙しく、すれ違いが多い生活が続いていた。そのような中、妻から夫に離婚を切り出した。実は、妻は、長女の出産直後から、夫の育児・家事に対する非協力的な態度に不満が募っていた。確かに、夫はよく働き、給料も結婚当時より大幅に増えた。しかし、妻にしてみれば、夫が家族のために働いているというより、自分のために働いているように見え、

申立人妻　りか
45歳　会社員

がんばり屋さんでまじめな性格。自分の意見をしっかり持っているが、夫に対しては言いたいことが言えずにいた。

相手方夫　ゆうすけ
50歳　会社員

仕事一筋。外で稼いでくることが自分の役割であると認識。収入の多い自分が少ない妻より偉いという気持ちがある。

長女　14歳　中学2年生
責任感の強い女の子。
まじめな性格でお母さん思い

二女　10歳　小学4年生
快活で明るい女の子。お姉ちゃんが大好き。

家族は二の次のように思われた。ここまでは、日本の家庭にはよくある状況
かもしれないが、妻には許せないことがいくつかあった。一つは、夫が子ど
もたちの卒業式や入学式といった大切なイベントにも参加する姿勢を見せな
かったことである。夫の仕事が忙しいのはわかっていたので、毎晩風呂に入
れてほしいとか、土日は必ず子どもと遊んでやってほしいということはそも
そも期待していなかった。しかし、ほとんどの家庭が夫婦揃って参加する行
事であっても、夫は悪びれもせず「いつものことで悪いけど、どうしても仕
事が休めないんだ」のひとことで済ませてしまう。こうしたことが続くたび
に、なぜこの人は結婚し、子どもをもうけたのか、と疑問に思ってしまうの
だった。そして、もう一つ、妻が許せなかったのは、夫が妻の仕事を見下し
ていたことである。言葉の端々に、夫の給料の半分も稼ぐことができない妻
の仕事は「いつでも、誰でも代わってもらえる、大したことのない仕事だ」
という夫の考えが見え隠れしていた。子どもが体調を崩し、急遽会社を休ま
なければならなくなった際も、「大変だね」、「君にばかり任せて悪いね」と
いった言葉をかけられたことは一度もない。「君はすぐに休めていいな」、「代
わりがいる仕事は楽でいいな」と馬鹿にしたように言うだけである。

　そのような二人の夫婦関係はすでに冷め切っていて、子どもたちの前でし
か会話をしない、仮面夫婦になっていた。妻は、ずっと「離婚」の二文字を
心の中に秘めながら生活してきたが、子どもたちが小さいうちは、離婚を考
える時間さえなく、必死で生活を回してきた。しかし、二女が小学４年生に
なり、自分のための時間も少し持てるようになってきたことから、離婚につ
いて本気で考えるようになった。

　妻は、離婚協議をするにしても、やり手の夫と対等に渡り合える気がしな
かった。しかし、家庭裁判所で時間をかけて話し合うのも嫌だったし、財産
分与の金額から考えて、かなり費用が高額になりそうな弁護士の依頼もでき
れば避けたかった。そこで、何かよい方法はないかと調べているうちに
ADR という制度があることを知った。

　一方、夫は、妻が離婚を望んでいることは何となく気づいてはいたが、ど
うせ本気ではないだろうと高をくくっていた。そのため、離婚を切り出され
たときは驚いたが、離婚したいと言っている相手を引き留めるようなことは

プライドが許さなかった。また、日中は仕事を離れられないため、家庭裁判所の利用も難しく、妻が選んだ協議の方法に賛同するのは乗り気でなかったが、渋々応じることにした。

調停の経過

調停は、オンラインにて休日に実施された。同席調停であるが、二人それぞれが自宅外から別々に参加した。妻は、冒頭から明確に離婚意思を伝え、離婚条件を協議したいと述べた。一方、夫は、「離婚するのは構わないが、生活はやっていけるのか」、「離婚するのは構わないが、子どもたちにはどう説明するのか」といった具合に、なかなか無条件に離婚に合意すると言わなかった。これに対し、「夫は、私が何かしたいと相談したとき、いつもこういう言い方をします。正面から反対はしないけれど、あれはどうするつもりだ、これが困るのでは、と批判めいたことばかり言います。でも、今回ばかりは、私はもう決断したので、何を言われても離婚の意思は変わりません」と断言した。

これを受けて、夫は渋々離婚の方向で進めることに了解した。

調停の現場

調停人：次は養育費についてお話をしたいと思いますが、決め方について、たとえば算定表を使用したいとか、もしくはそれぞれにお考えになっている金額があって、それをベースに話し合いをスタートしたいとか、何かご希望があればその点から教えていただけますでしょうか。

私は裁判所で使われている算定表を使って金額を決めたいと思っています。

調停人：りかさんは算定表を基準にということですね。ゆうすけさんはどうでしょうか。

僕は、算定表でもいいですけど、どちらかというと、妻と子どもたちが生活していけるかどうかが問題だと思っているので、実際に子どもにどれだけ費用が掛かっているかをベースに話し合ったほうがいいように思いま

す。

調停人：ゆうすけさんは、実際にお子さんにかかっている金額をベースにと
　　　　いうことですね。現時点ではお二人のご希望になる決め方が相違している
　　　　状況なのですが、もしかしたら、あまり変わらない金額になるかもしれま
　　　　せんので、とりあえず、両方のやり方で金額を出してみるというのはどう
　　　　でしょうか。

：はい、それで構いません

調停人：では、まず算定表のほうが簡単なので、前回調停でお二人からうか
　　　　がった年収を当てはめてみたいと思いますが、算定表によりますと、12～
　　　　14万円の枠の中に入りますね。

　　　　では、間を取って13万円ではどうでしょうか。

　　　　僕は必要であれば、何万円でもいいのですが、実際はどうでしょうか。

調停人：りかさん、いかがでしょうか。毎月、お子さんにどのくらい費用が
　　　　かかっているか、現時点でざっくりとでもいいので、お答えいただくこと
　　　　はできますか。

　　　　そうですね。長女は、携帯代や通信費で１万円、お小遣いが5000円、学
　　　　校へ通う定期代が3000円、塾が３万円、部活関係が3000円くらいかかって
　　　　いると思います。後は、食費や光熱費をどんなふうに計算すればいいかわ
　　　　かりませんが、単純に人数分で割ったとすると、食費は外食も入れると
　　　　２万円くらい、水道光熱費は１万円弱というところでしょうか。二女は、
　　　　塾には行っていませんが、その分習い事があるので、長女とそんなに変わ
　　　　らないと思います。後は、毎月ではないですが、服とか、美容院代もかか
　　　　ります。友達と映画に行くとかカラオケに行くと言えば、お小遣いもあげ
　　　　ます。参考書を買ったり、修学旅行の積立てがあったり、体操服や制服を
　　　　買い足したり、家族旅行も行きますし、挙げればきりがないです。

調停人：ありがとうございます。今、教えてくださった中で金額が出ていた
　　　　ものだけを手元で計算していたのですが、大体おひとり８万円くらいです
　　　　かね。ゆうすけさん、何かご意見やご質問はありますか。

そうですね。食費が4人で割ってひとり2万円というのはかかりすぎているようにも思いますし、ざっと聞いただけでは何とも言えないのですが、いろいろとかかっているのはわかりました。

これで、実際にかかっている金額が算定表よりはるかに大きいことがわかってもらえたと思います。ただ、私も子どもたちの親ですし、仕事もしっかりしていますので、全額を夫に頼るつもりは毛頭ありません。法律で決められた金額をいただいたうえで、足りない部分は自分が負担したいと思います。

調停人：りかさんとしては、実際にお子さんたちにかかっているお金は算定表よりも多いけれど、自分も親だし、負担してがんばっていきたいということですね。ゆうすけさんはいかがでしょうか。ざっとですが、お子さんたちにどのくらいのお金がかかっているのか、理解していただけたと思うのですが。

そうですね。まあ、子どもたちにかかるお金は責任を持ちたい気持ちはあるのですが、やはり、詳細を明らかにしてもらわないと支払うのも難しいかなと。できれば、さっき口頭で話してくれたようなことを家計簿みたいなものにして、裏付け資料と一緒に出してもらえないでしょうか。それであれば、必要な分はいくらでも出したいと思います。

ちょっといいですか。私、夫のこういう態度が本当につらかったんです。「必要なお金は全部俺が出してやるから、資料を出してお願いしろ」という態度なんです。すでに離婚合意しているので、過去のことは触れずにおきたいと思っていましたが、やはり夫の態度は変わりません。私は、もうこういう関係性を断ち切りたいと思っています。法律上、当然に求められる金額を養育費としていただければそれで十分です。上乗せはいりません。その分、偉そうにしたり、マウントをとったりしないでください。

調停人：りかさん、お気持ちを聞かせていただいてありがとうございます。りかさんとしては、算定表で決められた金額を受け取ることで、ゆうすけさんと対等な関係でありたいというお気持ちがあるのですね。ゆうすけさん、りかさんが算定表の金額でお決めになりたいと主張される理由にはそ

ういったお気持ちの背景があるようなのですが、いかがでしょうか。

 僕はマウントをとるつもりで言っているのではありません。子どもたち が困らないようにと思っただけです。

 わかりました。あなたがそこまで言うなら、次回までに全部資料を揃え ます。そのかわり、資料を揃えたら、満額出してくれるのですね。そして、 それは決して私の希望ではなく、あなたが出したいと希望したということ でいいですね。

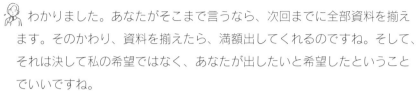 そんな言い方はないんじゃないのか！

調停人：ちょっといいですか。少し問題を整理したいと思うのですが、りか さんが仰るとおり、お子さんはゆうすけさん一人のお金で育てる必要はな く、りかさんも親として負担すべきものです。ですので、まずは算定表上 の金額で決めておいて、もし、物入りで、りかさんがゆうすけさんに ちょっとお願いしたいということがあれば、用途を伝えて増額を依頼する という決め方はどうでしょうか。

 まあ、それでもいいですけど……。

ADR ポイント！

・養育費算定表を当然に使わない

　養育費の取り決めに際し、家庭裁判所での議論であれば、大抵の場合、 「まずは、源泉徴収票をお互いに出してください」ということになり、 算定表を使うことが大前提である。しかし、ADR の場合、取り決めに 際し、何を基準として議論をスタートさせるか、それ自体も当事者の希 望次第である。

・第三者がいれば自己主張ができる

　夫婦の力関係に大きな差がある場合、夫婦だけでは対等な話し合いは 難しい。また、別席であっても、自分の権利を自分で主張することが難 しい人は、弁護士に依頼したほうがよい。この事例の妻のように、夫婦 だけでは夫に押さえつけられてしまうが、調停人という第三者が入って

いれば、しっかりと自分の意見を言える人が ADR には向いている。この事例の妻は、過去のつらかった思いをしっかりと夫に伝えることができた。

・言い争いになりそうな場面で仲介に入る

　大抵の当事者は、自然と調停人を間に介した会話になる。たとえば、申立人→調停人→相手方→調停人→申立人といった具合に、順序よく発言が回ってくるイメージだ。しかし、議論がヒートアップしてくると、調停人を介さず、当事者同士の会話が進んでいく場面がある。その会話が「対話」になっている間は、間に割って入る必要はないが、「言い争い」になってしまうと、相手を傷つけるような言葉を発してしまったり、冷静な口調ではいられなくなってしまう。調停人は、当事者の対話を促進しつつ、言い争いに発展する気配を感じとり、頃合いを見計らって介入する必要がある。この事例では、当事者が売り言葉に買い言葉のようなやりとりを始めてしまい、真意とは異なる方向性に向かってしまった段階で、調停人が「ちょっといいですか」と介入している。

事例4 「親も同席していいですか？」

ADRの場合、さまざまな面で柔軟性が担保されていることが多いが、同席者に関しても同様である。本来、親族が同席することは、かえって紛争性を高めたり、当事者の主体性が失われたりとデメリットが考えらえるため、推奨できるものではない。しかし、事案によっては、親族が同席することが、円滑な合意につながることもある。たとえば、当センターでは、他方当事者が合意し、また、調停人も解決に資すると判断した場合、親族の同席が可能となっている。

以下では、妻の両親が同席し、そのことが解決のプラスに働いた事例を紹介する。

夫婦不和の経過

夫婦は友人の紹介で知り合った。互いに結婚適齢期と認識していたことから、1年ほど交際した後、結婚に至った。結婚後、間もなく妻が妊娠したが、

申立人妻　たまみ
38歳　会社員

まじめな性格で完璧主義なところがある。自己主張が苦手で、言いたいことがあっても心にしまい込んでしまうことが多い。両親との関係性は良好。

相手方夫　さとし
38歳　会社員

よく言えば「堅実」な性格だが、金銭面で「けち」だと思われることがある。相手の気持ちを想像したり、慮ったりすることが苦手。空気が読めない、マイペースと言われることも。

長男　0歳
明るく元気な男の子
まだパパを認識していない。

体調が優れないことが多く、早めに妻の実家に帰ることになった。その後、無事に出産したが、些細なことで喧嘩になった。たとえば、妻が新生児の育児でへとへとになっているのに、夫は他人事で協力的でないとか、赤ん坊の顔を見に実家に来た際も、お客さんのような態度で妻の両親にお礼の言葉もないといったことである。逆に、夫としては、いつまでも実家を頼って帰ってこない妻に不信感が募ったし、疎外感も感じていた。

　そのような中、妻が産後うつのような症状を訴えるようになり、夫との関係がストレスなので離婚したいと希望するに至った。妻は、夫と二人で話せるような心理状態ではないが、裁判所で調停する気力・体力もないため、オンライン調停が可能なADRを選択した。夫としても、子どもが生まれたばかりで離婚話が持ち上がり、自分ではどう進めてよいかわからなかったため、ADRに応じることにした。

調停の経過

　夫がADRに応じると回答し、日程調整が始まった段階で、妻から両親を同席させたいとの希望が出された。夫としては、3対1になるのではないかという懸念があったが、これまで、妻の両親は妻と夫の間で中立的な役割を果たしてくれていたことから、同席に合意した。センターとしても、精神的に不安定な妻のサポート役として両親が同席するのであれば、協議の円滑な進行に資すると判断して許可した。小さい子どももいるため、調停はオンライン調停にて行った。

調停の現場

調停人：まずは、この場でどのようなことを話し合って決めていきたいか、申立人であるたまみさんからおうかがいしてもよろしいでしょうか。

　　　　はい、離婚協議をしたいと思っています。子どもが生まれたばかりではありますが、子どもと夫と3人で暮らすことは想像できません。体調を崩してしまったこともあり、早く離婚して、安心して生活したいです。

調停人：ありがとうございます。ご体調は現在どういったご状況でしょうか。

🧑‍🦰 体のほうは、疲れやすかったりするだけなのですが、気持ちのほうが結構しんどくて。特に、夫とLINEをしたり、夫から電話がかかってくると、胸が苦しくなったり、すぐ涙が出てしまったりします。産後で精神的に不安定なのもあると思いますが、夫から責められているような気がして、つらくなってしまいます。

調停人：そうなのですね。ご状況を教えていただきありがとうございます。次に、さとしさんはいかがでしょうか。この場でどのようなことをお話し合いになりたいとお考えでしょうか。

🧑 実は、自分でもどうしたらいいのかよくわかっていないのが正直なところです。普通に結婚して、妻が妊娠してうれしかったですし、これからも家族としてやっていくのだと思っていました。それなのに、里帰り出産した妻が帰ってこない状況になっていて、さらには離婚まで。ちょっとパニックです。妻は僕と話すとつらいと言っていますし、僕は離婚したほうがいいのでしょうか。

調停人：さとしさんとしては、まだお気持ちが決まっているわけではなくて、ただ、こういう流れになってしまったことに驚いているという状況でしょうか。さとしさんからたまみさんにお聞きになりたいこととか、お気持ちを考えていくうえで何か必要な情報というのはありますか。

🧑 そうですね。まず一番は、なぜこんなことになってしまったのか、自分でも納得したいと思っています。私にしてみれば、出産のために早めに実家に帰った妻が、いつの間にか離婚を希望していて……。確かに、出産後の女性はいろいろと大変で、私がそれを理解できていない部分は申し訳なかったと思います。でも、それは初めてのことだから、最初からうまくできるわけではないし、まだ一緒に住んでいないから、親の自覚とかもなくて。これから家族になっていくと思っていました。

調停人：なるほどですね。さとしさんは、たまみさんがご実家に帰られた後、現在に至るまでの変化が急な感じがするというか、経過がよく呑み込めていないということですね。たまみさん、そのあたりのことをご説明は可能でしょうか。

説明してもいいですけど、もう何度も言ってきたことの繰返しになると思います。夫はいつも私が妊娠・出産で急変したように言いますが、そうではありません。そもそも、早めに実家に帰ったのも、体調が落ち着かない中、夫と二人で生活していることに不安があったからです。夫は、何かと金銭面で口うるさく、出産準備のためにいろいろ買い揃えようとしてしても、それは本当に必要かとか、生まれてから必要なものだけを買えばいいんじゃないかとか、そんなことばかり言われていました。体調が不安定で病院に行く回数が増えたときも、保険がきかない妊婦検診の医療費がかさむことのほうを心配していて、それが早めに実家に帰った引き金になりました。産後も、自分本位な言動が続いて、本当にしんどくなってしまいました……。（最後は泣きながら）

調停人：たまみさん、おつらい中、お話しくださってありがとうございます。さとしさんはすでにお聞きになったことがあることかもしれませんが、何かご意見やあらためてのご質問などはありますか。

はい、確かにこういった説明は繰り返しされていました。ただ、僕はよくわからないです。子どもが生まれるからこそ、お金は大事にしたいと思っていました。後、自分本位だといつも言われるのですが、先ほど言ったように、私としては初めてのことなで、夫婦二人だけのような感覚でいただけです。今後は、子どもがいるってどんなことなのか学んでいきたいと思っています。

すみません、ちょっといいでしょうか。親が出しゃばってはいけないので、今日は黙って横に座っているだけのつもりだったのですが、一番近くで見ていたものとして、少しだけ発言してもいいでしょうか。

調停人：はい、どうぞお話しになってください。

たまみがさとしさんとの離婚を決めたのは、産前産後の精神的なブレのようなものだけでは決してありません。何度も心折れるような言動がさとしさんにあったからです。たとえば、出産直後、まだ入院している際、たまみはすぐに駆け付けてくれると思っていたのですが、さとしさんはちょうど仕事が忙しい時期だったらしく、出産してから丸１日たってからよう

やく顔を出してくれました。また、産後、新生児の育児でへとへとに疲れているときも、お疲れ様とかありがとうの言葉はなく、２、３日に一度、さとしさん側の用事で連絡をしてくる程度でした。うちに来てくれたときも、夕食を食べに来ているような感じで、たまみがゆっくり夕飯を食べられるように赤ん坊を抱っこしてくれることもありませんでした。さとしさんにとってみれば、初めてで仕方がない、悪気がなかったということになるのかもしれませんが、実際にこれをやられると、やはりつらいですよ。僕らは、近くでたまみとさとしさんのやりとりを見ていて、たまみが離婚を決めたことに疑問を感じません。出しゃばってすみませんでした。以上です。

調停人：お父様から見た状況をお話しいただきありがとうございました。具体的にお話しいただいてとてもわかりやすかったです。お父様が仰るとおり、さとしさんにはさとしさんなりのご事情があったと思うのですが、たまみさんにとってはおつらい数カ月だったということですよね。さとしさん、次の議論に進める前提として、「なぜこうなったのか」というお気持ちが解消されないとなかなか難しいと思うのですが、今のお父様のお話を聞いて、いかがでしょうか。

まあ、確かに、そういうことはあったと思います。ただ、それが離婚をするほどのことなのか、そこがやはり納得というか理解ができないのです。

調停人：離婚するほどのことかどうか、というのは個人の考え方にもよりますので、さとしさんにとっては離婚するほどのことでなくても、たまみさんにとっては離婚するほどの大変なことだったという理解をすることは可能でしょうか。

まあ、そうですね。感じ方は個人によって異なりますからね。

調停人：ご理解いただきありがとうございます。そうしますと、次に、今後どうするか、という問題があるわけですが、たまみさんは離婚を希望されているということですが、さとしさんはいかがでしょうか。

妻が強く離婚を希望しているのであれば、やむを得ないと思うのですが、離婚となれば一体どうなるのでしょうか。

219

調停人：どうなるというのは、今からお二人のご意見をうかがっていければと思うのですが、今の時点でさとしさんがご心配になっているようなことは何かありますか。

私はまだ子どもに数回しか会っていなくて、正直言って、父親の実感もあまりないです。今後、離婚したら養育費を支払っていく義務があると思いますが、父親の実感が持てない子どもに対して、今後20年近く払い続けるということができるかどうか。もちろん、時々は会って成長する姿を見たい気もしますが、今はそこまで気持ちが追い付きません。それよりも、１、２年の結婚生活の失敗によって今後20年近く足かせをはめられるようなそんな感覚になってしまったりします。

足かせだなんてひどい！　実際に大変な思いをして育てていくのは私なのに……。（妻が再び泣き出し、沈黙が広がる）

調停人：ちょうど半分の時間が経過しましたので、ここで10分ほど休憩をとりましょうか。休憩しながら、たまみさんもさとしさんも、もし離婚をするとなれば、お子さんのためにどんなことができるのか、相手にはどんなことを求めたいのか、そういったことを考えてみていただけますか。具体的な養育費の金額や面会交流の回数をお考えいただくことも必要なのですが、お二人の場合、お子さんが生まれたばかりの時期に離婚されるわけですから、離婚後のお父さん・お母さんとしての関係のほうがずっと長く続くことになります。ですので、条件面だけではなく、お二人の関係性とか、お子さんとの親子関係とか、少し幅を広げてお考えいただければと思います。

ADR ポイント！

・**親族の同席許可**

　他方当事者も親族の同席に同意する場合というのは、大抵の場合、その親族を同席させても問題がないことが多い。出しゃばりすぎて協議を乱してしまったり、偏った考え方で相手を攻撃するような問題のある親

族であれば、決して他方当事者は同席を許可しないからである。この事例でも、妻の父は言葉を選び、相手にも敬意を表しながら話している。また、妻の説明だけでは言葉が足りない部分があったが、妻の父が補足することで、調停人や夫の理解が深まっている。

このように、親族の同席は例外的に協議に資することもあるため、一律に禁止するのではなく、個別に判断できる制度が望ましい。

・自分の気持ちが決まっていない

ADRの当事者の中には、まだ自分の気持ちさえ決めかねている当事者もいる。この事例の夫は、妻から離婚を迫られた時点で思考が停止しており、そこから考えが前に進んでいない。このような場合は、考えるうえで必要な情報は何なのか、寄り添いながら進める必要がある。

・感じ方はそれぞれであることの指摘

この事例では、妻が離婚したいと言っていることに対し、夫が「それが離婚理由になるとは思えない」と発言している。それに対し、調停人は、離婚するほどのことかどうか、感じ方はそれぞれであることを指摘している。このように、一つの事実であっても、当事者双方で感じ方が異なったり、見ている部分が違うことがよくある。そのような場合、議論の本筋とは関係のないところで、互いの気持ちを言い合っているだけで終わることが多い。

そのため、どちらも間違えではなく、それぞれに違う考えを持っているだけであること、また、その違いを一致させなければいけないわけではないことを調停人が当事者に示すこともある。

・子どもが幼い場合の協議は調停人の役割が大きい

この事例のように、里帰り出産から別居に至る事例も少なくない。産後クライシスという言葉があるが、この時期、さまざまな理由で夫婦関係が悪化しやすい。大抵の場合、時間をかけ、夫婦としてだけではなく、子どもの父母として関係性を築いていくわけだが、残念ながら修復不可能なほどに夫婦関係がこじれてしまい、離婚に至る夫婦もいる。

このような場合、別居親である父親は、子どもとほとんど関係性ができておらず、大きな戸惑いを感じるものである。一緒に暮らし、自分の

子どもとして愛情があるからこそ、養育費や面会交流へと意識が向くが、血がつながっているだけでは気持ちのうえでは他人に近い。そのような子どもに対し、これから先20年近くお金を払い続けるのは負担感がある。

　一方、面会交流をしながら親子の感情を育むといっても、乳幼児の面会交流は同居親の負担も重い。そのため、子どものために実父の存在が大切であることを双方が真剣に受け止め、我慢強く取り組まなければ実現不可能なのである。そこには、法律だけではなく、家族問題の専門家としてのアドバイスが有用であり、調停人による情報提供が必要な部分でもある。

事例5 「長年の感謝は伝えたい。でも、もう気楽に生きたいんだ」

　当センターでは、未成年の子どもがいる年代の夫婦の利用が多いが、いわゆる熟年離婚層の利用も一定数ある。長く同居していたからこそ、苦しみや憎しみが深い場合も多い。離婚意思が合致している場合はよいが、一方が離婚に消極的な場合、金銭面の条件を話しながらも、さまざまな思いが錯綜することもある。

　以下に紹介する事例のような夫婦は実に数多く存在する。夫婦ともに50代、子どももある程度成長していて、夫が離婚したい、妻が離婚したくない、という事例である。加えて、妻が専業主婦（もしくはパート）だと、まさに妻にとっては厳しい現実が待っている。夫の年収が1000万円程度あったとするとどうだろうか。1000万円というと、かなりの高収入であるが、家族の意識も「年収が1000万円もあれば、裕福な生活ができるはず」と考えるため、生活費全般が膨らみやすく、子どもが大学を卒業した時点では何も財産がない場合も少なくない。現時点で財産がなかったとしても、夫は、今後も高収入が続き、それを一人で消費できる。一方、妻はほとんど稼ぐ力がなく、まだ年金も受給できない（そもそも、年金だけで生活すること自体が厳しいが）。そのため、妻は、夫が好きとか嫌いとかの問題ではなく、生活のために離婚ができない。加えて、ここまで自分が家事・育児を頑張ってきたことに対して、「報われない」という感情を抱きやすい。子どもの巣立ちも目前で、自分には何も残されないような感覚に陥るのである。

　以下では、夫は離婚を希望しているが、妻はまだ決断できずにいる事例を紹介する。

夫婦不和の経過

　夫は海外勤務が多く、子どもが小さいころは、妻も夫に帯同し、いくつか
の国を転々とした。しかし、子どもが大きくなるにつれ、学校の問題もある
ことから、夫が一人で単身赴任をすることが増えた。これまで、離婚という
言葉が二人の口から出たことはなかったが、互いに不満を抱えていた。

　妻としては、家事・育児に参加しない夫への不満があったが、経済的な苦
労はなかったことから、離婚までは考えなかった。一方、夫は、ATM のよ
うに扱われることや、依存体質な妻の言動に疲れていた。

　そのような中、夫は、3 度目の単身赴任でアメリカに赴任した。単身赴任
中、妻の両親が体調を崩し、施設入所を検討する事態となった。妻は、夫と
の時差も考えず、度々連絡をよこした。仕事中や就寝中という理由で応答し
ないと「私たち家族のことをないがしろにしている」、「離れていて何もでき
ないんだからせめて相談には乗るべき」と怒りの LINE を連発した。

　夫は、仕事に集中したいのに、こうした連絡で気持ちを乱されるのが嫌に
なった。思えば、こうしたことが結婚以来、ずっと繰り返されてきたのだ。
それでも、離れていれば何とか我慢できるが、いつかは本帰国することにな
る。同じ家で暮らすことはもはや想像できず、離婚を決意するに至った。妻
に対して離婚の意思を伝えたが、「急に言われても困る」の一点張りで、話
し合いが進まなかった。

　夫はアメリカにいながらにして日本の家庭裁判所を利用するには弁護士に
依頼するしか方法がなかったが、長年連れ添った妻との離婚を代理人弁護士
任せで進めることにも違和感があった。そのため、離婚協議が進まないまま
3 年が経過したところで、ADR の存在を知り、利用に至った。一方、妻は、

申立人夫　ただし
56歳　会社員

仕事一筋。家族とのつながりは薄い。こ
れまでの給料はほとんど妻と子どもに渡
してきた。まじめで我慢強いが一度決め
たことは変えない意志の強さがある。

相手方妻　ひさこ
52歳　専業主婦

これまで、夫と子どもに尽くしてきた。
感情の起伏が激しく、負の感情の表出が
多い。精神的にも経済的にも夫に依存し
ている。趣味や友人は少ない

離婚協議に応じたくない気持ちであったが、突然送金を止められても困るとの思いから渋々 ADR に参加することにした。

調停の経過

オンラインにて同席調停を行った。当初、夫は妻の顔を見ると話しづらいということで別席を希望していたが、それでは真意が伝わらないと強く妻が主張したため、夫としても話が進みやすいのであればと同席に同意した。初回期日の冒頭、妻は、カメラをオンにした状態で参加したが、逆光でほとんど表情が読み取れないほど画面が暗かった。調停人が「もう少し明るく見える場所でお話しいただくことは可能ですか」と促したが、妻は、ここのところ心労であまり眠れず、ひどい顔をしているので顔をあまり出したくないとのことであった。夫もそれ以上求めることは希望しなかったため、妻の表情が読み取れない状況で調停が開始した。

調停の現場

調停人：すでにお二人の気持ちは書面等で確認させていただいているのですが、あらためて、この協議の場で、どのようなことをお話し合いになりたいか、それぞれ教えていただけますでしょうか。申立人のただしさん、お願いできますか。

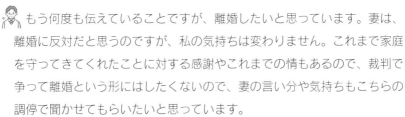 もう何度も伝えていることですが、離婚したいと思っています。妻は、離婚に反対だと思うのですが、私の気持ちは変わりません。これまで家庭を守ってきてくれたことに対する感謝やこれまでの情もあるので、裁判で争って離婚という形にはしたくないので、妻の言い分や気持ちもこちらの調停で聞かせてもらいたいと思っています。

調停人：ありがとうございます。続きまして、ひさこさん、お願いできますでしょうか。

夫はいつも LINE やメールで一方的に伝えてくるばかりで、真意がよくわかりません。私としては、離婚をするつもりはないので、この話し合いに応じるかどうか迷いましたが、理解できないことが多いので、いろいろ

225

と聞かせてもらいたいと思っています。

調停人：ただしさん、ひさこさん、ありがとうございました。現状では、お二人の離婚意思は合致していないことになりますが、まずは、双方の気持ちを深く理解するところを目指して始めるのはいかがでしょうか。先ほど、ひさこさんからわからないことが多いので、いろいろ聞かせてほしいとのご発言がありました。ですので、まずは、ひさこさんからただしさんにお尋ねになりたいことをお聞きいただければと思いますが、よろしいでしょうか。

まあ、いろいろあるのですが、なぜ急に言い出したのかということが気になります。これまでも、別に仲の良い夫婦ではありませんでしたが、離婚せずにやってきました。単身赴任が終わった後に同じ家に住みたくないというのであれば、別居でもいいかなと思っています。それでも離婚したいなんて、他に女性でもできたのかと思ってしまいます。それに、私の口うるさいのが嫌になったとのことですが、それも今に始まったことではなく、昔からです。なぜこのタイミングで離婚なのかが知りたいです。

大前提として、今妻から質問されたことはすでにメールでのやりとりで回答済みではありますが、あらためて口頭で聞きたい趣旨と理解して、お話しします。別にこれまでも仲のいい夫婦でなかったという点については私の理解も同様です。ただ、単身赴任で離れていることも多かったので、我慢できました。今後も別居であれば我慢できると思われるかもしれませんが、夫婦である以上、あなたからの攻撃的なメールや LINE はやむことはありません。

　それに対して、あなたは、それが嫌なら一切連絡しないと言いましたが、そうであるなら、夫婦である必要はあるでしょうか。本来、夫婦は相手を思いやったり、一緒に過ごしたいと思うものだと思いますが、私にはその気持ちはもうありません。あなたも同様だと思います。おそらく、金銭的な面で不安があり、離婚に同意できない状態だと思いますので、あなたが希望する離婚条件を教えてもらえれば検討します。

調停人：ただしさん、ありがとうございます。ひさこさん、お聞きになって

いかがでしょうか。

 たしかに、夫からこういう内容のメールがきたことがありますが、そう言われても納得できないですよね。

調停人：納得できないという部分をもう少し教えていただけますか。

 これまで一生懸命子育てをしてきて、ようやく子どもたちが巣立ったところです。このタイミングで離婚だと言われても、納得できませんよ。私は、夫に帯同したり、子育てをするためにこれまで無職でした。今さら働くのも難しいです。何だか、家政婦の役割が終わったからもう用無しだと言われている気がします。夫に愛情があるとかではないので、夫婦としては関係が終わっているわけですが、離婚すると私には何も残らない気がして……。

これまで、妻は「納得できない」の一点張りで、金銭的な支援を約束しても前向きに離婚を考えてはくれませんでした。先ほどの発言で、妻がなぜ納得できないと考えているのかがよくわかりました。僕は離婚をしても、キャリアが残っています。まあ、後数年ですが。一方、妻にはありません。ですので、そこの部分を金銭面の援助でカバーしたいと思っていますし、そのほかに何か求めたいことがあれば、できる限り応じようと思っています。

金銭面の援助ばかり言われて、何だかお金で釣られて離婚するような気持ちになってしまいます。

もちろん、お金以外でも何か求めたいことがあるなら応じたいと思っています。そこの部分を具体的に聞きたいです。

そう言われてもすぐには思い付きません。

調停人：ここまでお二人のお話を聞かせていただきましたが、お二人とも、夫婦としてうまくやっていくことは難しいという気持ちは一致しておられますよね。ただ、ひさこさんは納得できないお気持ちもあって、その納得のできなさは、子育てが終わったこの時期の離婚であって、何だか何も残らないような気がすると。だからといって、お金のことばかり言われても積極的に離婚を検討できないということですよね。ただしさん、何か加え

227

てご説明になりたいことやひさこさんにお聞きになりたいことはあります
か。

👨 妻の気持ちは理解しました。ただ、一点、抜け落ちている事実がありま
す。これは初めて伝えますが、私が離婚をしたいと思う理由をつくったの
は妻だということです。結婚生活はお互い様だと思うので、妻だけを責め
るつもりはありません。でも、妻からの執拗なメールや LINE がなければ、
私だって離婚を求めたりしません。妻の話を聞いていると、まるで被害者
のように聞こえるのですが、私だってつらい思いをしてきたし、そこはお
互い様だと思っています。私が離婚を言い出した理由は妻の言動にあるこ
とを理解してほしいです。

👩 私がそんなふうにメールや LINE をしなければ、家族のほうを見てくれ
なかったあなたが悪いんじゃないですか！

調停人：ちょっとよろしいですか。多分、今の議論を進めても、「どちらが
　　先に悪かったか」はきっとわからないように思うのですが、いかがでしょ
　　うか。

👩 まあ、そうですね……。とにかく、私としては、今日の時点で、離婚に
応じるという回答はできません。

調停人：ここまで、離婚するかしないかについてお話をしてきましたが、現
　　時点では残念ながら離婚合意が難しい状態です。今日はまだ初回ですので、
　　次回を設定して、ひさこさんから「このような条件なら離婚に応じてもい
　　い」というのをお考えいただくのもいいかと思います。また、ただしさん
　　から、「こういう離婚条件でどうか」というご提案をいただく形でもいい
　　かと思います。ただ、お二人の気持ちがいくら話しても変わりようがない
　　のであれば、不成立で終了もやむなしかと思うのですが、お二人はいかか
　　でしょうか。

👨 僕が ADR で協議をしたかった理由を説明してもいいでしょうか。僕は、
妻とのこれまでの生活に感謝もしているし、僕自身の至らなかった点もあ
ると思っています。ただ、現状を考えると、僕は妻と夫婦としてやってい
くどころか、二人きりで会話すらできない状態です。ですので、離婚を決

意しました。そうは言っても、これまでの情や感謝もあるので、財産分与とか、今後の生活支援はできるだけしようと思っています。そんな気持ちがあるので、現時点で弁護士に依頼して裁判所で争うことはしたくないと思ってADRを利用しました。

　ただ、妻が離婚に応じてくれないのであれば、もう次のステップに進むしかないと思っています。つまりは、弁護士に依頼して裁判離婚を目指すことになります。そうなれば、当然、現在のような気持ちで金銭面の援助を申し出ることはありませんし、おそらく妻も弁護士に依頼して、弁護士対弁護士の争いになっていくと思います。脅しのように聞こえるかもしれませんが、妻には、そういう未来をわかってもらっておいたほうがフェアだと思いますので、あえてここで言わせてもらいます。

調停人：ありがとうございます。このままADRで合意できなかった場合の次のステップをお聞かせいただいたということですね。ただしさんの離婚意思がお強いということもよくわかりました。ひさこさん、何か仰りたいことやご質問などはありますか。

本当に脅しみたいですよね……。でも、私は私の権利も守りたいと思いますので、さっき仰っていただいたみたいに、離婚するならどういう条件を求めるか、考えてみたいと思います。

調停人：わかりました。では、次回を設定するということでよろしいですか。

はい。ただ、次回期日には参加したくないと判断したときは、ADRをやめてもいいですか。

調停人：もちろんです。ADRはいつでもどちらかでもやめられる制度ですので、ご参加にならないという判断をされましたら、いつでもご連絡ください。また、お一人で考えるのが難しいという場合は、期日間に法律相談に行かれるという方法もあります。さっき仰ってくださったように、ご自身の権利をどんな形で守れるか、お考えいただければと思いますし、この調停の中でも、お二人共に納得する合意案を見つけていければと思っています。

━━━━━━━━━━━━━━

ADR ポイント！
━━━━━━━━━━━━━━

・相手の気持ちを変える魔法はない

　離婚するか否かを扱うADR案件も相当数ある。中には、調停人が間に入れば何とかしてくれると考えている当事者もいるが、ADRで話し合えば、どちらかの気が変わって合意できるというほど現実は甘くない。大抵は、調停人を介して話し合ったとしても、双方の意見は変わらないことがほとんどである。しかし、けんか腰になったり、言い争ったりせず、冷静に話し合いをする中で、どう議論しても平行線であることや相手の気持ちは変えられないことを実感することも大切である。

・夫婦だけでは到達できないとこまで議論する

　双方の離婚意思が合致しない場合、一方は離婚したい、他方はしたくない、その気持ちを表明して終了、ではADRを利用してもらう意味がない。そういった当事者の気持ちを掘り下げて話してもらったり、自分でも気づいていないこだわりに気づいてもらったり、夫婦だけでは到達できないところまで議論を深めたり広げたりするのがADRの役割である。この事例では、妻の「納得できない」という気持ちを掘り下げることで、夫の理解が深まったと言える。

・合意できなかった場合の次の一手を話題にする

　議論の深め方の一つの方向性が、このまま合意できない場合はどうなるか（どうするか）という次の一手を話題にすることである。本事例では、夫が自らADRで合意できなければ、という今後の進行を話題にしているが、調停人から、このまま合意できなかった場合の進行について話題にすることもある。本事例の妻のように、「ここで合意できなかったら○○する」という発言を脅しのようにとらえる当事者もいるが、将来予測なくして最適な判断は難しいと思われる。無理をしてADRで合意する必要はなく、ここで合意すればどうなる、家庭裁判所の調停や裁判に進めばどうなるということを正確に把握したうえで判断することが当事者の利益につながると考える。

事例6 「どうやって話し合ったらいいのかわからないのです」

　事例5のような熟年夫婦の離婚と対極にあるような、婚姻期間が短い夫婦もいる。昨今、結婚相談所が気軽に利用できるようになり、婚活アプリの利用者も増えている。こうした結婚相談所やアプリで出会った二人は、交際期間が短く、共通の目的である「結婚」にまっしぐらなことがある。そのため、お互いのことを深く理解しないままに結婚する人たちが少なくない。その結果、結婚してすぐに違和感が出てきて、離婚に至ることもある。

　こうした夫婦は、そもそも「修復」するほどのベースがないこともあり、また、離婚条件も単純なことが多いため、簡単に離婚できるようにも思われるが、結婚したばかりなので世間体が悪いとか、「結婚」という幻想にも似た理想を手放すことができず、なかなか協議が整わないこともある。

夫婦不和の経過

　夫婦は、結婚相談所で知り合った。妻は、35歳という年齢もあり、早く結婚して子をもうけたいと考えていた。一方、夫は、これまで仕事一筋で、異性と交際する機会が少なかったが、親に孫の顔を見せてやりたいとか人並みに幸せな家庭を築きたいという気持ちがあり、結婚相談所に入会した。二人

申立人夫　たつや
36歳　会社員

まじめな性格で責任感が強い。職場では評価が高く、後輩からも慕われている。異性の友人は少なく、交際経験も少ない。

相手方妻　ゆかり
35歳　専業主婦

何事も計画的にものごとを進めるのが好き。人当たりも良く、友人も多いが、広く浅く付き合うタイプである。マイペースだと思われることも。

は、何人目かのマッチングで出会い、互いに特に不満がなかったことから出会って半年後には結婚した。

　二人は、同居生活を開始した直後から、さまざまな「違和感」に見舞われた。妻は、当たり前のように夫婦別室を希望したうえに、妊活に協力してほしいから病院に一緒に行ってほしいと夫に伝えた。夫は、何だか自分が子づくりの道具として扱われているような気がした。一方、夫は、妻が友人と遊びに行ったり、実家に帰ろうとすると、「食事の準備だけはしていってほしい」と妻に伝えた。妻は、自分が家政婦として求められているように感じた。こうした日々のすれ違いの中、夫が実家に帰る形で別居が開始し、その後、夫が離婚を求めて ADR を申し立てた。妻としては、夫がいきなり家を出てしまい、妊活ができなくて困ったことから、ADR を受けることにした。

調停の経過

　調停の冒頭で、調停人が初回説明を行い、「何か質問はありますか」と尋ねたところ、しびれを切らしたように妻が話し始めた。

調停の現場

いきなり家を出て行って、その後、離婚したい旨のメールがあっただけで、まだ何も夫婦で話し合っていないのに、いきなり第三者を挟んでの話し合いが始まり、正直言って戸惑っています。

調停人：そうだったのですね。お二人ではまだしっかりとお話し合いができていない状況なのですね。そういったお気持ちがありながらも、ADR によるお話し合いをお受けいただきありがとうございます。この場でしっかりとお二人のお気持ちをお聞きできればと思います。

突然に申し立てたことは申し訳なかったと思っています。ただ、一度別居すると、どんなふうにコミュニケーションとればいいかわからなくなってしまって……。

調停人：お二人ではなかなかお話し合いができないとお感じになっていたのですね。まだ、離婚したい理由などもお伝えになっていないということで

すので、まずそのあたりからお聞きできればと思うのですが、いかがで
しょうか。

🧑 まあ、妻もわかっていると思うのですが、あまりお互いを知らないうち
に結婚してしまったのが一番の問題だと思います。結婚生活を始めて、す
ぐに妊活のために病院に連れていかれたことにも驚きましたし、僕のお給
料で生活をしているのに、妻は親族や友人との予定を優先してしまい、妻
としての責務を果たしてくれませんでした。そのうち、妻と一緒に生活し
ていると他人と同じ家にいるような違和感があって落ち着かず、実家に戻
りました。別居も離婚も何も相談せず申し訳なかったと思うのですが、も
う話し合うこと自体ができなくて。

調停人：たつやさんとしては、妊活のことやゆかりさんの交友関係のことな
どに違和感があって、同居生活が難しくなってしまったということですか
ね。ゆかりさんのお気持ちも聞かせていただけますか。

👩 確かに病院に行ったタイミングは早かったかもしれませんが、結婚前か
ら子どもが欲しいことは伝えていましたし、年齢的にも急がなければいけ
ないことは一般的にわかると思います。私こそ、「食わせてやっているん
だから家事をしろ」みたいに言われて、何だか家政婦扱いされて嫌でした。

🧑 やはり、お互いに結婚を急いでしまったという側面があるので、いろい
ろと問題が起こったのだと思います。それ自体はもう仕方がないので、傷
が広がらないうちに清算したいと思っています。つまりは、早期に離婚を
したいと考えていますが、ゆかりさんはどうでしょうか。

👩 私としては、まだ結婚生活が始まったばかりなのに、すぐに離婚を選択
するのは努力不足な気がしています。お互いの嫌な部分を話し合って、再
出発したいという気持ちがあります。

調停人：たつやさんは傷が深まらないうちの早期の離婚を希望していて、ゆ
かりさんは、逆にまだ始まったばかりの結婚生活なので、話し合いをする
などして続けていきたいということですね。

🧑 妻は夫婦生活を続けたいのではなくて、妊活を続けたいのだと思います。
僕はもう妊活に協力するつもりはありませんが、それでも離婚する気がな

233

いのでしょうか。

調停人：たつやさんとしては、ゆかりさんがお子さんをもうけることに重点があって、夫婦生活そのものではないとお感じになっているということですね。ゆかりさん、ご意見はいかがでしょうか。

私としては、結婚と妊活を切り離して考えたことはありません。結婚を継続するということは、当然に妊活にも協力してもらいたいと思っています。

だから、そこが僕と考え方が違うところなんです。僕が妊活に協力しないなら、結婚生活も必要ないでしょう。

それはすごく身勝手な考え方だと思います。親族や友人にも結婚したことは報告しているし、結婚すれば、子どもをつくる努力をするのも当然だと思います。それをわかって結婚していながら、いまさら妊活もしたくない、離婚したいは無責任ではないでしょうか。

（妻の言葉を最後まで聞かずに）無責任と言われても構いません。僕はとにかく離婚したいんです！

調停人：たつやさん、少し落ち着いてください。最後まで相手のお話を聞く約束を思い出してくださいね。さて、ここまで聞かせていただいて、お二人のお気持ちはよくわかりました。そこで、どんなふうに解決していくかということですが、現時点では法律的には離婚が強制されるという状況ではありませんが、妊活はたつやさんのご協力がなければ成り立ちません。ゆかりさんは結婚と妊活が一体だと仰っているのですが、たつやさんは違うお考えのようです。

　もちろん、時間をかけて互いに理解を深めていくということはできるかもしれませんが、少なくとも今すぐに別居を解消して妊活をスタートするというのは、たつやさんのお気持ちを考えると難しそうです。ゆかりさんとしては、妊活と一体でない婚姻生活を現在のように別居で継続するということはいかがなのでしょうか。

妊活と結婚生活を一体として考えられないのであれば、私としても結婚生活に意味はないと思っています。ただ、先ほども言いましたが、結婚し

てすぐに離婚だなんてみっともないので、何等かの形で責任をとってほしいと思っています。

 責任というのはお金ということですか。

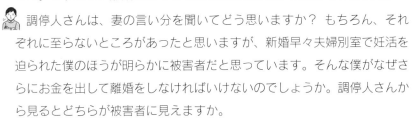 そうですね。生活の保障と言ってもいいかもしれません。私は妊活に専念するつもりで派遣の仕事も辞めてしまいました。今は生活の糧がありません。ですので、離婚したくてもお金の援助がないと決断できません。

 調停人さんは、妻の言い分を聞いてどう思いますか？ もちろん、それぞれに至らないところがあったと思いますが、新婚早々夫婦別室で妊活を迫られた僕のほうが明らかに被害者だと思っています。そんな僕がなぜさらにお金を出して離婚をしなければいけないのでしょうか。調停人さんから見るとどちらが被害者に見えますか。

調停人：私は、どちらが被害者か判断する立場にはありませんが、おそらくお二人ともがご自分が被害者だと思っている状況かと思います。そもそも、相手のことを大切に思ったり、一緒に生活をしたい、触れあいたいという気持ちがあって、その先にあるのが結婚だと私は思います。しかし、お二人の場合、結婚にそれぞれ目的があって、その目的が違ってしまっていたということなのではないでしょうか。

　結婚観は人それぞれですから、誰が間違っているというものではないと思いますので、違いがわかった時点でお互いに歩み寄れないのであれば、関係解消がお二人のためになるのだとは思います。その解消の際、どちらかがお金の支払いをするのか、それともほかの方法が何かあるのか、そういうお話をここからやっていくというのはいかがでしょうか。

 僕はお金の支払いをするつもりはまったくありません。いろいろ調べましたが、そういう義務はないと思います。私は現在妻に婚姻費用を支払う義務が法的にありますが、今妻が住んでいる賃貸マンションの家賃は僕が支払っていて、その金額だけで婚姻費用は上回ります。それに、早く賃貸契約を解消したいと思っていますが、さすがにそれは妻が困るだろうと思って思いとどまっています。

調停人：たつやさんはあくまで金銭を支払っての解決は望んでおられないと

いうことですね。ゆかりさんのご意見はいかがでしょうか。たとえば、金銭以外で何かお求めになりたいことなどありますでしょうか。

確かに、賃貸マンションの契約を切られるのは困ります。実家の両親にはまだ離婚するかもしれないとも言っていないので、実家に帰るわけにもいかないですし、結婚したばかりで両親に離婚を切り出せるはずもありません。

調停人：ゆかりさんとしては、ご両親に離婚の話をすることが難しく、そうなると実家にも帰れず、今のマンションに住み続けることをご希望になる、ということですね。

僕もその点は理解できるので、ある程度の期間であれば、賃貸契約を継続して、生活の援助のつもりで家賃を負担してもいいと思っています。ご両親に離婚を言いたくないというのであれば、僕からも連絡したりはしません。その代わり、籍自体は早急に抜いてほしいと思います。

調停人：今、たつやさんからご提案いただいた内容は、ゆかりさんのご希望にも沿うものだと思うのですが、いかがでしょうか。籍を早期に抜くということは、お二人が次のステップを踏むうえでもいいことかもしれません。

確かに、そういう条件であればいいかもしれません。

調停人：そうしましたら、どの程度の期間、賃貸契約を継続するのかというお話し合いをしていきましょう。

ADR ポイント！

・二人だけでは話し合う基盤がない

　紛争性が高いがゆえに二人で話ができないということもあるが、この事例のように、そもそも話し合いの土台がない夫婦も案外と多い。調停を進めていく中で、「まだそんなことも互いに伝えていなかったのか」と驚くこともある。そのような場合、調停人が間に入ることで初めて互いの気持ちを確認できるのである。この事例でも、離婚したい理由も言わずに別居・離婚を希望しており、妻としては、まずは理由を聞かせて

ほしいということになっている。

・調停人の意見を求められることもある

　当事者の中には調停人に相手を説得してほしいとか、調停人に判断してほしいと考える人がいる。しかし、調停人は判断をする立場にはないし、自分の価値基準に当事者を当てはめて説得することもしない。そのため、そのように説明することになるが、ときには、自分としてはこう思うという意見を述べる場面があってもいいのではないだろうか。そうすることで、停滞していた調停が進み始めることもあるし、調停人と当事者の関係が作られていくこともある。この事例では、どちらが被害者だと思うかという問いに対し、調停人は「それを判断する立場にはない」と答えるのみではなく、どちらが被害者かという議論よりも、双方の結婚観が婚姻を継続しがたいほどに違っているのであれば、婚姻を解消したほうが双方のためになるのではないかという考えを述べている。

・代替案の提示

　この事例では、賃貸マンションの家賃を夫が負担することや、離婚をしたことを妻の両親には告げないことが早期に離婚するうえでの代替案として夫から提案された。妻もそれに異を唱えなかったため、調停人はそこを深めるような進行とした。このように、双方の対話を促進しているうちに、いろいろな案が出され、そのうち当事者の納得度が全体として最大になるものが合意案になっていく。

事例 7　「勝手に申し立てられて迷惑です」

　ADR では、比較的穏やかな雰囲気の中で話し合いが進んでいくが、例外もある。たとえば、DV やモラハラの加害者が相手方の場合、とげとげした嫌な雰囲気になることもある。DV やモラハラがあったとしても、第三者の前では、常識的な態度で調停に出席する当事者も少なくないが、一方で、第三者が間に入ったとしても、乱暴な態度や物言いが変わらない当事者もいる。後者の場合、最終的に合意するか否かは別にして、話し合いの過程で調停人が疲弊することがある。

夫婦不和の経過

　夫婦は友人の紹介で知り合い、1 年間交際をした後、妊娠が先行する形で結婚した。交際当時から、妻は、夫の言動に乱暴な点があることをわかっていたが、妊娠したこともあり、子どものために何とかやっていきたいという

申立人妻　ゆき
35歳　無職

自己肯定感が低く、「どうせ私なんて」と考えがち。長女を人一倍愛していて、何とか守りたいと考えている。

相手方夫　なおき
42歳　会社員

乱暴な言動が多く、怒りっぽい。何か物事がうまくいかないと、すべて他人のせいにする。人と円滑なコミュニケーションがとれず、トラック運転手として就労している。

長女　3歳

引っ込み思案で恥ずかしがりや。いつもパパの顔色をうかがいながら良い子にしている。

気持ちであった。しかし、日々繰り返される夫の乱暴な言動に疲弊していった。特に、飲酒をすると言動が乱暴になったが、そうでないときも夫の顔色をうかがう生活であった。

耐えかねた妻が市役所の家庭相談に出向いたところ、相談員から「あなた、それはDVよ。子どもさんのためにも早く離れないと」と言われた。確かに、長女を抱いているときも、そばにいるときも、夫は所かまわずどなり散らすし、その声を聞いて寝ていた長女が泣いてしまうこともあった。妻としては、まだ3歳だから記憶に残らないのではと思っていたが、相談員から「明確な記憶は残らないかもしれないが、体験は身に染みる。娘さんも将来DV被害者になりますよ」と言われ、離婚を決意した。

事前に夫に相談すると身に危険が及ぶと考えたことから、妻は、夫に告げずに長女を連れて実家に帰った。夫からは怒りのメールが届いていたが、第三者を入れて話し合いたいとだけ返信し、妻はADRに申し立てた。夫は、第三者を挟んでの協議に反対であったが、妻と連絡がとれなくなってしまったため、仕方なく応じることにした。

調停の経過

別席にてオンライン調停を行った。相手方からあらかじめ提出された資料には、妻が勝手に長女を連れて家を出ていったことを許さないこと、今後は一切お金を支払わないことなどが殴り書きで記載されていた。申立人である妻から話を聞き、次に夫の順番となったが、夫は、冒頭から不機嫌な様子で、態度も言葉も乱暴であった。

調停の現場

調停人：なおきさん、お待たせしました。先ほど、ゆきさんに、この調停でどのようなことをお話になりたいかを聞いていました。まずは、それをお伝えするのでもいいと思いますし、先になおきさんのお話をうかがってもいいかと思うのですが、どちらにしましょうか。

ゆきが何て言ってるか聞きますよ。

調停人：ゆきさんとしては、これまでの結婚生活でおつらいことが多かったので、離婚してほしいとのことでした。もし、離婚に合意してくれるのであれば、養育費や面会交流などについて取り決めをしたいと。そして、離婚に合意してくれないのであれば、当面別居の生活が続くので、婚姻費用を取り決めたいとのことでした。

何を勝手なことを言ってるんでしょうね。こっちは無断で子どもを連れていかれた被害者なんですよ。それを金よこせってどういうことなんでしょうね。

調停人：なおきさんとしましては、ゆきさんが相談もなくお子さんを連れてご実家に帰られたことに怒りを感じておられるのですね。

そりゃ誰だって怒るでしょう！

調停人：なおきさんは、この調停でどのようなことをお話し合いになりたいとお考えですか。

お話し合いって言われても、勝手に出ていかれて、勝手に申し立てられたんで、どうしたらいいかこっちが教えてほしいですよね。

調停人：あまりに唐突で、「どうしたい」という具体的なものがまだないという状態でしょうか。

「どうしたい」ってどういうこと？　もっとわかりやすくしゃべってくれる？

調停人：たとえば、お子さんを連れて戻ってきてほしいとか、ゆきさんが希望されるのであれば離婚でいいとか、そういった点はいかがでしょうか。

ゆきは戻ってこなくていいですけど、子どもは返してほしいですよね。それで、養育費を払ってくれたら離婚でいいですよ。

調停人：なおきさんがお子さんの親権者になってお子さんをお育くになるということでしょうか。

はい。そうですけど。

調停人：では、なおきさんのお考えをゆきさんにお伝えしてみようと思うのですが、なおきさんがお子さんを引き取って育てるということは、現実的

なのでしょうか。

それ、どういうこと？　俺には育てられないって言いたいの？

調停人：いえ、そういうことではありません。お子さんはまだ 3 歳と小さい
　　ですし、一人で働きながら育てていくことは、誰にとっても大変です。お
　　子さんをすぐに保育園に預けれられるのか、預けたとして、毎日定時で退
　　勤してお迎えに間に合うのか、週末は仕事が入らないのか、そういった視
　　点で検討することが必要かと思います。

そんなのやってみないとわからないですよ、正直言って。でも、なんと
　　かするしかないですね。

調停人：わかりました。では、なおきさんのお考えに対するゆきさんのお気
　　持ちを聞いたうえで、また戻ってきます。

どうでもいいんですけど、こんなやりとりで何か解決しますか。

調停人：こんなやりとりとはどういうことでしょうか。

お互いに顔も見ないで、間で調停人が行ったり来たりするだけで。こん
　　なんで話が進むと思いますか。

調停人：なおきさんは同席調停をご希望になりたいということでしょうか。

いや、調停人さんはどう思ってるか聞いてるんですけど！

調停人：確かに、同席調停のほうが真意が伝わりやすいというのはあるかも
　　しれませんが、同席だと話しにくい人もいるかもしれませんよね。ですの
　　で、当センターでは、どちらか一方でも別席調停をご希望になった場合は
　　別席調停を行うルールになっています。

もう、いいよ。これ以上話しても無駄だね。俺は勝手に出て行った奴に
　　一銭も払うつもりはないと伝えてくれますか。

ADR ポイント！

・ペースを乱すやりとりでもあくまでマイペースで

通常は、丁寧語でやりとりが進み、調停人の「どのようにお考えにな

りますか」といった質問に対し、相手方が考え方を回答するというようなやりとりになる。しかし、こういった事例の当事者は、そもそも丁寧語では話さないことも多いし、逆に質問されたり、同意を求められたり、イレギュラーな返事が返ってくることも多い。こういったやりとりに慣れていないと、ペースを乱されてやりにくいと感じる調停人も多いと思われるが、相手が誰であっても、一定の距離感と礼節を保って調停を行う必要がある。

・同意を求められても（試されても）応じない

当事者の中には、乱暴な口調や横柄な態度で調停人に威圧感を与え、自分の味方につけたり、自分のペースで進めようとする人がいる。この事例の夫も、調停人に対し、「そりゃ、怒るに決まっているでしょう」とか、「調停人さんはどう思っているか聞いてるんですけど！」と威圧的に声を荒げたりしている。また、「問題があると感じたら、調停人の交代を希望したいと思いますので、そのつもりでやってください」と圧力をかけてくる当事者もいる。こうした言動は、男性当事者と女性調停人という組み合わせで見られることが多く、ジェンダーバイアスが根底にあることも考えられる。しかし、いずれにしても、調停人は、あくまで当事者に迎合したり同調したり萎縮したりせず、公平・中立であることが求められる。

・どのような当事者でも寄り添う

こうした対応が難しい当事者を担当すると、どうしてもその当事者に嫌な感情を抱いたり、他方当事者のほうに味方をしたくなったりする。それ自体は自然な感情であり、間違いや悪いことではない。大切なのは、そういった感情を抱いていることを自身で認識し、そのうえで公平・中立な立場であろうとすることである。

事例8 「共同養育がしたいんです！」

　家庭裁判所の調停では、面会交流に関する紛争も数多く、その多くが子ども
の拒否や何らかの事情で会わせられないと考える同居親と、何とか子ども
とのつながりを確保したい別居親の気持ちのぶつかり合いである。そのため、
自然と葛藤の高い事例が多くなり、月に1回数時間会う程度の面会交流がせ
いぜいである。

　しかし、ADR は大きく異なり、「会わせない」と主張する同居親が非常に
少ない。また、別居親も子どもの気持ちや生活リズムに配慮した面会交流を
主張することが多い。家庭裁判所と ADR でこのような違いが生じる一番の
理由は、紛争性や夫婦間の葛藤の程度の違いである。家庭裁判所の場合、相
当程度こじれているため、「子どもの福祉」よりも相手への嫌悪感が優先し
てしまい、「子どものため」という枕詞の次に自分の気持ち（エゴ）を語る。
しかし、ADR の場合、紛争性がそこまで高くない夫婦が多いため、夫婦の
不和と親子関係を分けて考えることができ、「私は嫌いだけど子どもは父親
が好き」、「会いたい気持ちは強いけれど、子どもの気持ちや生活を最優先に
してあげたい」といった発言が自然と出てくるのである。そのため、特に詳
細な取り決めをせず「子どもが会いたいときに会う」もしくは、「別居親が
会いたいときに連絡をくれれば、調整する」といった内容で合意する夫婦も
多い。

　一方で、共同養育的な面会交流を希望する夫婦もおり、この場合は充実し
た協議が必要になる。特に、子どもの年齢が低い場合、共同養育を実現する
ためには父母の協力関係が必須であるところ、葛藤が低いといえども離婚す
る二人である。行き当たりばったりではいずれけんか別れで面会交流は途切
れてしまう。そのため、理性的な話し合いの場で共同養育の計画を立ててお
く必要があるのである。

夫婦不和の経過

　夫婦は、互いに自分にはないところに惹かれて結婚したが、子育ての場面で衝突することが増えた。妻は、感情的になって子どもを叱ることが多かったが、その点を夫に指摘されるとプライドが傷つき、夫にばかにされているように感じた。一方、夫は、ある程度の育児方針の違いは仕方がないと思いつつも、よかれと思って発した言葉がすべてマイナスにとられ、攻撃になって返ってくる毎日に疲れていた。

　そのような中、長男の「パパとママがけんかするとお腹が痛くなる」という言葉をきっかけに話し合いを続けた二人は、当面別居するという結論に至った。そこまでは二人で合意できたが、別居中の子育ての分担については、二人だけで話すともめてしまいそうだったため、双方合意のうえで ADR を利用することになった。

申立人妻　さち
40歳　看護師

看護師として勤務。離婚後、夜勤はしない予定だが、遅番のときは帰りが20時過ぎになる。がんばり屋で何事も全力で取り組むが、気が強くてせっかちな一面も。

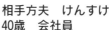

相手方夫　けんすけ
40歳　会社員

几帳面で穏やかな性格。子育てにも協力的で、妻に合わせようとする一面もあるが、基本的にはマイペースで自分の意見は変えない。特に、妻の子育てには異議を唱えがち。

長男　7歳　小学2年

しっかり者だが、新規場面に弱く緊張しがち。小学校入学時は、不登校気味になったことも。

二男　4歳

甘えん坊でママっ子。のんびり屋さんで少し手がかかる。

調停の経過

　同席でのオンライン調停を実施した。まだ同居中ではあったが、同室からの参加はさすがに気まずいとのことで、妻と夫は別室から調停に参加した。

調停人が調停にて話し合いたい事項を双方に尋ねたところ、夫は「共同養育の方法について」と述べたのに対し、妻は「別居時の面会交流について」と答えた。妻からは、婚姻費用についても取り決めたいとの希望が出されたが、面会交流が共同養育的に相当程度頻繁になる場合、婚姻費用の金額にも影響が出ることが考えられたため、まずは面会交流について協議することとなった。

調停の現場

これまで、僕もかなり育児を分担してきました。別居をしても、全く同じとまではいかなくても、できる限り、育児に参加したいと思っています。これは、僕自身の希望でもありますが、そうすることで妻の負担も軽くなりますし、子どもたちがなるべく以前と変わらない生活をするという意味でもいい方法だと思っています。ですので、僕は共同養育を希望しています。

これに関しては、私も同意しています。夜勤は外してもらう予定ですが、日勤でも遅番だとどうしても子どもたちのお迎えや食事の準備が難しくなってしまいます。ですので、私としてもけんすけさんの力を借りたいと思っています。ただ、これまでも子育てのことで喧嘩になることが多かったので、別々に住んでもそこが変わらないと別居の意味がないので、子育ては分担するけれど、もめない工夫をしなければと思っています。

調停人：けんすけさんもさちさんもお互いに育児分担をしていきたいというお気持ちだということ、よくわかりました。さちさんが仰るとおり、もめないような工夫もぜひお話し合いをしていければと思います。具体的に、どのような育児分担にするのがいいとお考えか、それぞれ教えていただけますでしょうか。

まず、別居後の妻の勤務がどうなるかを教えてもらって、それをフォローする形で僕が分担できればと思っています。ただ、僕も子どもたちとゆっくり過ごす時間はほしいので、土日とか長期休暇のことも決めたいですし、発表会とか運動会とか、そういったイベントへの参加についても決

245

めたいです。

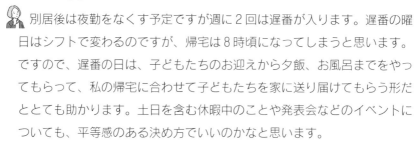 別居後は夜勤をなくす予定ですが週に2回は遅番が入ります。遅番の曜日はシフトで変わるのですが、帰宅は8時頃になってしまうと思います。ですので、遅番の日は、子どもたちのお迎えから夕飯、お風呂までをやってもらって、私の帰宅に合わせて子どもたちを家に送り届けてもらう形だととても助かります。土日を含む休暇中のことや発表会などのイベントについても、平等感のある決め方でいいのかなと思います。

調停人：具体的にご提案いただきありがとうございます。まず平日の分担から決められればと思いますが、けんすけさん、週に2回は遅番があるということなのですが、いかがでしょうか。

 前もってシフトを教えてもらえれば、特に問題はないです。ただ、お風呂については、徒歩数分といえども、冬は風邪をひきそうで心配です。ただ、8時以降にお風呂に入って寝かせるというのも寝る時間が遅くなってしまうし、その点は心配です。たとえば、遅番のときは僕の家に泊まらせるというのはどうでしょうか。

うーん、それでもいいような気がするのですが、どうなんでしょうか。

調停人：そうですね。小学校に入ると、持ち物とかも増えますので、明日の学校の準備も結構大変ですよね。平日に頻繁に行ったり来たりすることで忘れ物が増えたりして、お子さんには負担になるかもしれませんね。

そうであれば、僕は毎日定時で帰ろうと思えばできるので、僕が平日子どもの世話をするというのはどうでしょうか。

きっとあなたがそう言いだすんじゃないかと思っていたわ。あなたは、私の子どもたちへの接し方が良くないと思っているから、私の影響を少しでも少なくしたいんでしょう！

別にそういうわけではないよ……。

調停人：ちょっとよろしいでしょうか。今、平日はけんすけさんがお子さんたちをみるという提案がありましたが、これに対して、さちさんは反対ということでよろしいでしょうか。

はい、反対です。今まで、けんすけもよく育児を手伝ってくれていましたが、やはり私のほうが割合的には多かったと思います。それに、けんすけは、私の感情的な部分が子どもたちの教育に良くないと思っているようですが、私は逆に何でも理性的で理論的な接し方をすればいいとは思っていません。四角四面な子どもになりそうで……。

ちょっといいでしょうか。僕は別に四角四面に育てたりはしません。感情豊かな子になってほしいと思っています。単に感情的なのが悪いと言っているわけではなくて、自分の気分によって子どもたちへの接し方が変わったり、叱るときの口調が必要以上に子どもたちを萎縮させているのではと懸念しているだけです。

調停人：お二人ともそれぞれに相手の育児に対してご意見があるのはよくわかりました。ただ、少し話を元に戻したいと思うのですが、今問題になっているのは、さちさんが遅番のときのことでしたよね。この問題をどのように解決することができるでしょうか。けんすけさんからは、ご自分が平日を担当するのはどうかとご提案がありましたが、さちさんはそれに反対とのことです。他に何か良い案はありますでしょうか。

良い案ですか……。私は、冬でも暖かくしていれば、数分外を歩くだけで風邪はひかないと思っていますし、8時に帰宅してから急いでお風呂に入れば9時までには寝られますので、そんなに問題はないと思っています。私たちはこういうところからして、そもそも意見が合わないんです。こうした意見の違いがけんかに発展するのを防ぐために別居しようとしているわけですから、別居後は、お互いの育児に口を出さないようにしたほうがいいと思うんです。

別居はするけれど、どちらも親なわけだから、子どものためにならないことは指摘するのが当たり前だと僕は思うのですが……。これはどちらの考え方が正しいのでしょうか。

調停人：そうですね。さちさんは、別居後はお互いの育児に口を出さないというルールがいいと思っていて、けんすけさんは親なんだから相手の育児に対しても指摘して当たり前、ということですね。これは、どちらが正し

というものではないと思うのですが、冒頭でさちさんが仰っていたように、せっかく別居するわけですから、もめないための工夫が必要かなと思ったりします。

　ですので、私の個人的な意見を言わせていただきますと、ある程度は相手の育児には口を出さないという姿勢が必要かと思います。アメリカなどでは、こういった養育方法を「並行養育」と呼んでいて、紛争性の高い夫婦が円滑に子どもを共同養育していくための手法とされています。

それは、相手が不適切な養育をしていても、目をつぶれということですか。

調停人：いえいえ、もちろん虐待であったり、明らかにお子さんの福祉を害するようなことをしている場合はそれなりの対応が必要だと思います。

では、調停人さんは、真冬の夜 8 時にお風呂上りの子どもに外を歩かせることについてどう思いますか。

調停人：けんすけさん、先ほどは、あくまで参考にしていただければと思って私個人の意見をお話ししましたが、基本的にはお二人がどうお考えになるかが大切だと思っています。夜 8 時に外を歩かせることについても、どういった判断が正しいというものではなく、単に考え方が違うということだと思います。お二人は、離婚後も共同養育的な子育てを実現されようとしているわけですから、今回の 8 時の件と同様に双方の考え方が異なることが必ず出てくると思います。そういった際にどう解決するかですよね。

私は、さっきの並行養育、とてもいいと思います。8 時に送ってもらって、それからお風呂に入れて寝かせます。なるべく 9 時までには寝かせたいと思いますが、そこは私の養育パートとして任せてほしいです。別にこれは子どもの福祉を明らかに害するとは言えないと思います。そのかわり、けんすけの子育てには、私もなるべく口出しをしないようにしたいと思います。

調停人：けんすけさん、いかがでしょうか。

わかりました。8 時に送っていくことでいいです。風呂に入れるかどうか、こちらでの過ごし方によって変わってくるので、そこは任せてもらえ

ればと思います。

ADR ポイント！

・言葉の端々にヒントがある

　家庭裁判所の調停の場合、代理人弁護士がついていることも多く、当たり前ながら書面には明確に当事者の主張や希望が記載されている。しかし、ADR の場合、提出される書面も少なく、口頭で主張がなされることも多い。また、「穏便に解決したい」という気持ちが強い当事者も多く、自分の主張をオブラートに包んだ形で伝えようとする当事者もいる。そのため、ADR では、「この人は、本当の気持ちを語れているだろうか」という視点が必要である。この事例でも、夫が「共同養育」という言葉を使っているのに対し、妻は「別居中の面会交流について」と述べている。このニュアンスの差は、議論が進んでいく中で明らかになったが、最後まで当事者が本音を語れないこともある。

・対話促進か軌道修正か

　調停人は、当事者の主体的な話し合いをサポートする役割だが、話が横道にそれそうになったら軌道修正をしたり、問題を焦点化したりする役割がある。この事例では、冬の夜8時に子どもを送っていくことの是非の議論から、相手の養育態度の批判に発展してしまっている。そのため、調停人は、冬場の8時の帰宅の是非が問題になっていたことを思い出させるような発言をしている。

　一方で、こうした協議の流れを「横道にそれる」と考えるのではなく、主張の裏にある大切な本音が語られたと考え、このまま対話を進めるべきという考え方もある。どちらの進行が正解ということはなく、ケースバイケースではあるが、調停人は漫然と当事者の話を聞くのではなく、このまま話を進めていくのか、軌道修正するのか、ステージ管理の視点を持っておくことが必要である。

・調停人の意見を聞かれた場合の対応

　繰り返し出てきている内容ではあるが、本来、調停人は自分の意見を

述べたり、その意見にそって当事者を説得することはしない。ただ、当事者によっては、調停人に意見を求めることで、自分の言い分が正しいことを相手がいる前で支持してほしいという人がいる。そのため、当事者から「調停人の考えを聞かせてほしい」と言われた場合、セオリーとしては、この場は当事者双方が主体的に対話をする場であるため、調停人が意見を述べることは控えたいという回答になる。

　しかし、筆者は個人的には四角四面な対応では足りないと感じており、ときに自分の意見を表明することがあってもよいと考えている。この事例では、互いの育児に口を出すか否かという点について、調停人はどう考えるか夫から尋ねられている。調停人が夫ではなく妻の主張を支持するような発言をしたことから、「不適切な養育でも目をつぶれというのか」と反論されたり、「では、冬場の 8 時に外を歩かせることはどうか」と質問が続いたりしている。そのため、次の質問については、調停人は、自分の意見を述べるのではなく、当事者双方が主体となって話してほしい旨伝えている。

　このように、調停人の意見を述べたとしても、当事者双方がその意見をフラットに受け取り、協議に役立てるというやりとりになるとは限らない。ただ、だからと言って、「調停人は意見を述べる役割ではない」と機械のように繰り返していても、当事者の信頼は得られない。調停は、人間同士のぶつかり合いの場でもあるのだ。

事例9　「ほとんど合意しています。でも、ほんの少し調整が必要なんです」

　ADRは紛争性が低い夫婦の利用が多いが、中には、離婚条件について口頭で概ね合意しているが、詳細は詰め切れていないので、調整を手伝ってほしいという申立てがある。当初、「詳細部分の調整で済むのであれば、1期日程度で終えられるかも」という感覚で臨んでいたが、こういった案件を複数担当するうちに、そう簡単ではないことがわかってくる。すなわち、実は、詰め切れない詳細が夫婦間の大きな隔たりになっていたり、概ね合意していると思っているのは申立人だけで、実は相手方は合意をした覚えはなかったりと、案外大変なことが多いのである。

夫婦不和の経過

　夫婦は、長男が生まれたころからけんかが増え、妻は長男にべったり、夫

申立人妻　ゆうこ
40歳　パート
完璧主義で気が強い。こうと思ったことは意見を変えず、突き進む性格。長男が人生のすべてだと感じており、長男が小学校を卒業するまでは、フルタイムでは働かないと心に決めている。

相手方夫　やすひろ
41歳　会社員
まじめで優しい性格だが、要領よく立ち回れるタイプではない。妻との関係に疲れ、優しくしてくれる女性に逃げてしまう弱い一面も。

長男　3歳　保育園児
明るく元気な男の子。
ママにべったりのママっ子。

は育児よりも仕事に没頭するという生活が続いた。特に夫が困ったのは、妻の育児方針である。情操教育や英才教育など、すべての時間とお金は長男のために使って当たり前という態度であった。また、教育面だけでなく、健康面でもやりすぎだと感じていた。たとえば、夫が少し咳をしただけで、病気がうつるからと長男と接触させてもらえなかったし、長男が食べるものは有機食品でなければならなかった。そして、夫は家に居場所がないと感じるようになり、帰宅が遅くなっていった。

　そのような中、会社の同僚と深い中になり、その関係が妻にもばれた。妻は、夫の不貞を知ってショックを受けたが、すぐに、養育費さえ払ってもらえば一緒に暮らす必要はないと考え直した。また、夫も、ATM としてしか扱われない生活に限界を感じていたため、離婚合意に至った。互いに「法律どおりの離婚条件で」と考えており、また、婚姻から 4 年程度しか経過していなかったため、分ける財産も特になかったことから、夫婦だけで公正証書を作成して離婚する予定であったが、養育費や慰謝料の話し合いになると夫の返事が生返事になり始め、不安になった妻が ADR の利用を決めた。夫も、このままではけんかになりそうな雰囲気を感じ、気の強い妻と争うのはしんどいと思ったことから、ADR の利用に合意した。

調停の経過

　調停の冒頭で、妻は離婚合意はできており、条件もほとんど合意できているが、養育費と慰謝料について詳細が詰め切れていないから、その点を話し合いたいと述べた。それに対し、夫は、法的に妥当な金額で決めたいと思っているとのみ答え、妻とは少しトーンが違っていた。

調停の現場

調停人：では、まずは養育費からお話を進めていきたいと思いますが、現時点で、お二人で合意できている金額などがあれば教えていただけますか。

　　はい、養育費算定表どおりの金額だと月に 7 万円なので、その金額で合意しています。後、息子が塾に行ったり、私立に行ったり、大学に進学し

た場合は教育費がかさむと思いますので、その分の分担も合意しています。

調停人：月額7万円の養育費と、教育費関連の特別出費について合意ができ
ているということですね。やすひろさんのご認識ではいかがでしょうか。

まあ、妻の認識と大きくは変わりませんが、少し違う点もあります。

調停人：やすひろさんが少し違うとお感じになっている点を教えていただけ
ますでしょうか。

月額7万円という点ですが、算定表だと5万円から7万円となっていま
した。妻は、上限の7万円を希望していますが、私としては、それが妥当
な決め方なのかどうか、お聞きして決めたいと思っていました。また、教
育費の分担についても、もちろん、子どものためには出してやりたいとい
う気持ちもありますが、どのくらいかかるのか予想できませんし、そのと
きの経済状況もわからないので、どのような決め方ができるのだろうと
思っていました。

そもそも、妻は、「もらって当たり前」とう態度なので、それもどうか
と思っています。こんなことは言いたくないですが、妻一人の経済力では
子どもを大学に進学させることは無理です。少しは感謝もしてほしいです。

私一人では無理なのは重々承知です。なので、あなたに分担を頼んでい
るんです。それに、これは法律上の当然の権利だと思っています。

調停人：やすひろさんもゆうこさんも、養育費に対するお考えを教えていた
だきありがとうございました。ゆうこさんは、法律上求める権利があるの
だから、当然にもらえるものだというお考えで、やすひろさんは、そうは
いっても養育費がなければ大学にも行けないのだから、それに対しては感
謝してほしということですね。どちらのお考えが正しいかというものでは
ないので、考えていることを互いに理解したということだけにしておきま
して、次は具体的な金額の話をするということでどうでしょうか。

-------- 中略 --------

調停人：では、慰謝料についてはどうでしょうか。

慰謝料は100万円で合意しています。本来であれば、もう少しいただき

たい気持ちはありますが、相場がそのくらいと聞いたので、100万円でいいかなと思っています。

調停人：やすひろさんはいかがでしょうか。

確かに、100万円が一つの目安になるとは思っています。ただ、不貞をしたのは悪いのですが、そこに至るまでの理由とか、不貞以外のお互いの落ち度については金銭化されず、不貞の事実だけとらえて慰謝料という考え方はどうかと思います。

養育費のときもそうでしたけど、一度合意したものを覆すのはやめてもらえますか。そんなふうにころころと意見を変えられると、これまでの話し合いが無駄になるし、時間だけがかかるんですけど。

それは君が勝手に合意していると思っているだけで、僕は納得したと明確な意思表示をしたことはないよ。

調停人：ゆうこさんはすでに合意が取れていると思っていたけれども、やすひろさんとしては、まだ最終合意の意思表示をしたおつもりではないということですね。確かに、当事者同士の話し合いの場では、そういったことがよく起こるように思います。せっかく ADR を利用していただいていますので、ここからはしっかりと双方の意思を確認しながら進めていくということでいかがでしょうか。

それでいいですけど……。もう、ころころ意見を変えるのはやめてくださいね。

ADR ポイント！

・離婚原因がわからないことがある

　家庭裁判所の調停の場合、すでに離婚合意している案件であっても、申立てには離婚理由にチェックする欄がある。また、初回調停では、夫婦不和の経過から聞き取りをすることが多い。一方、ADR では、申立書や事前に提出された書類に離婚理由が記載されていることもあるが、

すでに離婚合意が明確な場合、調停人がまったく不和の理由を知らないままに調停が進んでいくこともある。特に、この事例のように、離婚協議が当事者間で進んでいて、合意できない部分のみを手伝ってほしいという場合はなおさらである。調停人としてはやりづらさを感じるかもしれないが、タイムチャージ制のADRでは当事者がシビアなコスト感覚を持っていることも少なくない。

・第三者を介することで出てくる本音もある

　この事例の夫は、妻に対し、お金をもらうことを当たり前に思わないでほしいとか、不貞をしたのは悪いけど、悪いのは自分だけではないといった気持ちを持っていた。こうした夫の気持ちは、夫婦間協議では出てこなかったが、ADRで調停人が間に入ることによって、初めて表現された。このように、議論の底辺に流れる感情やこだわりが相手に理解されない限り、最終合意が難しいことがよくある。ADRを利用することによって、第三者が間に入り、双方の話をじっくりと聞くという場が用意される。そうした場があってこそ、ひそんでいたひっかかりや不満を口にすることができ、本当の問題解決に向かえるのである。

・違いを認識したうえで、そのままにする

　離婚協議をしていると、最終的な養育費の金額や面会交流の回数は合意できそうだけれど、それ以外の考え方は異なるということがよくある。夫婦だけで話をしていると、その差に注目し、差をなくすような議論をしがちである。すなわち、養育費は感謝すべきなのか、もらって当たり前なのか、どちらが正解かはっきりさせなければ、問題は解決しないように感じるのである。しかし、必要なのは、違っていることを知ることであり、その違いを埋める必要はない。そのため、調停中、互いに相手の言い分を否定し、自分の言い分が正しいという議論を始めてしまった場合、議論を本筋に戻す役割を果たすのが調停人である。

事例10　「子どものために夫婦関係を修復したいです」

　家庭裁判所にも円満調停があるが、双方が関係修復に向かって協力的に話し合うというより、どちらか一方が離婚を決意して別居した後、離婚したくない側が同居を求めて申し立てることが多い。しかも、家庭裁判所の調停は別席調停が原則であるため、そのような話し合いを経て、離婚を求めて家を出た側が「やはり夫婦関係を修復しよう」と思えることはほとんどないと思われる。

　しかし、ADR の円満調停は、簡単には関係が修復できないけれど、何らかの事情により、何とかうまくやっていく方法はないかと、同じ目的のために協力的に話し合えることも多い。以下では、子どものために関係修復を目指す夫婦の事例を紹介する。

夫婦不和の経過

　夫婦は、友人の紹介で知り合った。夫は、土木関係の仕事をしていて、体格がよく男らしい雰囲気を持っていた。妻は、そのような夫に対し、自分にはないものを持っていると感じ、惹かれていった。一方、夫も、線が細くて優しげな雰囲気を持った妻に対し、この人ならいい家庭がつくれると思い、二人は結婚に至った。

　しかし、結婚して早々に夫婦不和に至った。原因は、夫の乱暴な言動である。妻が何か夫の気に入らないことを言うと「うるさい」とどなりつけるのだ。機嫌が悪いと大きな音を立ててドアを閉めたり、ときに物に八つ当たりすることもあった。しかも、翌日には何事もなかったように「おはよう」と起きてくるのである。

　妻は、そのような夫への対応に疲れたが、長男も生まれ、子育てに夢中になっているうちに時間が過ぎていった。夫は高収入とまではいかずとも、3人で暮らすには十分な収入があったし、夫の気性の荒さは「意地の悪さ」が

申立人妻　ちか
40歳　無職

穏やかで優しい性格。言いたいことを言えず、遠慮しがちな一面も。ただ、こうと決めたら意志が強く、行動力もある。

相手方夫　あつし
43歳　土木作業員

言動が乱暴な一面もあるが、裏表のない性格。後輩の面倒見もよく、職場では慕われている。実家の家業も土木関係で、父親も気性が荒い。

長男　12歳　小学6年

快活で明るい性格。父親の乱暴な言動は嫌だし、母の味方ではあるけれど、生活の変化は嫌だと思っている。

感じられなかったことから、何とかやってきた。

　しかし、長男が小学校を卒業するころ、ある事件が起きた。その日は、仕事から帰ってきた夫の機嫌が悪く、家の中で不穏な空気が漂っていた。そのようなときに限って、長男の帰宅が夜8時を過ぎた。もう卒業式も終わっていて、時間に余裕があるため、夕方からの映画を友人と見たいというので妻が許可したのである。浮かれた様子で帰宅した長男に対し、夫は「なぜこんなに遅いのだ」とどなりつけた。いつもなら父親に従順な長男であったが、反抗期に入りつつあったことや、せっかくの楽しい気分を壊されたような気がして、珍しく口答えをした。すると、夫は逆上し、長男を突き飛ばし、馬乗りになった。それを見ていた妻は驚きと恐怖に支配されたが、長男を守るためにとっさに体が動き、夫と長男の間に割って入った。その場は何とか収まったものの、妻の恐怖心は収まらなかった。長男を突き飛ばしたときの夫の形相が忘れられないし、今後、ますます反抗が強くなるだろう長男と夫との関係を考えても、不安が募った。

　数日後、不安を払しょくできなかった妻は、長男を連れて、実家に帰った。その後、妻から夫婦関係の修復を求めるADRが申し立てられた。

調停の経過

　同席のオンライン調停を行った。妻は、非常に緊張が高い様子で、顔もこ
わばり、時折声が震える場面もあった。しかし、これまで面と向かって言え
なかったことを伝えたいとのことで、しっかりと自己主張ができていた。一
方、相手方である夫は、妻が子どもを連れて突然に家を出てしまったことに
大きなショックを受けており、聞き取りづらいほどの小さな声で、「まずは
妻の気持ちを聞かせてほしいと思います」と述べた。

調停の現場

　私が家を出たのは、あなたが息子に暴力を振るったあの一件がきっかけ
です。でも、あなたとの関係については、結婚した直後からずっと悩んで
いました。なぜ、あなたは、気分に任せてすぐにどなったり、乱暴な言動
をとるのですか？　あなたは、そうすることで負の感情を発散できるのか
もしれないけれど、その分、私の気持ちはつらくなっていたのをわかって
いないでしょう。

　-------- 中略　妻が婚姻生活においてつらかったことを吐露 --------

　なので、家を出るときは、離婚も視野に入れて別居に踏み切りました。
でも、実家に帰ってきてから、息子がやっぱり家に戻りたいと言うんです。
入学予定だった中学に友だちと一緒に通いたいと。それに、お父さんは悪
い人じゃないから仲直りしてほしいって……。でも、私はやはり、いつど
なられるかわからず、あなたの顔色をうかがうような生活には戻りたくあ
りません。ですので、あなたが変わってくれるなら、家に戻ってもいいと
思っていますが、あなたにその気がないなら、離婚してほしいと思ってい
ます。

調停人：ちかさん、お気持ちを聞かせてくださってありがとうございます。
　離婚も視野に入れて別居をされたけれど、息子さんの気持ちもあり、もし
　あつしさんが変わってくれるなら、夫婦としてやり直したい、そうでない
　なら離婚したい、というお考えなのですね。あつしさん、お聞きになって

いただいてありがとうございます。今度はあつしさんのお話しになりたい
ことを教えていただけますか。

今の妻の話を聞いて、本当に反省しています。以前から、乱暴な言動は
やめてほしいとは言われていましたが、仕事柄だから仕方がないとか、気
にしないでほしいなどと言って、あまり真剣に受け止めていませんでした。
本当に僕の職場は多少乱暴なくらいでないとやっていけないので。ただ、
息子の件は自分でも驚いているというか、自分の怒りっぽさを再認識して
反省しているところです。妻と息子が戻ってきてくれるなら、変わりたい
と思います。

調停人：あつしさんとしては「変わりたい」というお気持ちを教えていただ
　　　きました。ちかさんは、あつしさんが変わってくれれば同居も可能とのこ
　　　とでしたので、今の時点では、夫婦関係の修復という方向性で話を進める
　　　ということでよろしいでしょうか。

 はい。

調停人：では、修復に関して、どんなことをお話しになりたいか、まずはち
　　　かさんから教えていただけますか。

先ほども言いましたが、やはり、夫が変わってくれないことには同じこ
との繰り返しだと思っています。ただ、夫がどうすれば変わるのか。そこ
が悩んでいるところです。「もうどならない」と約束されたとしても、きっ
とすぐに元に戻ってしまう気がして。そこが夫婦だけでは何ともできない
と思って、今回ADRを利用させてもらったのもあります。

調停人：なるほどですね。変わってほしいとは思うけれど、どうすれば変わ
　　　れるのか、その方法も含めて相談したいということですね。あつしさんは、
　　　夫婦関係の修復に向けて、どんな風にお考えか教えていただけますか。

まさに、今妻が言っていたように、「もうどならないようにする」ので
いいと思っていたのですが、それではだめなのですね……。

だって、あなたはこれまでにも何度も繰り返しているでしょう。もうど
ならないと約束したけど、すぐに破ってしまって……。

確かにそんなこともあったけど、今回は深刻度が違うから……。

調停人：あつしさんとしては、今回、ちかさんが家を出られたことを重く受け止められていて、今までの決意とは違うということですね。

はい、そうです。正直言って、今までは、どうせ許してくれるという気持ちがありましたから。

でも、嫌なのはどなられることだけではないのです。自分の機嫌をそのまま外に出すところがそもそも家族を尊重していないように思います。それに、普段の言葉遣いも荒くて、いつまたキレるのかとひやひやしたりします。

そんなにいろいろ言われてもどうすればいいかわからないよ。

調停人：少し、問題を整理させてください。まず、ちかさんがあつしさんにやめてほしいと思うことを一つずつ教えていただけますか。

普段の言葉遣いをもう少し丁寧にしてほしいです。

調停人：言葉遣いを丁寧にしいてほしいという点について、もう少し、具体的に教えていただけますか。

たとえば、私は「おまえ」と呼ばれていますが、ちゃんと名前で呼んでほしいと思っています。後は、いつも「～しろ」とか、「～をやっておけ」といったふうに命令口調なのもやめてほしいです。後、自分の感情をそのまま外に出すのもやめてほしいです。

でも、自分の感情を外に出さないって難しいですよ。

調停人：ちかさん、感情をそのまま出されて嫌だったのはどんな場面があるか、教えていただけますか。

一番は仕事から帰ってきたときです。不機嫌だとすぐにわかります。話しかけても返事をしなかったり、返事があったとしてもとても乱暴だったり。ドアを閉めるのも鞄を置くのも、すべての言動が乱暴になるし、舌打ちとかもするし。

調停人：あつしさん、今のちかさんのお話をお聞きになってどうですか。

確かに、仕事で嫌なことがあると、気持ちがイライラするので、その気持ちのままに振舞っていたような気はします。それがよくないことだという考えもあまりなかったので。でも、どうなんですかね。家に戻ってまで、自分を偽るというか、そんなに気を遣って生活しなければいけないものなのでしょうか。

調停人：あつしさんとしては、外では気を張ってお仕事をされているので、家に帰ってきたときくらいは、自然体の自分でいたいということでしょうか。

自分を偽るとか、自然体とか、そういうことではないのです。親しき中にも礼儀あり、じゃないですけど、私としては、一緒に生活している家族のことも考えてほしいということです。別に、嫌なことがあれば愚痴の聞き役になってもいいと思っています。

-------- 中略 --------

調停人：では、次に、あつしさんから夫婦関係の修復のためにちかさんにこうしてほしいとか、あつしさんとしてはこんな工夫をしたいというのがあれば教えていただけますか。

ぼくもちかに直してほしいところをお願いしてもいいのですか。

調停人：私としましては、末永く夫婦でうまくやっていくためには、双方が納得のいく生活を送ることが大切ではないかと思います。そのため、あつしさんがちかさんに対して思っていることがあれば、ぜひ言っていただいていいと思います。話し合いはそこから始まりますので。もちろん、それを聞いたちかさんにも言い分があるかもしれませんし、必ずしも言われたようにしなければいけないということではありません。お互いに、どんなところに生活のしづらさを感じているか、まずは共有することが大切ではないでしょうか。ちかさん、あつしさんのお考えをお聞きしてもいいですか。

もちろんです。

そうですね。全体的には、やっぱり自分の乱暴さがよくないのは間違いないです。ただ、もし僕もちかに何かお願いできるのであれば、息子との

ことですかね。いつもちかと息子で出かけてしまったり、僕が帰ってくると二人してリビングからいなくなってしまったりするので、少し寂しいです。僕の乱暴な言動がそうさせているのだとは思うので、そこは変えていかないといけないとは思っています。

そんなことを思っていたとは驚きです。子どものことには興味がないと思っていましたので。ただ、先ほどあつしさんが言っていたように、一緒に出かけても、乱暴な言動をされてしまうのが嫌で誘わなかったというのがあります。ですので、それがなくなれば、一緒に出かけるのも全然問題はないです。

ADR ポイント！

・関係修復の調停はまさに対話型調停

　離婚の場合、法律の枠の中で話をすることが多く、意見が食い違った場合、「家庭裁判所に行けばこうなる」という結果予測をもちながら協議することも多い。しかし、夫婦関係修復のための調停は、法律は関係ないことがほとんどで、意見が食い違った場合の指標があるわけではない。そのため、調停人は、夫婦としてやっていくのだという二人の目標を頼りにしながら、対話を促進する役割を担うのである。

・具体的な生活に即した話題展開を行う

　調停人の仕事の一つに調停のステージのコントロールがある。この事例でも、関係修復のために必要なことをまずは出してもらい、そこから具体的な話へとシフトしていっている。夫婦だけの話し合いの場合、「乱暴な言葉を使わない」、「不機嫌な様子を出さない」など、抽象度の高い言葉を使って話し合いを終えてしまいことが多い。そうすると、二人がイメージしていることが異なっていたり、結局何をどう変えればよいかわからなかったりして、言葉だけは綺麗に合意しても、日常生活は何も変わらないということになってしまう。そのため、調停人によって、ステージを調整し、さまざまな観点から語ってもらい、話を広げていった

後に、具体的な話を促し、合意に向けて絞っていくという作業が必要である。

・公平中立の観点

　この事例では、一方的に妻から夫に対し変化や反省を求めるという流れになっていたところ、調停人より、夫から妻に対して要求したいことはないかと水を向けている。あくまで話し合いの主体は当事者なので、当事者から出ていない話題を提供するのはいかがなものかという考え方もあり得る。しかし、調停人はあくまで公平・中立な立場として、調停の全体を見渡せていなければいけない。そのため、夫婦が末永く円満にやっていくには、という当事者双方のニーズに沿って、話題提供や情報提供をする場面があってもよいと考える。

「意思疎通ができないから第三者を入れたいんです」

　ADR を利用する人の中には、夫婦二人では意思疎通が困難なため、専門家に仲介をしてほしいという人が多い。意思疎通ができない理由はさまざまだが、よくあるのが発達障害の訴えである。医師の診断を受けている人もいれば、配偶者が書籍やネット情報などを集め、「きっとあの人は発達障害に違いない」と疑っている場合もある。発達障害という特徴を知っておくことで、うまく協議が進む場合もあれば、残念なことに、協議の疎外要因になることもある。

夫婦不和の経過

　夫婦は職場で出会った。二人とも教師であった。結婚からほどなく長男が生まれ、その 3 年後に二男が生まれた。二男の後には年子の長女にも恵まれたが、長女が障害児であったことから、妻は育児に専念するため、教師の職を辞した。夫の給料が頼りであったことから、妻は、とにかく仕事に専念してほしいという気持ちで夫を支えていこうと思ったが、思いのほか育児が大変で心が折れそうになることが何度もあった。特に、長男が小学校に入学すると、勉強についていけなかったり、友だちとトラブルを起こすことが増え、学校に行きたがらないこともしばしばであった。

　妻としては、そんな長男の気持ちを尊重してやりたいと思っていたが、夫は厳しく接するばかりで、「教師の子どもが不登校なんてけしからん」とどなりつける一方であった。夫に対し、いくら説明しても理解を得られず、二人は育児方針の違いで言い争うことも多かった。

　そのような中、長男の担任教師から、一度、発達専門の病院で診てもらってはどうかと提案があり、病院を受診したところ、長男は発達障害の疑いと

申立人妻　あや
40歳　教師

まじめで頑張り屋さん。ただ、融通が利かないところや、思い込みが激しい一面がある。子どもの療育に全力を注いでいる。

相手方夫　しんいち
42歳　教師

何事も白黒はっきりさせたがる性格で、曲がったことも大嫌い。不登校は子どもの甘えだと考えている。

長男　8歳　小学2年

元気で活発な男の子。発達障害と診断されており、幼少期は育てにくい一面も。

二男　5歳　年中

お兄ちゃんと遊ぶのが大好きな甘えん坊。

長女　4歳

障害がある。来年からは、特別支援学校の幼稚園部に通う予定。

のことであった。妻は、ショックであった反面、対処の仕方を学ぶことでサポートが可能と感じ、ほっとする気持ちもあった。また、医師の問診に回答する中で、夫にも同様に当てはまる項目が多かったため、その点を医師に伝えたところ、発達障害は遺伝的な要因が関係することもあるといわれ、衝撃を受けた。これまで、夫とは話ができないと感じることが多かったが、その原因がわかったような気がした。

　妻は、夫に変わってもらおうと思い、医師の話を伝えたが、逆効果であった。夫は、自分を発達障害呼ばわりする妻に激怒し、夫婦関係は悪化の一途をたどった。妻は、離婚を念頭に数年かけて仕事に復帰し、収入を回復させたうえで夫に離婚を切り出した。妻は、発達障害の夫とはまともに協議をすることは難しいと感じていたが、夫の仕事柄、家庭裁判所の調停を利用するのは好ましくないと考え、ADR を利用した。

調停の経過

　夫は、数年間にわたる夫婦不和の経過があることから、いずれ離婚であろうと予想できていたこともあり、離婚自体には応じる構えであった。また、

養育費についても、算定表に基づいて支払う意思を見せた。しかし、面会交流には夫なりのこだわりがあり、協議が紛糾した。

調停の現場

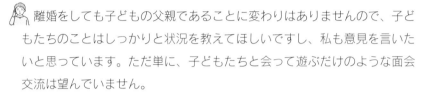

離婚をしても子どもの父親であることに変わりはありませんので、子どもたちのことはしっかりと状況を教えてほしいですし、私も意見を言いたいと思っています。ただ単に、子どもたちと会って遊ぶだけのような面会交流は望んでいません。

調停人：状況を知らせてほしいとのことでしたが、具体的にはどのような情報があるといいなとお考えでしょうか。

長男と長女に関しては、発達上のことや健康上のことをまず知りたいです。二人とも療育に通っていますので、そこで先生に言われたことなどを教えてほしいです。私から直接先生に聞いてもいいです。

ちょっといいでしょうか。夫は、これまでそういったことを私に任せきりで、自分ではやってきませんでした。たまに私が報告したり相談しても、文句をつけるだけで、協力的ではありませんでした。そんな夫が子どもたちのことを教えてほしいなんてよく言えたなと思ってしまいます。

調停人：あやさんとしては、これまでの家庭生活を振り返ると、しんいちさんのご主張が納得できないということなのですね。

今までやっていなかったことを今後求めてはいけないものなのでしょうか。同居していれば、何となくお互いに伝わるものもありますが、別居すると子どもたちの生活がまったく見えません。ですので、一定の情報が欲しいと思っています。

私はこれから一人で子育てをしていくわけですから、とても大変だと思います。ですので、余計な手間をかけさせないでほしいというのが本音です。それに、夫が情報を得たことで、何か決めるときに相談が必要だったり、口や手を出されるのは困ります。

私だって子どもたちの父親だし、養育費も支払うのだから、そのくらいは当然だと思っています。

夫が子どもたちにかかわると良い影響がないですし、私自身も夫と意思疎通ができないから離婚するのであって、離婚後もやりとりをしなければいけないのは苦痛です。

調停人：お二人ともちょっとよろしいでしょうか。少しお二人のお気持ちを整理したいと思うのですが、しんいちさんは、離婚後は、お子さんたちについて情報も知りたいし、知ったうえでかかわっていきたいということですね。一方、あやさんは、情報を知らせるのはいいとしても、それによってしんいちさんと何か協議が発生すると困るということですね。

夫は否定していますが、私は夫が発達障害だと思っています。ですので、子どもたちともあまりかかわってほしくないですし、私も話が通じない人とやりとりできないんです。

妻はいつも私のことを発達障害だと言いますが、妻以外から意思疎通ができないなんて言われたことはありません。職場の同僚や親せきとも問題ありません。妻は、長男が発達障害なのは私の遺伝だと言いますが、私にしてみれば、妻こそ発達障害なのではないかと思います。

何の根拠があってそんなことを言うんですか！

調停人：お二人とも、ちょっと落ち着きましょう。先ほどから、発達障害が話題になっていますが、そこに焦点を当ててしまうと、議論の本質がずれてしまうように思います。面会交流は、お子さんの健やかな成長のために行うものですので、お子さんの視点で考えてみるのはどうでしょうか。

子どもの視点で考えるというのはどういうことでしょうか。

調停人：たとえば、お二人の場合、お子さんの年齢や性別、障害の有無など、3人の個性はさまざまです。ですので、3人同じ面会交流ではなく、それぞれに合った面会交流を考えることもできると思います。まずは、今話題になっていたご長男の面会交流について考えてみるのはどうでしょうか。

そうですね。長男については、発達状況などを知りたいです。不登校気味で勉強が遅れているのも気になるので、成績を知りたいです。

知ってどうするんですか？

それは知ってみないとわからないけど、学校に行けるように指導したり、勉強も教えてやりたいと思っています。

それが必要ないと言っているんです。長男は父親をあまり好きではありませんので。

調停人：あやさんとしては、ご長男の幸せにつながるような面会交流はどのような面会交流だと思われますか。

幸せにつながる面会交流ですか……。そうですね。長男は、けっこうこだわりが強いので、何かにはまったり好きになるとかなり夢中になります。たとえば、今は昆虫に夢中です。ただ、私は昆虫が苦手なので、長男の趣味に付き合ってあげることができません。ですので、今であれば、一緒に昆虫をとりに行ったり、昆虫関係のイベントなどもあるので、そういうのに連れていってもらったりすると、長男はとても喜ぶと思います。

調停人：ありがとうございます。ご長男さんは、昆虫がお好きなのですね。きっと、そのときどきで好きなものが変化することもあると思いますので、そういった「好き」に寄り添っていただくと、楽しい交流につながるのではとお考えということですね。

まあ、そういう楽しい面会交流も必要だとは思いますが、僕としては、学校に行けとか勉強しろとか、そういった厳しいことを言う大人も必要だと思っています。楽しいことだけじゃなくて、そういうことも言わないと幸せにはならないでしょう。

調停人：なるほどですね。しんいちさんとしては、お子さんの今現在の楽しさだけに寄り添うのではなくて、少し厳しいことを言っても、将来の幸せにつながるような働きかけをしてあげたいということですね。

なんか、言葉だけを聞いていると、夫の言っていることももっともらしいように聞こえてくるのですが、実際は子どもの特性を無視して、自分の理想やこうあるべきを押し付けているようなところがあります。

調停人：実際のしんいちさんとお子さんのやりとりを見られていて、あやさんはそう思われるわけですね。そういったお二人のお考えを踏まえまして、実際にはどんな面会交流ができるか、ということですが、いかがでしょう

か。

そうですね。子どもの予定を考えると、週末がいいと思うのですが、結構、平日は学校で頑張っているので、週末はのんびりしたい気持ちがあるようです。ですので、毎週末はしんどいと思うので、月に１～２回程度がいいと思います。時間は、そのときに何をするかによって変わると思いますので、特に決めなくてもいいかなと思います。

まあ、私がイメージしている面会交流もそんな感じかなと思います。先ほどアドバイスしてくださったみたいに、確かに長男と長女の面会交流を同時にすると、どちらかに我慢や無理を強いることになると思うので、別々にとなると、月に１～２回程度がいいと思います。ただ、僕は、そういった楽しむ面会交流だけではなくて、ちゃんと成長にかかわりたいと思っています。

調停人：成長にかかわるという部分をもう少し詳しく教えていただけますか。

先ほど申し上げたように、まずは、いろいろ情報がほしいです。

調停人：具体的にはどういった情報でしょうか。

そうですね。学校の様子や療育で先生にどんなことを言われているかなどが知りたいです。

調停人：そういった情報をどのような形で伝えてほしいですか。たとえば、誰から、どのくらいの頻度で、どのような方法、たとえば、口頭でいいとか、メールがいいとか、何かご希望はありますか。

そうですね。先生方に直接聞ければそれが一番ですが、それも迷惑だと思うので、妻からの報告という形でいいです。頻度は、学期末などに教えてもらえばいいかなと思うので、年に３回とかでいいです。口頭だと私も頭に残らないかもしれないので、成績表などと併せて、メールで報告してもらえるといいと思います。

申し訳ないですが、それは無理です。働きながら３人を育てるだけで精いっぱいなのに、そんなに手間のかかることはできません。

私も親ですから、知る権利があると思いますが。

調停人：あやさん、何かほかにご提案できる方法はありますか。

 では、学校の先生と療育の先生に、父親から問い合わせがあったら対応
　　してほしいと伝えておくので、直接聞いてください。

調停人：しんいちさん、先ほど、先生方から直接聞けるのが一番と仰ってお
　　られましたので、この方法だと大丈夫ですか。

はい、その方法でいいです。後は、僕もそこで得た情報をもとに、長男
　　の進路などについて、意見を言いたいし、長男に働きかけもしたいと思い
　　ます。

調停人：ここが一番お二人の意見が異なっている部分だと思います。あやさ
　　んとしては、お子さんの進路について口は出してほしくないし、ご長男に
　　対する教育的な働きかけもマイナスになるからやめてほしいということで
　　すよね。

 はい、そうです。

-------- 中略　教育的な働きかけについて協議を続けるが、

双方の意見は変わらず。雰囲気が険悪に --------

調停人：この点について、もう少し議論を進めていきたいと思うのですが、
　　もしよろしければ、私が感じていることもお伝えしてもいいですか。

 ：はい、お願いします。

調停人：今、お二人は意見が対立して、相手に対して相容れない気持ちを抱
　　いておられるかもしれませんが、私は、お二人はお子さんのためになる面
　　会交流をしたいという気持ちも一致しているし、面会交流の大枠も合意で
　　きているし、後は細部の調整が必要なだけ、という認識です。教育的な
　　ことについても、あやさんが親権者になるわけですので、最終的な決定はあ
　　やさんがしたとしても、しんいちさんから意見は聞いくみるというのでい
　　いと思いますし、面会交流中にどのようなことを話すかはある意味しんい
　　ちさんの自由ですので、しんいちさんに委ねてしまってもいいと思うので
　　す。ただ、その働きかけが行き過ぎて、ご長男さんが面会交流を嫌がるよ
　　うになってしまっては元も子もありませんので、そこはしんいちさんがき

ちんと考えなければいけないことだと思います。

　私が今お話しさせてもらったことは、あくまで参考程度に聞いていただいて、次回期日までに、少し考えていただけますでしょうか。

ADR ポイント！

・視点を変える

　この事例では、妻が夫の発達障害を主張し、それを受け入れていない夫が反発するという流れがあり、本来の議題とは異なる点で紛争性が高まりつつあった。そこで、調停人は、発達障害にフォーカスするのではなく、子どもに視点をおいた協議になるよう質問を投げかけている。

・面会交流のもめどころが違う

　ADRでは、家庭裁判所に比べて、面会交流について柔軟な話し合いができる当事者が多い。そのため、会わせるか会わせないかでもめたり、単純な回数闘争をするような協議というより、面会交流の内容や実施方法等でもめることがある。

　この事例では、教育的な働きかけが問題になっているが、どの程度学校の宿題を済ませておくかやゲームを許容するか否かでもめることもある。こういったことは、面会交流をすることは前提のうえで、子どもにとってより良い面会交流にするための前向きな議論とも言える。

・調停人から見た客観的状況を伝える

　原則として、調停人は自分の考えを積極的に話す役割ではなく、当事者双方の対話を促す役割である。しかし、合意内容に関することではなく、話し合いの構造に関すること（たとえば、「同席だとお話しされにくいようにお見受けしますが、一度、別席を検討されてはいかがでしょうか」等）や、協議の進行に関すること（たとえば、「面会交流について、ここまでさまざまな視点から協議していただきました。ここからは、具体的な合意案に絞り込んでいく作業をしていければと思いますが、いかがでしょうか」等）については、むしろ調停人が積極的に発言すべき場面でもある。

　この事例では、調停人は、概ね合意できているが、ほんの細部が合意できないだけだという状況を当事者に伝えることによって、当事者が前向きな気持ちを持てるよう支援している。

・ときには調停案的な発言をする

　調停人は裁判官ではないため、当事者双方が協議をしている中で「こういう合意案はどうでしょうか」と提案することはあまりしない。しかし、筆者は、双方の意見が出尽くした場面で、専門家として「これが最適なのでは」という意見を言ってもいいと考えている。

　この事例では、長男の教育方針について、夫が口を出すのは構わないが、決めるのは親権者である妻でよいのではないか、面会交流中の教育的な働きかけは夫の自由で、でもそれを子どもが嫌がってしまうと元も子もないということを調停人の考えとして述べている。特に、面会交流については「子どもの福祉」の視点が必要になるため、専門家として双方の意見を聞いたうえで最適と思われる案を提案することは当事者双方ひいては子の利益にも資すると考える。もちろん、この事例の調停人が述べているように、あくまで参考意見であり、それに当事者が従う必要のないことが大前提である。

事例12 「家庭裁判所で決着を付けることにしました」

　財産分与や養育費など、法律の基準に照らして解決できそうな問題であっても、中には事情が複雑で、「家庭裁判所にいけばこうなる」という結論がわかりづらい事例がある。このような事例の場合、双方がどのような解決方針を持っているかによって、結果が大きく異なる。以下では、財産分与の協議が合意に至らず、家庭裁判所の調停へと移行した事例を紹介する。

夫婦不和の経過

　夫婦は結婚して20年である。子どもはおらず、共働きであったことから、金銭的には何不自由のない生活をしてきた。しかし、お互いに自分の趣味の世界や会社の同僚との付き合いを優先した結果、夫婦で過ごす時間がほとんどなくなっていった。

　そのような生活を続ける中、妻は、夫との共同生活で、どうしても気になって仕方がないことが出てきた。それは、夫の荷物が多いことである。夫は、とにかく物を捨てることをしない。もう10年以上着ていない服や穴の開いたズボンも「まだ着られる」と言って捨てない。独身時代に買った書籍や旅行の際にもらったパンフレット類も積み上げたままである。勝手に捨てると怒るので、妻としては放置するしかなかったが、そのせいで喧嘩が増えたことから、夫婦別室にし、夫のものは夫の部屋で管理することとした。

申立人妻　けいこ
50歳　会社員

きれい好きでまじめな性格。仕事も順調で十分な収入がある。贅沢な生活をしたいという気持ちはなく、落ち着いた空間で静かに暮らすことを望んでいる。

相手方夫　あきたか
51歳　会社員

おとなしい性格で争いは好まない。「物を捨てられない」という認識はなく、自分では「物を大切にするタイプ」だと思っている。

　最初は、リビングや自室で夫の物を見なくてすむようになったことから、妻の気持ちも一旦は落ち着いた。しかし、徐々に夫の持ち物がリビングに持ち込まれ始めた。また、いくら夫の自室とはいえ、自分の家の中にゴミ屋敷のような部屋があると思うと落ち着かなかった。妻は、荷物が多いだけで離婚は大げさだと思う一方で、一度「離婚」の二文字が頭をよぎると、その考えが頭から離れなくなった。

　ついに離婚を決断して夫に切り出したところ、夫も離婚に賛成した。夫としても、隔離されているようで居心地が悪く、20年間の結婚生活の中で、後半の10年は夫婦としての感情もなくなっていたとのことであった。夫婦には共有財産として不動産や株式、預貯金など複雑な財産があったため、互いに弁護士に依頼して協議を進めることも検討したが、弁護士費用が高額になりそうであったことと、双方ともに争いたいと思っていたわけではないため、ADR を利用するに至った。

調停の経過

　同席でオンライン調停を行った。すでに離婚合意はできていることを冒頭で確認し、すぐに離婚条件の協議に入った。当事者双方は常に冷静で、声を荒げたり、苛立ちを見せる場面もなかった。離婚条件も財産分与のみであり、預貯金はそれぞれ自分の名義のものを取得することとなった。株式や積立型の保険についても、特にもめることなく、少し議論すれば合意に至るという経過であった。しかし、不動産の分与方法になると、当事者双方の顔色が少し変わった。互いに、相手がどう主張してくるか、探るような態度であった。

調停の現場

調停人：不動産については、どのような分与を希望されますでしょうか。

 私はもうあの家には住みたくないので、売却でもいいと思っていますが、あきたかさんが住みたいと思っているなら、あきたかさんが取得したうえで、現金で分与してもらえればいいです。

 僕は、かれこれ15年ほど住んでいますので、住み慣れていると言います

か、愛着もあるので今後も住みたいと思っています。ですので、僕が取得
したうえで、法律上支払うべき金額を妻に支払う形で合意できればと思い
ます。

私もそれでいいです。ただ、法律上支払うべき金額というのが私たちで
はわからないので、調停人の方に教えてほしいです。

調停人：それでは、不動産について、購入金額とか、住宅ローン残高等を教
えていただければと思うのですが、どちらにお聞きするのがよろしいで
しょうか。

不動産を管理しているのは僕なので、僕から回答します。まず、15年前
に4200万円で購入しました。頭金は1000万円くらいだったので、残りの
3200万円が住宅ローンです。住宅ローンは、僕が主債務者になっていて、
妻が連帯債務者になっています。繰り上げ返済をかなり頑張ったので、現
在のローン残高は500万円程度だと思います。

調停人：ありがとうございます。けいこさんのほうで付け足していただくこ
とやご認識が異なることはありますか。

いえ、特にありません。多分、そんな感じだったと思うのですが、正し
く覚えていないので、できれば資料も見せてもらえるとありがたいです。

わかりました。資料はあらかじめ揃っているので、今夜にでも机の上に
置いておきます。後、頭金の1000万円は、僕が独身時代に貯めたお金なの
で、その分は計算に反映させてほしいと思っています。

その点については、先日夫から希望を聞いたのですが、私は頭金を夫の
独身時代の財産で出したというのがあまり納得できていません。

調停人：あきたかさんは、頭金1000万円は独身時代のお金だと主張しておら
れて、けいこさんとしては、それが納得できないということですね。あき
たかさん、頭金をご自身の特有財産から出されたことについて、もう少し
詳細に説明していただけますでしょうか。

当時、まだ若かったので、たいして給料は高くなかったのですが、結婚
する前に10年くらいは働いていたので、ある程度の蓄えがありました。な

ので、そのお金を頭金として出しました。

別に夫の言っていることを嘘だと思っているわけではないのですが、私は本当に記憶がなくて……。頭金1000万円については、これが夫婦の共有財産から出されたものか、それとも夫の独身時代のお金から出されているのかで、私に分与される金額が大きく異なると思いますので、記憶のないことをそのまま信じてしまっていいのかという気持ちもあります。

調停人：あきたかさん、独身時代の預貯金から1000万円の頭金を支出したことがわかる資料は何かありますでしょうか。たとえば、当時の通帳とかはいかがでしょうか。

それが、昔の通帳は残っていなくて。銀行にも確認したのですが、遡って取引履歴が取れるのは10年前までだそうです。ですので、15年前の履歴は出すことができず、証明できるものがないんです。

調停人：なるほどですね。購入されたのが結婚されてから5年目ですので、当時のお二人の年収や家計などを考えたとき、5年で1000万円がたまっているというのが現実的かどうか、ということで考えるといかがでしょうか。

結婚した当初、僕の給料は400万円弱だったと思います。妻は確か派遣社員で働いていて、でも扶養には入っていなかったので年収は200万円くらいだったと思います。

調停人：そうすると、世帯年収としては600万円弱ということですね。当時を振り返ってみると、お二人で暮らしていくのにはいくらくらい必要だったとか、1年でどのくらい預金できていたかとか、何か当時の記憶はありますか。

多分、僕は手取りでいうと、300万円くらいだったと思うので、1年間で二人の手元にくるのは500万円もなかったと思います。当時、ダブルインカムということもあり、結構いい賃貸マンションに住んでいて、確か家賃が12万円くらいでした。それだけで、すでに年間140万円が家賃ということになります。食費は、外食も楽しんでいたので、そういったものも加えると、月に5〜6万円はしていたと思います。なので、食費としては、年間65万円程度としておきます。後は、水道光熱費とか、携帯代とかを加

えると、もうすでに世帯収入の半分はなくなっていると思います。それに加えて、それぞれの小遣いもありますし、保険料なども支払っていたので、年間貯金できたとしても100万円もなかったと思います。

調停人：詳しく教えてくださってありがとうございます。お聞きになってけいこさんのご意見はいかがですか。何か、あきたかさんが仰っていたことに付け加えや質問などはありますか。

そうですね、確かに、5年で1000万円はたまっていなかったかもしれないと思います。ただ、だからといって、夫が結婚する前に1000万円も預貯金が残っていたとも思えません。こういう場合はどういう解決が正解なのでしょうか。

調停人：「正解」というのはどういう意味合いでしょうか。

法的に正しいというか、裁判所で協議した場合はどうなるかということです。

調停人：そうですね。特有財産を主張するのであれば、主張する側が証明するのが原則だと思います。ただ、先ほどお聞きしたように、その当時の経済状況から推定することもあります。このあたりは、担当の裁判官の判断にもなりますので、家庭裁判所に行けば必ずこうなるということは申し上げられないのです。

僕は自分の預金から1000万円支払ったと思っているわけですから、「じゃあ、500万円で手を打ちましょう」というようなことは言えないですよ。

私としては、本当にわからないという部分があるので、多少、夫の独身時代の蓄えだったということが理解できなくもないです。ただ、じゃあ、いくらにするのか、というのは難しいです。

調停人：現時点でのお二人のご意見としては、あきたかさんは1000万円がすべて特有財産というご主張で、けいこさんは、いくばくかは特有財産かもしれないが、その金額の証明もないので、判断が難しいということでよろしいですかね。

：はい。

調停人：ちょうど時間ですので、次回期日までに解決の方針をお考えいただ
　　けるといいかなと思います。たとえば、証拠や確証がない中で、引き続き
　　ADR で合意点を探っていくのか、それとも、家庭裁判所の手続に進んで
　　いくのかといったことです。また、それぞれに法律相談などに行っていた
　　だいてもいいかもしれません。金額も大きいことですし、後悔のないよう
　　にしっかりとお考えいただければと思います。

　その後、期日間に妻から連絡があり、やはりどのような結果になったとし
ても、家庭裁判所で決着を付けるほうが自分自身は納得ができるとのことで、
ADR を終了したい旨の申し出があった。

ADR ポイント！

・法的事項について調停人に教えてほしい

　調停人はあくまで法的事項に関する情報提供や判断は行わないという
ADR 機関もあるが、実際の ADR の場では、判断はさておき、法的な
情報提供を求めている当事者は数多くいる。

　この事例でも、不動産の分与方法について、当事者だけでは法的知識
が足りない（もしくは一致しない）ので調停人に助言を求めている。こ
のような場面では、調停人の知る限りの知識を伝えることになる。また、
知識が足りない場合、「次回までに調べてくる」、「内部で検討してみる」
というペンディングの回答をすることもある。

・家庭裁判所での協議の可能性を示唆

　「家庭裁判所に行けば、○○の結果になる可能性が高い」と助言でき
るものと、「やってみなければわからない」としか言えないものがある。
たとえば、この事例の場合、夫が主張する特有財産がどの程度認められ
るかは、やってみなければわからないところがある。このような場合、
やってみなければわからない結果に対し、家庭裁判所で結論を出すこと

が納得につながる人もいれば、どうなるかわからないのであれば、自分たちの納得のいく結果を ADR で話し合ったほうがよいと考える人もいる。どちらが正解というわけではなく、どちらの選択肢もあることを示すのが調停人の役割である。決して、無理して ADR で合意する必要はないのである。

事例13 「子どもの声が教えてくれました」

ADR では、家庭裁判所における家庭裁判所調査官のような役割の職種がいない。そのため、子どもと会って意向を聴取するという手続は踏めない。しかし、ADR では、夫婦間の葛藤がそこまで高くないがゆえに大人のエゴやフィルターを通さない、生の子どもの声が調停内で語られることもある。次の事例では、そのような子どもの声が当事者の気持ちに響いた事例を紹介する。

夫婦不和の経過

夫婦は共働きで、どちらかというと在宅勤務の多い夫が子らの世話をすることが多かった。一方、妻は、会社では責任のある役職に就いており、何かと家庭より仕事を優先することが多かった。夫としては、そんな妻を応援す

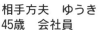

申立人妻　さゆり
45歳　会社員
仕事に一生懸命で男社会の中でも活躍してきた。家事・育児も忙しいなりにこなしてきたが、一方で異性関係に奔放な側面がある。

相手方夫　ゆうき
45歳　会社員
家事育児も何でもこなす器用さを持っている。外でバリバリ働く妻を応援したい気持ちも持っていたが、二度の不倫で妻に見切りをつけた。

長男　7歳　小学1年
気配り上手な男の子。家族思いで妹にもやさしい。

長女　5歳　保育園年長
甘えん坊でまだまだ手がかかる。何でもお兄ちゃんの真似をしたがるお兄ちゃんっこ。

る気持ちもあったが、ある日、妻の不貞が発覚した。妻は謝罪し、夫婦としてやり直したいと希望したが、実は、その不貞は2回目であったこともあり、夫は離婚を決意した。妻も自分のしたことの結果として離婚は致し方なしと考えて同意したが、離婚後の子らの監護について夫婦では合意できなかったことから、ADRを利用することとなった。

調停の経過

ここ数年は、在宅勤務の夫が子らの面倒をみることが多かったこと、また、妻の不貞という理由で離婚することもあり、夫が子らの親権者になることで協議が進んだ。しかし、妻としても子らへの愛情は大きく、離れがたい気持ちが強かった。そのため、できるだけ子どもたちにかかわることを許してほしいと主張した。

一方、夫は、妻が「良い母」であることや子どもらも母親を慕っていることは理解しているが、不貞をして家を出ていく妻に対して、寛大な気持ちになれず、面会交流を制限したいと主張していた。双方ともに、子どもの幸せを最優先に考えたいと述べるが、相手への感情がそれを邪魔しているようであった。

調停の現場

調停人：面会交流に関しては、どのような取り決めがよいか、それぞれにお考えを聞かせていただけますでしょうか。まずは、さゆりさん、いかがでしょうか。

そうですね。できれば、現在とあまり変わらないかかわりをしたいと思っています。夫は、私が不貞したことで母親失格だと言いますが、子どもたちにとっては必要な母親だと思っています。確かに、夫は在宅勤務なので子どもたちの面倒をしっかりみてくれていて、それに対しては感謝をしています。でも、やはり母親を求める気持ちがあるのは間違いないと思っています。

調停人：子どもさんとしても、お母さんを求める気持ちがきっとあるので、

現在とあまり変わらないかかわりができれば、ということですね。ゆうき
さんは面会交流に対してどのようにお考えでしょうか。

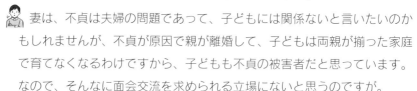 妻は、不貞は夫婦の問題であって、子どもには関係ないと言いたいのか
もしれませんが、不貞が原因で親が離婚して、子どもは両親が揃った家庭
で育てなくなるわけですから、子どもも不貞の被害者だと思っています。
なので、そんなに面会交流を求められる立場にないと思うのですが。

調停人：ゆうきさんは、さゆりさんの不貞によって、お子さんたちにも影響
　　　が出ているとお考えで、面会交流はそんなに求めないでほしいということ
　　　でしょうか。

 そうですね。ちょっと虫が良すぎますよね。

調停人：なるほどですね。ちなみに、さゆりさんは現在とあまり変わらない
　　　かかわりを希望されるということでしたが、今現在のさゆりさんとお子さ
　　　んのかかわりについて、日常の具体的な様子なども含めて、教えていただ
　　　けますでしょうか。

平日は、私の帰宅が19時過ぎになるので、子どもたちと一緒に夕飯を食
べられるのは半分くらいです。残りの半分は、すでに夕飯を食べているの
で、一緒にお風呂に入ったりします。長男は、小学校に入ったばかりで、
宿題や翌日の時間割の点検などが必要なので、それを夫がやってくれてい
て、私はその間長女と遊んでいる感じです。寝かしつけは、私がすること
もあれば、夫がすることもあって、子どもたちは特にこだわりはないよう
です。休日は、なるべく子どもたちと時間を使いたいと思っているので、
一緒に過ごすことが多いです。

付け加えますと、平日は、子どもたちの学童と保育園のお迎え、それか
ら夕飯の準備は全部僕がやっています。休日は、妻が食事をつくることも
多いですが、どちらかというと子どもたちは僕のごはんを好んで食べてい
るように思います。

調停人：お二人とも教えてくださってありがとうございました。お聞きしま
　　　して、何となくお二人とお子さんとの日常のかかわりが把握できました。
　　　さゆりさんにお尋ねしたいのですが、別々に住むとなれば、できることと

そうでないことがあるかもしれませんので、離婚後の面会交流としてどのようなかかわりをイメージされているか、具体的に教えていただけますでしょうか。

今のところ、徒歩数分のところに住む予定ですので、平日もお世話のお手伝いができればという気持ちもあります。特に、長女はまだ小さいですし、女の子です。女親の出番は多いのではないかと思っています。たとえば、火曜日は私の家で夕飯を食べて、20時くらいには自宅に送っていくというのでもいいかなと思っています。休日は、土日で泊まりに来てほしいですが、きっと毎週はだめだと言われそうですので、隔週でお願いできればと思います。

調停人：平日については、曜日を決めて、夕飯を食べるところまでをさゆりさんが担当して、その後はゆうきさんが寝かしつけなどをするという感じですかね。そして休日は隔週でそれぞれが育児をする、というご希望ですね。ゆうきさんにも面会交流についての案をお聞きしたいのですが、いかがでしょうか。

まず、近くに住んでほしくないというのが本音ですが、そこは個人の自由だと思うので仕方がないとして、平日に子どもが行ったり来たりするのは生活のルーティンが乱れると思います。週末についても、宿泊は躊躇します。相手の男性が泊まっている家には連れていってほしくないですから。

調停人：ゆうきさんとしては、平日はお子さんの生活のルーティンを保つうえでは、あまり双方の家を行ったり来たりしないほうがいいというお考えですね。週末の宿泊についても、躊躇されると。

確かに、平日に行ったり来たりは好ましくないのかもしれません。ただ、毎週末会うのが難しいと思われるので、もし平日の面会交流がなければ、子どもたちは2週間母親と会えないことになります。今の生活を考えると、子どもたちにそれは酷ではないでしょうか。

そうなったのは誰のせいなのか考えてほしいね！

確かに不貞をしたのは私が悪いけど、そうなった責任はあなたにもあるのよ！

調停人：すみません、ちょっとよろしいですか。仕方がないことだとわかりつつ申し上げるのですが、さゆりさんの不貞と面会交流を少し切り離して考えることはできないでしょうか。お二人とも、冒頭では、お子さんの幸せを優先したいと仰っていただきました。ですので、面会交流に関しては、どのような方法が一番お子さんにとってよいか、という視点でお話ができればと思います。

（次回調停にて）

調停人：前回調停の後、面会交流について、それぞれお考えいただけましたでしょうか。

　先日、長男にこう言われました。「パパ、ママがいなくなっても大丈夫だよ」って。僕、それを聞いて泣けてきました。ここ数年、在宅勤務の僕が多めに家事育児をしてきたので、子どもたちは僕に懐いてくれていますが、でも、子どもたちは母親への気持ちも強いのは間違いありません。なのに、長男は僕を励まそうと思ったのだと思います。その一言を聞いて、子どもたちにこれ以上無理をさせてはいけないなと思いました。なので、生活のルーティンを崩さない程度に、子どもと妻の時間をつくったほうがいいのかなと思っています。ただ、やっぱり、不貞をした妻を許せない気持ちもあって、よくわからなくなりました……。

　そんなこと言っていたのね……（涙）。きっと、息子なりに前向きに進もうとしているのですね……。そんな子どもたちの気持ちを乱さないためにも、頻繁には会わないほうがいいのでしょうか……。私も子どものための面会交流って何だろうと考えてみたのですが、日常のルーティンの大切さも理解できますし、先ほどの子どもの気持ちを聞いても、そっとしておいてあげたほうがいいようにも思います。でも、それが子どもに無理をさせることにはならないかも心配です。

調停人：ゆうきさん、さゆりさん、「子どもの視点」という言葉を覚えていてくださって、そしてその視点で考えてくださってありがとうございます。どんな方法がいいか、一緒に考えていきましょう。

ADR ポイント！

・夫婦の事情と子どもの福祉の視点を分けて考える

　どのような夫婦であっても、離婚するほどの事情があるわけなので、夫婦間の葛藤や負の感情がゼロということはない。そのため、面会交流など、子どもの福祉を一番に重視すべき協議事項においても、親の感情や離婚に至る経緯などが影響を及ぼすことがある。しかし、高葛藤でないがゆえに、第三者から「子どもの幸せとは」という視点を提供されると、夫婦の不和と切り離して考えられる当事者も多い。この事例でも、妻の不貞から抜け出せない夫に対し、「子どもの福祉」の視点を持つよう、調停人が促している。

　その結果、この事例の夫婦は、親のエゴというフィルターを通さずに子どもの気持ちを考えることができた。妻は、子どもの生活の安定を第一に考えることができたし、夫も、子どもたちの母親への愛情に思い至っている。

・子どもの生の声が親を変える

　子どもの掛け値なしの言動は、ときに親の心を動かすことがある。この事例でも、「ママがいなくても大丈夫」という長男の発言によって、夫婦ともに「親の離婚を経験する子どもの気持ち」に寄り添って考えることができた。その結果、頑なに「会いたい」、「会わせない」という主張ではなく、子どものためには何ができるだろうという視点で話し合う準備ができた。

・「迷い」が共有される

　「どうしていいかわからない」という迷いが吐露されることも ADR ならではである。とにかく自分の主張を通すことを目的にした調停では、「迷い」の感情が示されることはあまりない。なぜなら、迷っていることが見えると、譲歩を強いられるかもしれないからだ。また、そもそも、「迷い」は「弱み」でもある。「わからない」という弱みを吐露できるのが ADR の話し合いの場の良さでもある。

・三者で最善の方法を考える

　同席調停の一番のメリットは、課題を三者で共有し、その課題の解決に一緒になって考えるという雰囲気をつくれることである。この事例でも、当事者双方が自分の思いと子どもの思いを考えたとき、どのような面会交流が最適なのか、わからくなってきたと述べた際、調停人が「一緒に考えましょう」と述べている。

〔第 3 章　小泉　道子〕

第4章

アンケート結果

──ADR を利用して離婚協議を
行った当事者の声──

はじめに

　家族のための ADR センターでは、今後のより良い調停運営のため、以下の要領で利用者アンケートを実施した。

実施期間：2021年12月20日〜2022年 2 月17日

実施方法：Web による無記名アンケート

対象者：家族のための ADR センターを利用した方290名中94名が回答

　本章では、はじめに、本アンケート結果およびその考察を記載し、後半はアンケート結果をもとに行った統計調査を紹介する。アンケート結果については、一部の質問は割愛し、抜粋とする。また、統計調査では、仮説・結果・考察の３点に絞って紹介するが、検定結果等、統計調査の詳細を知りたい読者は以下を参照されたい。

「ADR 利用者アンケート調査結果」（家族のための ADR センター）

https://rikon-terrace.com/questionnaire-adr

Ⅰ　アンケート結果（抜粋）および考察

Q1　あなたは申立人ですか、それとも相手方ですか

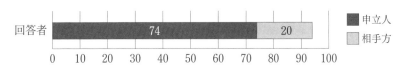

Q2　性別を教えてください

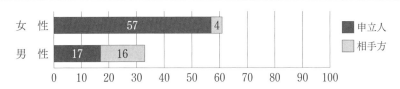

Q3　ADR 開始時のあなたの年代を教えてください

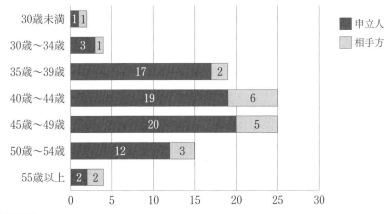

考　察

　家庭裁判所の離婚調停に比べ、35歳〜49歳の層に利用者が集中している。若年層および55歳以上の層の利用が少ない点については、そもそも認知度が低いことも考えられるが、55歳以上の層にとっては、利用のハードル（オンライン等）が高いことも予想される。今後、年齢層ごとの周知活動や、利用

のハードルを下げるような工夫（デバイスの貸出し等）が求められる。

Q 4　（申立人への質問）申立て理由（離婚理由）は何ですか（複数回答可）

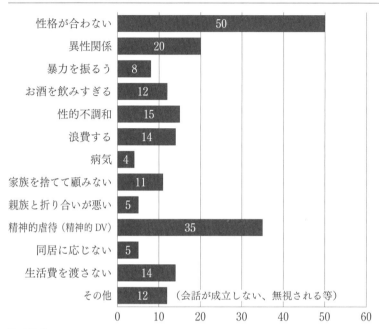

考　察

　家庭裁判所の離婚調停の司法統計に比べ、異性関係や暴力、生活費を渡さないといった割合が低く、精神的虐待の割合がやや高くなっている。暴力や不貞といった決定的な離婚理由はないけれど、いわゆるモラハラを理由とする申立てが多いと思われる。

Q5　ADR 実施前後に別居していましたか

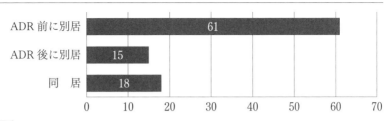

　家庭裁判所の離婚調停利用者より同居率が高いため、やはり紛争性が低いといえそうである。ただ、「ADR 中に別居」も含めると約 8 割の人が別居していることとなり、話を前に進めるためには別居が必要という点については、家庭裁判所も ADR も同様と思われる。

Q6　ADR 実施前、夫婦間の葛藤（不仲の度合い）は高かったですか

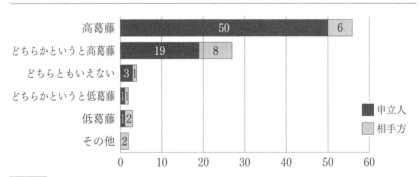

　ADR の利用者は、家裁利用者に比べて紛争性が低いと思われるが、当事者の認識では夫婦間葛藤が高いと感じている点に注目したい。第三者をまじえての協議は未だ手軽に利用する制度ではなく、夫婦だけでは葛藤が高く協議が難しいと感じる場合に利用されることがわかる。

Q7 （申立人への質問）協議の方法として第三者を介する方法を選んだのはなぜですか（複数回答可）

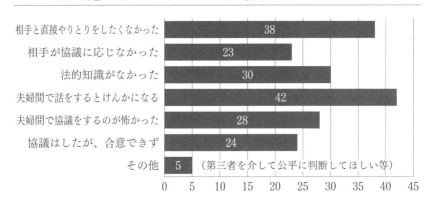

相手と直接やりとりをしたくなかった　38
相手が協議に応じなかった　23
法的知識がなかった　30
夫婦間で話をするとけんかになる　42
夫婦間で協議をするのが怖かった　28
協議はしたが、合意できず　24
その他　5　（第三者を介して公平に判断してほしい等）
0　5　10　15　20　25　30　35　40　45

Q8 ADR のどのような点が利用の決め手となりましたか（相手方は、どのような点が応諾の決め手となりましたか）（複数回答可）

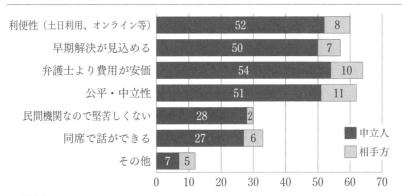

利便性（土日利用、オンライン等）　52　8
早期解決が見込める　50　7
弁護士より費用が安価　54　10
公平・中立性　51　11
民間機関なので堅苦しくない　28　2
同席で話ができる　27　6
その他　7　5
　　■申立人　□相手方
0　10　20　30　40　50　60　70

考　察

　同席での離婚協議を求める人が一定数いることに注目したい。これは、「同席で協議すると言い争いになるのではないか」と懸念する家庭裁判所の調停に慣れてる調停委員や弁護士にとっては驚きの結果ではないだろうか。また、公平・中立性を求める人も多く、「得をしたい」のではなく、「損をしたくない」という気持ちの表れだと思われる。

Q9　（申立人への質問）協議の方法として家庭裁判所の調停を利用しなかったのはなぜですか（複数回答可）

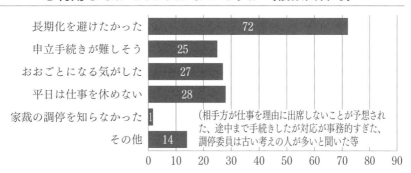

Q10　ADR の結果は成立でしたか、不成立でしたか

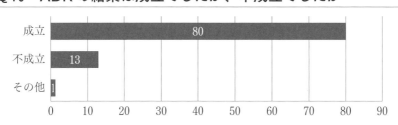

Q11　ADR が終了してからどのくらい経過していますか

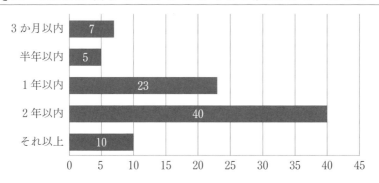

Q12　ADR 実施に際し、どのようなことを大切にしたいと 思っていましたか（複数回答可）

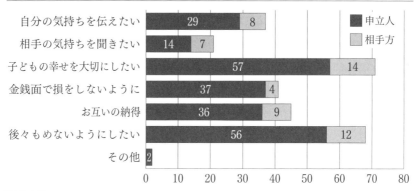

考　察

　申立人・相手方ともに、一番回答数が多いのが「子どもの幸せを大切にしたい」、次に「後々もめないようにしたい」となっている。子どもの福祉の視点や禍根を将来に残したくないという思いは、同じ方向を向いて話し合う糸口になると思われる。

Q13　ADR による話し合いの過程（プロセス）に満足していますか

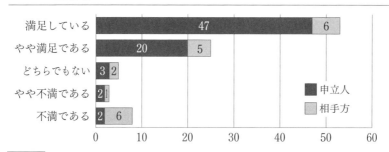

考　察

　申立人は大多数が「満足」もしくは「やや満足」と回答しているが、相手方は「満足」と「不満」の回答が同数である。申し立てられた立場であることに加え、制度への理解が進んでいない状況で協議が開始している可能性も考えられ、今後、検討しなければいけない点である。

Q14　ADR による話し合いの結果（離婚条件等）には満足していますか

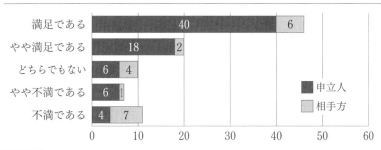

考　察

　申立人・相手方ともに、経過（プロセス）への満足度より結果に対する満足度のほうがやや悪化している。個別の回答を見ても、話し合いの経過に比べ、結果に対して満足度が下がっている人が十数名いた。やはり相手のある話し合いであるため、自分の思いどおりの結果にならないこともあるといわざるを得ない。しかし、ADR 機関にとっては、経過（プロセス）に対する満足度も大変重要な指標と言える。

Q15　養育費（月額）の取り決めはありましたか。その場合、月額の金額はいくらでしたか（1 人につき）。一括払いや学費払いの方はその他にご記入ください

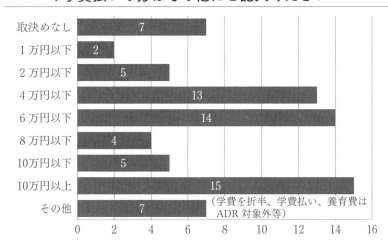

考　察

　10万円以上の割合が一番高く、厚生労働省が実施した調査や家庭裁判所の司法統計の金額よりあきらかに養育費が高額になっている。当センターの養育費協議においても、算定表がベースとなることが多いため、養育費が高額であるということは、当事者（義務者）の年収が高額であることを意味する。そのため、ADRの利用料が負担となって所得が低い人が利用できていないことが予想され、国や自治体の利用料助成が広がることを期待する。

Q16　養育費の支払いは現在も続いていますか

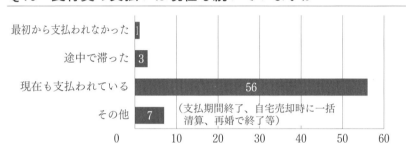

Q17　面会交流は取り決めましたか、その場合、頻度はどのくらいでしたか

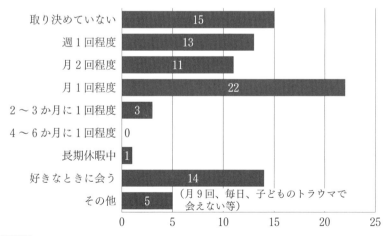

考　察

　一番多いのは月に1回程度という決め方が一番多いが、週に1回もしくは

月に２回というケースも少なくない。また、取り決めていないという回答は子の年齢が高く子と別居親で自由に連絡が取れるケースや特に取り決めなくても会えるというケースも多く、家庭裁判所の司法統計や厚生労働省の統計より平均回数が多くなっている。

Q18　面会交流は現在も続いていますか

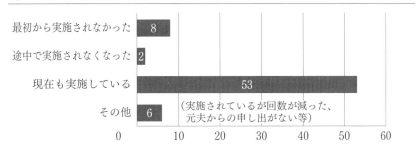

Q19　同席（オンラインも含む）でADRを行いましたか

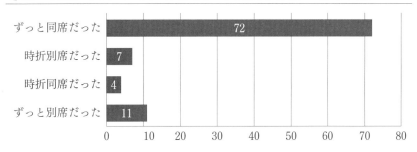

Q20　オンライン調停を利用した理由は何ですか（複数回答可）

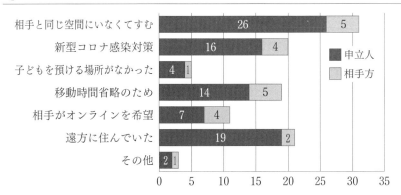

考　察

　新型コロナ対策や利便性といった理由ではなく、相手と同じ空間にいなくて済むという理由が一番多く、同席調停を望みつつも、空間は共有したくないという心情が読み取れる。

Q21　オンライン ADR 前に不安に感じていたことは何ですか（複数回答可）

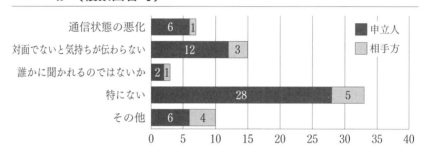

Q22　実際にオンラインを利用してみて、不便や不満はありましたか。また、どんな点に不便や不満を感じましたか（複数回答可）

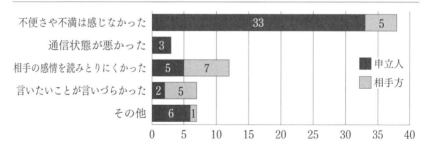

Q23　実際にオンライン ADR を利用して、便利な点や良かった点はありますか。どんな点が便利でよかったですか（複数回答可）

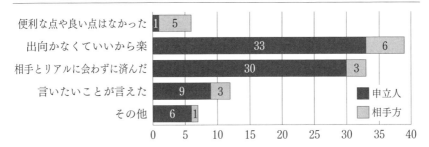

考　察

　その他の回答には、程よい距離感で相手と向き合えた、顔は見えていても目の前にいないので恐怖心がなかったなど、顔は見えていても実際には距離感がある環境が話しやすさにつながった人が多くなっていた。

II　アンケート結果を使った統計調査

　ここまではアンケート結果の抜粋を紹介したが、ここからは、アンケート結果を使った統計調査について記載する。以下では、ADR の特徴である同席調停とオンライン調停に関する統計調査、ADR に対する満足度に関する統計調査並びに養育費および面会交流に関する統計調査について記載する。

1　同席・別席の違いと満足度・成立率の関係

〈仮　説〉
　これまで述べてきたように、同席調停と別席調停は、話し合いの構造に大きな違いがある。そのため、その違いが調停に対する満足度や成立率に何らかの影響があるのではと考えた。
〈結　果〉
・満足度：同席・別席の違いによる話し合いの過程（プロセス）や結果の満足度に違いはない。
・成立率：同席調停のほうが別席調停より成立率が高い傾向にある。

考　察

　同席調停と別席調停はさまざまな構造的な違いがあり、どちらが優れているというものではない。そのため、同席であっても別席であっても、自分で選択した調停方法であれば、満足度に大きく影響しなかったことが考えられる。一方で、同席調停のほうが効果的に合意形成できることから、成立率に差が出たと考えられるが、同席調停ができる当事者は別席調停を希望する当事者に比べ、紛争性が低いことも成立率の違いに影響を与えているとも思われる。そのため、調停の際は、同席・別席を当事者が自由に希望できること（双方の希望が異なる際は調整が必要）や、協議の過程の中で臨機応変に変更できることが必要だと感じた。

2　対面・オンラインの違いと満足度・成立率との関係

〈仮説〉

　オンライン調停は、利便性が高いものの、相手と別空間で話し合うため、相手の感情が読み取りにくいのではないか、また、通信状態やセキュリティは大丈夫かといった不安の声が聞かれる。一方、実際にオンライン調停を実施していると、そういったデメリットを感じることはほとんどなく、対面と変わらないクオリティーの協議が可能だと感じている。そのため、オンライン・対面の違いによって、満足度や成立率にあまり影響はないのではないかと考えた。

〈結果〉

満足度：オンライン・対面の違いによる話し合いの過程（プロセス）や
　　　　結果への満足度に違いはなかった。

成立率：対面調停のほうがオンライン調停より成立率が高い。

考　察

　満足度については、仮説どおり、オンラインと対面で違いはなく、オンラインであっても対面と同様の満足度が得られることがわかった。一方、対面のほうが成立率が高いという結果になったが、この結果については、オンライン調停を選ぶ当事者に比べ、対面調停を選ぶ当事者のほうが紛争性が低いことが一因であると考えられる。また、コロナ禍になって以降、当センターの調停は9割がオンライン調停となっているため、多くの対面調停は、センター設立初期の調停である。設立当初は案件数も少なく、画一的な案件が多かったのに対し、現在は、案件数も増え、多種多様なケースが存在する。そのような事情も成立率に影響を及ぼしていると考えられる。

3　申立人と相手方のオンライン調停の不便さに関する感じ方の違い

〈仮説〉

　調停は、申し立てた側である申立人と、申し立てられた側である相手方で、協議に対する「心持」に大きな違いがあると考えられる。特に、慣れないオンライン調停に対しては、協議に消極的であることが予想され、相手方のほうが不便さを感じやすいのではと仮説を立てた。

〈結果〉

　相手方の方が申立人よりオンライン調停に不便さを感じやすい。

考　察

　結果として、申立人に比べて相手方のほうが 2 倍以上の割合でオンライン調停に不便さを感じていることがわかったが、この差はどこから生じるものであろうか。考えるに、相手方は、ADR にて協議することに応諾したものの、協議に前向きな気持ちになれず、その気持ちが「オンライン調停に対して感じる不便さ」に影響を及ぼしていると考えられる。また、離婚合意ができていない利用者も一定数おり、この場合、離婚したい申立人に対し、相手方は離婚を希望していないというケースが多くなる。そのため、関係修復を模索したい相手方は、オンラインではなく対面のほうが「感情」や「温かみ」が伝わりやすいように感じ、オンライン調停に対し、不安を抱きがちではないかと考えらえる。

4　男女の違いと満足度の関係

〈仮説〉

　夫婦関係において、女性のほうが「言いたいことが言えない」といった我慢を強いられているケースが比較的多い（もちろん、逆のケースもあるが）。そのため、第三者を介し、公平に合意形成する ADR に対して満

足度が高いのは妻である女性ではないかと考えた。

〈結果〉

　女性は男性に比べて ADR の経過（プロセス）および結果に対する満足度が高い。

考　察

　ADR に申し立てた女性の多くは、弁護士に依頼せず、当事者調停となる。これは、費用面の問題もあるが、「自分で解決したい」という潜在的ニーズのようにも思われる。ADR による話し合いは、調停人が手助けするものの、主張や決断をするのは当事者本人であるため、こういった女性のニーズにマッチすると思われる。加えて、女性のほうが申立人になる割合が高いことや、面会交流より養育費のほうが形式的に決定しやすいことも関係していると思われる。

5　養育費と面会交流の関係性

〈仮説〉

　養育費と面会交流は、どちらも子どもにとって大切な権利であるが、権利の性質が異なるため、取決め率や継続率に差異があるのではないかと考えた。

〈結果〉

取決め率：養育費のほうが面会交流より取決め率が高い。

取り決めた後の継続率：養育費のほうが面会交流より継続率が高い。

考　察

　結果によると、養育費の取決め率のほうが面会交流の取決め率よりも高いことがわかったが、一方で、養育費を取り決めていないのに支払っている人は 1 名、面会交流を取り決めていないのに、面会交流を実施している人は 7 名いた。そのため、養育費に比べ、面会交流のほうが「取り決めておくべきこと」という認識自体が低く、一方で、紛争性の低い夫婦の場合、「取り決

めるまでもなく、当たり前にするもの」という認識もある一定数あるのでは
ないかと感じた。

　また、養育費は、公正証書で取り決めると執行力がある一方、面会交流は
強制することができない。加えて、子どもの気持ちや生活状況によっては、
実施が困難になることもある。そのため、継続率は面会交流のほうが低かっ
たものと思われる。養育費も面会交流も取り決めていないよりも取り決めて
いたほうが継続率が高いこともわかり、取り決めの重要性を再認識した。

Ⅲ　アンケート結果を踏まえて

　本アンケートの結果を受けて、漠然と抱いていた利用者像が浮き彫りになったと感じている。すなわち、モラハラ（精神的DV）などにより、自分ひとりでは相手と協議することが難しいが、公平・中立な第三者の仲介のもと、自分自身で次の未来を切り開いていきたいという申立人の姿、そして、相手の選んだ話し合いの場に出てくることに抵抗を感じながらも、話し合い自体にはニーズを感じ、応じてくれる相手方の姿である。また、ADRに求められているものとしては、早期解決や公平な第三者としての話し合いの場の提供、そしてオンラインや土日利用といった利便性が挙げられることもわかった。

　一方、いくつか課題も浮かび上がったように思われる。相手方は、ADRという制度を知り、その制度について調べたり理解するまでの時間が申立人に比べて圧倒的に短い。また、そもそも申立人から提供された協議の場であるため、ADRに対してマイナスのイメージから始まる当事者も少なくない。そんな相手方が申立人に比べて満足度が低いことは仕方がない側面もあるが、公平・中立であることの説明の徹底など、手続面で工夫できることがあるようにも思われる。また、一番大切なことは、調停人自身がそういった相手方の気持ちを理解し、申立人とは異なる心持ちでその場にいることを理解することである。

　そして、何より、アンケートに回答していただいた当事者の方々にもこの場を借りてお礼を述べたい。想像するに、誰一人として、離婚協議は楽しい思い出ではなく、過去のつらかったことをフラッシュバックのように思い出す瞬間があったり、自身を奮い立たせて自己主張する必要があったりと、あまり思い出したくない時間であったと思われる。本アンケートの質問項目の中には、そういった調停の様子を思い出さなければ回答できないものも多数含まれている中、快く回答してくださった皆様に感謝申し上げる。このアンケート結果を有効活用し、より良い協議の場を提供することが我々に課された宿題のように感じている。

〔第4章　小泉　道子〕

〈付録〉 パパとママの離婚講座

　家族のための ADR センターでは、「パパとママの離婚講座」と「家族を考えるパパの集い」(現在休止中) と題して、いわゆる離婚前後の親支援講座を実施しています。こうした講座や集いは、ADR と関連がなさそうに見えて、大いに関係しています。なぜなら、事前に講座を受けておくことで、円満解決のための地ならしができるからです。この付録では講座の概要や担当講師からのメッセージをお届けします。

1　パパとママの離婚講座

　離婚前後の親支援講座は、欧米を中心とする海外では、離婚の際、受講が義務づけられている国や地域もあるほど重要な役割を担っています。日本でも、ようやく数年前に家庭裁判所の離婚調停を利用する当事者を対象に講座の導入が始まりました。また、まだ数は多くありませんが、離婚前後の親支援講座を実施する自治体も増えつつあります。基本的な講座の内容は、子どものいる夫婦が離婚する際に知っておきたいこととして、以下のようなことが含まれています。

---

① 　親の離婚を経験する子どもがどのような気持ちを抱くか

② 　親の離婚で傷ついた子どもをどのようにケアするか

③ 　養育費や面会交流といった離婚条件について

④ 　離婚後の父母としての付き合い方について

　当センターの「パパとママの離婚講座」では、こうした内容を基本として、財産分与等の一般的な離婚条件や実施自治体のひとり親支援事業なども加えた構成となっています。

　講座のほとんどはオンラインにて実施しています。参加方法もカメラオフ・仮名での参加が可能となっており、匿名性が担保された状態で参加が可能です。講座の中では、一方的に講師が話し続けるのではなく、ワークと題して参加者と意見交換したり、動画の鑑賞を挟むなどの工夫もしています。

動画：「りんとさくらの物語」（親の離婚を経験する２匹の猫の物語です）

https://www.youtube.com/playlist?list=PLQfR0Ouvl7s9fyz
wRHSBOxVGResoo0g-H

（「りんとさくらの物語」を検索してみてください）

　次に、講座を担当している講師より、講座の紹介をかねて「講座によせる
思い」を伝えたいと思います。

皆様の優しい陽だまりのような場所でありたい

講師：大野まり子

　初めて、「パパとママの離婚講座」の講師を務めた際、終了後のミー
ティングで、小泉代表や他の講師の前で私は感極まってしまい、思わず
涙が溢れてしまいました。講座を終えた途端、必要な方に大切なことを
伝えられたとホッとしたと同時に受講者の気持ちにもなってしまったの
だと思います。

　私は、10年以上前に調停離婚をした子連れ離婚経験者で二人の子ども
がいます。離婚当時、小５と幼稚園児だった二人の子どもは、今は大学
４年生と高校２年生です。子連れ離婚を考えた当時は、知識もなく、
SNSも今ほど普及していない時代で、新しい情報、欲しい知識、同じ
立場にいる人たちの声などが今ほど当たり前に手に入る状況ではありま
せんでした。弁護士もつけなかったため、今から思うと賢い離婚ができ
たわけではなかったと思います。当時は納得して満足していた取決め事
項が、実はもっとベストな取り決め方があるのだと、私自身もパパとマ

マの離婚講座で知ることができました。

　受講者の方々は、子連れ離婚を考えている人、現在別居をされている人、すでに離婚をされている人とさまざまです。お子さんの年齢や人数もさまざまです。離婚するかもしれないという人生の岐路に立たされた方々が貴重な時間を使ってご参加くださっています。ワークの時間には、素直な気持ちをシェアしてくださり、活発なやりとりが見られる日も多くなりました。

　離婚という非常に追い込まれた状況に立たされた皆さんが、同じ悩みを分かち合える時間を共にすることだけでも大きな心の支えになることは間違いありません。これからも「パパとママの離婚講座」が、離婚や家族問題に悩む皆様にとって優しい陽だまりのような場所でありたいと思います。

ぜひ有効に活用してください ── 心の余裕をもつために

講師：すみよしひさこ

　私は夫婦問題に特化したカウンセラーです。男性からのご相談を受けることが多いのですが、特に離婚に直面している男性にとって、夫婦関係がうまくいっていないことを相談できる人がいないというのが現実です。プライドもありますし、夫婦に離婚話が出ていることなど他の人に知られたくないのです。カウンセラーにご相談くださる男性も増えてきましたが、「男たるもの、悩みを他人に相談するなんて」と考える方もまだまだ多いのです。離婚問題のご相談の中でも、よく調停のことが話題に上がりますが、ADRのことをご存知の方はまだまだ少ないように感じます。もっとADRのことや「パパとママの離婚講座」のこともできるだけ多くの方に知っていただき、ぜひ有効に活用してほしいと思っています。

　顔出しもせずニックネームで参加できる「パパとママの離婚講座」は、このような男性の皆様にとっても敷居が低いのではないかと思います。この講座の中にはいくつかのワークがありますが、ご参加の皆様の中で

お声を聞かせていただける方に具体的なお話を共有していただくことも
あります。ご自身と同じように離婚に悩んでいる方や、夫婦仲が悪く、
子どもへの影響などを不安に思っている方のお話を聞く機会は、他には
なかなかない機会だと思います。

　この講座やワークに参加して他の人の話を聞くことで、「同じような
ことで悩んでる人が他にもいる」、「自分より大変な状況の人もいる」、
「子どもへの対応って、いろんな方法もある」、「離婚しても定期的に子
どもに会い続けることができる」などと、参考になったり勇気が湧いた
りするものです。私たちカウンセラーも経験を活かして、他の方の例を
簡単にお話しすることもあります。

　離婚問題で夫婦の争いが大きい場合、特に子どもへのケアが後回しに
なってしまったり、子どもに目や気持ちが向かなかったりします。夫婦
の一大事、大変なときだからこそ、パパもママも子どもと対話する時間
や心の余裕を持つことができるといいですね。

「知識」や「情報」の大切さを知ってほしい

講師：渡辺　里佳

　「家族のためのADRセンター」の小泉道子代表よりお声がけいただき、
2021年より、「パパとママの離婚講座」の講師として講座を担当しており
ます。私自身、子どもが8歳と4歳のときに離婚し、母子家庭となり
ました。当時はネットもなく、関連本も少なかったこともあり、独り闇
の中を彷徨っているような不安がありました。30年近く前の話ですが、
もし当時このような講座が存在し、別居や離婚、また子ども目線のさま
ざまな情報を得ることができていたら、もう少し自分に自信を持ち、子
どもとの接し方も違っていただろうと想像できます。講座の中に、子ど
ものメンタルケアの一つとして、「1日10分の聞き役になりましょう」
という項目がありますが、シングルマザー時代の私は自分のことに追わ
れ、子どもに細かく気配りする余裕が持てなかったことが反省とともに
思い出され、「知は力なり」という格言どおり、「知識」や「情報」がい

かに大切であるかをあらためて痛感しています。

　別居や離婚について考えることは、苦しく悩ましいことです。心の整理がつかず、何をどうしたらいいかわからず、自分を責め、自信喪失に陥っている方も少なくありません。匿名、カメラオフ可の安心感の中で行っているオンライン講座ですが、参加者ができるだけリラックスし、わからないことや不安なことを気軽に質問できるような距離の近い雰囲気づくりを心掛けています。

　講座内の「ワークタイム」も大切な時間です。参加者同士、悩みや工夫をシェアし、私自身も過去の体験や失敗談をお話しすることで、「自分はひとりじゃないんだ」、「今度はこうしてみよう」、「こんな風に話してみよう」と視野を広げ、一歩踏み出す勇気につながることを願っています。

　今現在悩みを抱えている方に接し、苦しい胸の内をお聞きすることは、私にとっても学びの機会となっています。これからも、心強い ADR の存在と確かな情報、そして離婚問題に詳しい専門家や支援団体が存在することを伝え、力（知識や情報）を求めている方が一人でも多く、前を向いて生きるお手伝いを続けていけたらと思います。

2　家族を考えるパパの集い

　男性は、女性にくらべて相談のハードルが高く、事ここに至るまで誰にも相談できていないという人が多いのが現状です。そのため、本格的な離婚協議に入る前に、自分の気持ちを整理整頓したり、客観視する場所として「家族を考えるパパの集い」が始まりました。ただ、「パパの集い」ですので、女性である筆者は一度も参加したことがありません。そのため、この集いのファシリテーターを務めていただいていた荒木氏より、集いの紹介してもらいたいと思います。

離婚に直面したパパに安心・安全な場を提供します

ファシリテーター：荒木　直彦

　家族のための ADR センターでは、離婚等の家族問題で悩みを抱くパパが集まり、自由に語り合える場を ZOOM で設けました。2か月に1回、午後7時30分から午後10時まで。平均すると毎回4人くらいのパパが参加しました。この集いは、離婚等の家族問題に悩むパパに気楽にお集まりいただき、男性ファシリテーターのもと、パパだけの少人数の座談会形式で進めます。集まったパパが、もやもやしている気持ちをじっくり語り合うことで、「誰もが同じような悩みを抱いているのだ」と実感でき、気持ちを整理したり、建設的な解決方法を見出すことが期待できます。

　集いでは、ファシリテーターが、まず、「離婚に直面したときの基礎知識」について約50分解説し、その後、約100分、参加したパパに自由に語り合ってもらいます。 語り合いは、おおよそ、次のように進行します。

(1)　自己紹介と悩みのシェア

　参加者それぞれが簡単な自己紹介をしながら、現状の悩みを語ります。皆さん、初めは緊張気味ですが、離婚に直面したときの怒り、不安、寄る辺なさなどをぽつりぽつりと語り出すと、参加者の中に「その悩みは自分も一緒だ」という共感がじんわりと広がり、孤立感から少しずつ解放されていきます。こうして、「何を話しても大丈夫」、「同じような悩みを抱く仲間がいる」と感じると、参加者は安心し、堰を切ったように語り始めます。

(2)　家族のエピソード

　参加者が、もやもやした気持ちを吐き出した後、ひと呼吸を置いて、妻との出会い、恋愛当時の思い出、結婚の決意、新婚時代の様子、そして子どもの妊娠と出産、そのときの喜びといった家族のポジティブなエピソードにフォーカスしてゆっくりと振り返ってもらいます。パパは、ママのどんなところに魅力を感じたのか、ママは、パパのどんなところに魅力を感じたのだろうかということも語ってもらいます。このとき、

どの参加者も穏やかな表情と優しい口調になって、「妻の心情」にも目が向き始めます。ときに涙ぐむこともあります。家族のポジティブなエピソードを思い出すことは、夫婦の問題解決のためにも、子どもとのその後のかかわりのためにも大切な資源となります。

⑶ 家族の危機の認識

充実していたはずの家族の中に離婚の暗雲が漂い始めたことについて、語り合いを深めます。参加者が率直に語り合い、共感したり、ときには疑問を投げかけたり、厳しい指摘のやりとりも生じます。そうした中で、妻とのコミュニケーション不足やまずさに気付き、自分自身の問題を省みることが少なくありません。この「気付き」は同じ悩みを共有できた仲間同士の率直でフラットな語り合いだからこそ芽生えるものなのだと実感します。この「集い」の核心部分です。

⑷ しめくくり

瞬く間に100分間の語り合いの時間は過ぎていき、しめくくりに入ります。

「今、直面する問題をどうすればよいのか」について、対話を促します。「妻とどのように話し合えばよいのだろう」、「妻の思いが少し理解できた。円満に離婚するにはどうしたらよいのだろう」といった発言が出始めたところで、集いはお開きの時間となります。

今日の集いで、仲間と語り合ったことを糧に、参加者自身の判断と行動に委ねられることになりますが、個別相談やカウンセリングやADR調停に結び付くこともあります。

＊　＊　＊　＊

離婚に直面したパパは、孤立感や寄る辺なさで気持ちが不安定になっています。そこから少し抜け出すことができたときに、パパも冷静に家族関係を見据えることができ、より良い解決への道筋を模索し始めるのだと思います。「家族を考えるパパの集い」では、そうしたパパのために安心・安全な場を提供し、冷静に建設的な解決に向けた地ならしをする機会にしたいと思っています。

　「パパとママの離婚講座」および「家族を考えるパパの集い」について、それぞれの講座や集いを担当する講師・ファシリテーターのみなさんのお声をお届けしました。こうした講座は、ADR と同様に、円満な解決や前向きな解決に不可欠な存在です。ぜひ、こうした講座が全国の自治体に広がることを願っています。

【編著者紹介】

小 泉 道 子（こいずみ みちこ）

［第 1 章第 3 節・第 2 章〜第 4 章・付録］

平成14年に家庭裁判所調査官補として採用された後、関西および関東を中心とした家庭裁判所に勤務した後、平成29年 3 月に辞職。同年12月、法務大臣の認証を取得し、離婚をはじめとする親族間紛争を扱う ADR 機関「家族のための ADR センター」を設立。自身も ADR の調停人を務める傍ら、行政への広報活動の一環として、ADR 利用料助成の提案や職員向け研修なども積極的に行っている。また、法務省や日本 ADR 協会主催のフォーラム等にも数多く登壇しており、ADR・ODR の促進に尽力している。

◉「家族のための ADR センター　離婚テラス」について ◉

　家族のための ADR センターでは、「 5 年後、10年後の穏やかな幸せを目指した解決」をモットーに、特にお子さんのいるご夫婦の離婚調停を多く扱っています。「平日の夜間や土日も話し合える」、「 9 割以上がオンライン調停」、「早期解決が可能」といった民間の調停機関ならではの利便性だけではなく、質の高い調停を提供できるよう、日々研鑽を重ねています。詳しくは、下記ホームページをご覧ください。

　　　　　　　HP：https://rikon-terrace.com/
　　　　　　　E-mail：info@rikon-terrace.com
　　　　　　　Tel：03-6883-6177

【著者紹介】（執筆順）

垣　内　秀　介（かきうち　しゅうすけ）［第 1 章第 1 節］

　東京大学大学院法学政治学研究科教授。1996年東京大学法学部卒、同大学大学院法学政治学研究科助手、助教授等を経て、2012年から現職。仲裁ADR 学会、日本 ADR 協会理事。

　主要著書として、『コンメンタール民事訴訟法 I （第 3 版）』（日本評論社、2021年）（共著）、『民事訴訟法（第 4 版）』（有斐閣、2023年）（共著）、『手続利用者から見た民事訴訟の実際──2021年民事訴訟利用者調査──』（商事法務、2023年）（共編著）など。

本　多　康　昭（ほんだ　やすあき）［第 1 章第 2 節］

　法務省大臣官房司法法制部審査監督課長。1992年国税庁に入庁。国税庁、国税局等の多くの部署・地域での勤務経験を有し、税務行政全般に精通。税務に関するコーポレートガバナンス施策を推進し、大学、関係団体等での講演多数。また、1999年旧経済企画庁・内閣府で NPO 等の市民活動促進施策の企画立案、2007年日本政府観光局パリ事務所でインバウンド振興に関する業務にも従事。2015年には青山学院大学大学院会計プロフェッション研究科客員教授として「租税法各論」を担当。2022年 3 月より現職。現在は、ADR 伝道師として尽力。

入　江　秀　晃（いりえ　ひであき）［第 1 章第 4 節］

　九州大学大学院法学研究院教授。博士（法学）。（一財）日本 ADR 協会・ADR 調査企画委員。仲裁 ADR 法学会理事。法社会学会会員。

　単著『現代調停論』（東京大学出版会、2013年）。共著『実践　離婚事案解決マニュアル』（日本加除出版、2020年）、『離婚事件の合意解決と家事調停の機能』（日本加除出版、2018年）など。

　調停トレーニング講師として、日本仲裁人協会、弁護士会、司法書士会その他で約20年の経験を持つ。

ADR を利用した離婚協議の実務

──法制度から調停の技法・手続、事例検討まで──

2024年4月1日　第1刷発行

編著者　小　泉　道　子

著　者　入江秀晃・垣内秀介・本多康昭

発　行　株式会社　民事法研究会

印　刷　株式会社　太平印刷社

発行所　株式会社　民事法研究会

〒150−0013　東京都渋谷区恵比寿3−7−16

〔営業〕☎03　5798−7257　FAX 03−5798−7258

〔編集〕☎03−5798−7277　FAX 03−5798−7278

http://www.minjiho.com/　info@minjiho.com

ISBN978-4-86556-612-3

組版・デザイン／民事法研究会（Windows11 Pro+InDesign2024+Fontworks etc.）

本文中人物イラスト：イラストAC　　カバーイラスト（一部）：Adobe Firefly

落丁・乱丁はおとりかえします。

当事者の心理や感情の動きを踏まえた、科学的かつ専門的な調停の技術書！

元家裁調査官が提案する
面会交流はこう交渉する
―事前交渉から調停段階まで　ポイントは早期解決と子の福祉の視点―

小泉道子　著

Ａ５判・223頁・定価 2,530 円（本体 2,300 円＋税 10％）

▶家裁調査官として多くの面会交流調停にかかわってきた著者が、同居親、別居親それぞれの代理人に向けて、子の福祉と早期解決の視点が依頼者の利益につながるとの考えを前提に、面会交流の具体的な案や、拒否事例での交渉・対応などを解説！

▶早期解決のために、別居親の代理人、同居親の代理人が、どのように依頼者から聞き取り、時には子どもと面会し、相手方と交渉・提案すべきか具体的に解説！

▶弁護士はもとより、さまざまな形で面会交流の支援にあたる方々にも有益！

本書の主要内容

第1章　面会交流の今

第2章　早期解決のすすめ

第3章　早期解決のための下準備

　Ⅰ　初期段階における依頼者への情報提供

　Ⅱ　子どもとの面接

　Ⅲ　暫定的・試行的面会交流の実施

第4章　早期解決に導く交渉術

　Ⅰ　協議を前に進める主張

　Ⅱ　説得力のある主張をするための立場別聴取事項

　Ⅲ　具体的聴取例

第5章　子の福祉に即した面会交流を提案するための引き出し

　Ⅰ　特徴別具体的面会交流の引き出し

　Ⅱ　子どもの年齢別引き出し

　Ⅲ　間接的面会交流の引き出し

　Ⅳ　そのほかのちょっとした引き出し

第6章　拒否事例に学ぶ早期解決のための交渉術1
　　　──同居親の拒否──

　Ⅰ　合理的理由のない拒否

　Ⅱ　別居親の問題行動を理由にする拒否

　Ⅲ　子どもの事情を理由にする拒否

　Ⅳ　その他

第7章　拒否事例に学ぶ早期解決のための交渉術2
　　　──子どもの拒否──

　Ⅰ　別居親が原因の拒否

　Ⅱ　父母の紛争に関連した拒否

　Ⅲ　その他

第8章　家庭裁判所調査官の役割と調査報告書の読み方

発行　民事法研究会

〒150-0013　東京都渋谷区恵比寿 3-7-16
（営業）TEL. 03-5798-7257　FAX. 03-5798-7258
http://www.minjiho.com/　info@minjiho.com

ハーグ条約・実施法に対応して改訂増補！

裁判事務手続講座〈第3巻〉

書式 家事事件の実務
〔全訂10版〕
—審判・調停から保全・執行までの書式と理論—

二田伸一郎・小磯 治 著

A 5判・606頁・定価 5,720円（本体 5,200円＋税10%）

▶全訂10版では、ハーグ条約・実施法に基づく国際的な子の返還申立て、面会交流調停申立ての手続・書式を追録！

▶最新の実務・判例を収録するとともに、審判・調停手続に関連する実体法の論点と実務上の留意点も解説！

▶手続の流れに沿って具体的かつわかりやすく解説しているので、法律知識にうとい方々でも極めて利用が至便！

▶弁護士、司法書士、裁判所関係者などの法律実務家のみならず、法務アシスタントや一般の市民にとっても格好の手引書！

本書の主要内容

第1章 家事事件の概要

第2章 家事事件手続

第3章 審判事件の申立て

第4章 調停事件の申立て

第5章 合意に相当する審判事件の申立て

第6章 ハーグ条約・実施法に基づく子の返還申立て

第7章 家事雑事件の申立て

第8章 民事執行法に関する事件の申立て

第9章 その他の申立て

第10章 不服の申立て等

第11章 養育費等の強制執行の申立て

〔参考〕家事事件に関連する制度の概要等

HPの商品紹介は
こちらから↓

発行 民事法研究会

〒150-0013　東京都渋谷区恵比寿 3-7-16
（営業）TEL. 03-5798-7257　　FAX. 03-5798-7258
http://www.minjiho.com/　　info@minjiho.com

研修でしか明かしてこなかった"秘伝の調停スキル"を収録！

"当事者に寄り添う"
家事調停委員の基本姿勢
と実践技術

飯田邦男　著

A5判・208頁・定価 2,640 円（本体 2,400 円＋税 10％）

▶"当事者に寄り添う"をキーワードに、家事調停委員に求められる基本姿勢と実践技術を、関連する理論や事例を交えて、調停委員、弁護士、司法書士等の調停にかかわる方々にわかりやすく解説！

▶個々の事柄については、単なる説明だけではなく、その背景にある理論や考え方を図を示しながらわかりやすく解説し、また実例や具体例を多く紹介することで理解がしやすい！

▶著者が講演・研修の参加者にしか示してこなかった"秘伝のスキル"である「SOLER」（実技）と「内的観点からの相手理解」（演習）を本書で初めて公表し、読者自ら考える課題も収録！

本書の主要内容

1　家事調停と家事調停委員

2　家事調停委員の専門性

3　家事調停の領域専門性

4　家事調停委員の基本姿勢

5　家事調停委員の面接に役立つ実践技術

6　話を聴く

7　アクティブ・リスニングの技術

8　当事者を理解する実践技術

9　内的観点からの相手理解の演習

10　当事者をより深く理解するための視点

11　人間関係調整の実践技術

12　民事・家事調停委員の研修会

13　演習問題の解説

発行　民事法研究会

〒150-0013　東京都渋谷区恵比寿 3-7-16
（営業）TEL. 03-5798-7257　FAX. 03-5798-7258
http://www.minjiho.com/　info@minjiho.com

2019年末公表の改定養育費算定表に対応！

Ｑ＆Ａ
離婚相談の法律実務
——養育費・面会交流・子どもの問題・財産分与・慰謝料——

弁護士　吉岡睦子　弁護士　榊原富士子　編著

弁護士　大森啓子・弁護士　佐野みゆき・弁護士　藤原道子・弁護士　山田　徹　著

A5判・335頁・定価 3,410円(本体 3,100円＋税 10％)

▶離婚事件で押さえておきたい基本から実務のノウハウまでを網羅した実践書！　別居や離婚に伴う子どもの視点を重視し、面会交流の方法や離婚後の生活補償などにも配慮した取り決めの要点がわかる！

▶裁判所の『標準算定方式・算定表（令和元年版）』を踏まえた養育費や婚姻費用（生活費）の取り決め・財産分与・居住権・年金分割等の経済的問題、親権など子どもの問題、離婚の手続、ＤＶや渉外離婚など、離婚事件の第一線で活躍する弁護士による、紛争解決につながる実務上の留意点が満載！

▶2020年4月施行の改正民事執行法・改正ハーグ条約国内実施法・改正民法(債権関係)、2022年4月から施行される成人年齢の引下げなど新制度による実務への影響も織り込んで解説！

▶若手から離婚紛争に日頃接している弁護士まで、司法書士、家事調停委員、離婚相談関係者、当事者にも必携の書！

本書の主要内容

第1章　別居に関連する問題(10問)
　Ⅰ　婚姻費用
　Ⅱ　ドメスティック・バイオレンス(ＤＶ)
　Ⅲ　嫡出推定
　Ⅳ　その他

第2章　離婚原因(12問)

第3章　離婚手続(6問)

第4章　財産分与(13問)

第5章　慰謝料(3問)

第6章　年金分割(1問)

第7章　子どもの問題(19問)
　Ⅰ　別居に伴う問題
　Ⅱ　親権・監護権
　Ⅲ　養育費
　Ⅳ　面会交流

第8章　渉外離婚(3問)

第9章　婚約・事実婚(内縁)の解消(3問)

第10章　離婚と社会保障(1問)

参考資料

発行　民事法研究会

〒150-0013　東京都渋谷区恵比寿 3-7-16
(営業) TEL. 03-5798-7257　FAX. 03-5798-7258
http://www.minjiho.com/　info@minjiho.com

裁判例・審判例の考え方のわかりやすい解説を加え大幅増補！

夫婦関係調停条項作成マニュアル〔第6版〕
─文例・判例と執行までの実務─

小磯 治 著

A 5 判・288 頁・定価 2,970 円（本体 2,700 円＋税 10%）

▶複雑化・多様化する夫婦関係調停事件の法的な諸課題に論及しつつ、具体的な実務指針を133の条項例をとおして教示する実践的手引書！

▶第6版では、審判・調停調書に基づく面会交流の間接強制、再婚・養子縁組に伴う養育費の額、内縁解消・詐害行為・住宅ローンと財産分与、出産育児一時金・子ども手当と婚姻費用分担など、近時公表された裁判例・審判例を大幅増補！

▶裁判所関係者、調停委員、弁護士、司法書士など夫婦関係調整調停にかかわるあらゆる関係者の必携書！

本書の主要内容

序　章　調停条項作成に際して

第 1 章　離婚および離婚後の戸籍に関する条項

第 2 章　親権者指定等および面会交流に関する条項

第 3 章　養育費に関する条項

第 4 章　財産分与等に関する条項

第 5 章　婚姻中の債権債務に関する条項

第 6 章　離婚時年金分割に関する条項

第 7 章　慰謝料に関する条項

第 8 章　保全処分事件の処理に関する条項

第 9 章　清算に関する条項

第 10 章　強制執行による履行の確保

発行　民事法研究会

〒 150-0013　東京都渋谷区恵比寿 3-7-16
（営業）TEL. 03-5798-7257　FAX. 03-5798-7258
http://www.minjiho.com/　info@minjiho.com